高职高专新商科系列教材

商品信息采编

王 曦 胡亚京 主 编

胡 辉 雷 洁 杨 宁 副主编

清华大学出版社

北 京

内 容 简 介

本书以项目式教学的方式介绍了商品信息采编的知识和方法。项目一讲述商品知识,配套关于商品知识的基础知识和技能项目;项目二讲述构图与配色,配套商品构图和色彩搭配的基础知识和技能项目;项目三讲述拍摄和技巧,配套拍摄等基础知识和技能项目;项目四和项目五是美妆类商品采编,以某国产化妆品的信息采集、拍摄、主图制作和详情图制作流程为主线,配套相应美妆类实践项目;项目六和项目七是眼镜类商品采编,以某国产眼镜架的信息采集、拍摄、主图制作和详情图制作流程为主线,配套相应眼镜类实践项目;项目八和项目九是女包类商品采编,以某国产女包的信息采集、拍摄、主图制作和详情图制作流程为主线,配套相应女包类实践项目。

本书适合高职高专电子商务专业及其他经济管理类专业学生作为教材使用,亦可供一般社会读者阅读参考。

图书在版编目(CIP)数据

商品信息采编/王曦,胡亚京主编. —北京:清华大学出版社,2021.2(2022.8 重印)
高职高专新商科系列教材
ISBN 978-7-302-57170-4

Ⅰ. ①商⋯　Ⅱ. ①王⋯ ②胡⋯　Ⅲ. ①电子商务－商品信息－信息处理－高等职业教育－教材　Ⅳ. ①F713.365

中国版本图书馆 CIP 数据核字(2020)第 259386 号

责任编辑:刘士平
封面设计:傅瑞学
责任校对:赵琳爽
责任印制:宋　林

出版发行:清华大学出版社
　　　　网　　　址:http://www.tup.com.cn,http://www.wqbook.com
　　　　地　　　址:北京清华大学学研大厦 A 座　　　　　　　　邮　　编:100084
　　　　社 总 机:010-83470000　　　　　　　　　　　　　　　邮　　购:010-62786544
　　　　投稿与读者服务:010-62776969,c-service@tup.tsinghua.edu.cn
　　　　质量反馈:010-62772015,zhiliang@tup.tsinghua.edu.cn
　　　　课件下载:http://www.tup.com.cn,010-83470410
印 装 者:三河市龙大印装有限公司
经　　销:全国新华书店
开　　本:210mm×285mm　　印　　张:16.25　　　　　　　　字　　数:520 千字
版　　次:2021 年 3 月第 1 版　　　　　　　　　　　　　　　印　　次:2022 年 8 月第 3 次印刷
定　　价:69.00 元

产品编号:088208-01

PREFACE

前言

　　电子商务是一门综合性学科,涵盖市场营销、现代物流、平面设计、工商管理、计算机等范畴;同时,又是一门实践性很强的学科,从业人员除了具备应用型岗位技能外,还需要有较强的复合型创新创业能力。电子商务产业不再是商品、技术、物流、销售等传统业务简单叠加下的卖货式产业,而是建立在信息化、数字化基础上的跨部门兼容并生的复合型产业。在淘宝平台上开店的商家都知道宝贝图片的重要性,因此宝贝图片的信息采集、拍摄和制作就显得尤为重要,需要通过信息采集、色彩构图、拍摄、文案和布局等手段对商品进行全方位描述和加工,才能打造出吸引客户关注度和激发客户购买欲的商品图片。

　　商品信息采编是电子商务专业的一门专业核心课程,本书作为相应的配套教材,从电子商务商品信息采编的职业要求入手,紧贴采编岗位人才需求,完整并系统地介绍了商品信息采编的知识和方法。本书按照项目化教学要求安排教材各章节内容,让学生通过完成项目中的一个个任务,学习知识、掌握技能。目前市场上本课程权威教材较少,已有教材内容主要偏重于商品的拍摄工作,对商品的处理讲解方面较弱,而且缺乏对整体制作流程的讲解。本书前三个项目讲述基础知识,后六个项目以实际项目案例展开,讲述拍摄、主图制作、详情图制作的整套流程,让学生更能具体地了解到整个采编过程,以完成相应技能的学习。

　　本书为创新型教材,具有以下特色。

　　(1)编写人员来自示范性高职院校、中职院校和电子商务企业,具有丰富的一线教学或企业实践经验,并曾任全国职业院校技能大赛和省级职业院校技能大赛的优秀指导教师,保证了教材内容和职业标准与岗位要求相衔接,充分体现了职业教育的特点。

　　(2)本书编排内容遵循学习者的认知规律,立足解决"学什么"和"怎么学",以学习者为中心,把能力培养放在第一位,注重实际技能的实践和体验。每个项目都安排了教学做一体化训练、同步实训和自我总结,目的是提升学习的实效性和反思学习效果。

　　(3)为了保证每个项目内容的易读性和结构清晰,编写组在每个项目中均设计了思维导图(内容架构),使学习者能清晰地了解本项目内容的知识体系和要点。

　　(4)本书基于工作情景的项目展开,每个项目都有任务的情景描述,通过情景化背景导入,既符合学习者的认知规律,又保证了教材风格的统一。

　　(5)本书配套优质的学习资源,学习者可以实现零基础的全天候学习。

　　本书由武汉职业技术学院王曦副教授、武汉第一商业学校胡亚京老师担任主编,并组织了具有丰富专业知识的"双师型"教师和具有实践经验的企业专家共同编写。武汉职业技术学院雷洁编写项目一;武汉职业技术学院王曦、杨宁和武汉漫动者数字科技有限公司刘永杰编写项目二;武汉职业技术学院胡辉编写项目三;武汉第一商业学校胡亚京、郭高星编写项目四和项目五;武汉职业技术学院王曦、武汉第一商业学校甘毅编写项目六和项目七;武汉职业技术学院王曦、厦门鹿课教育科技有限公司邱良龙编写项目八和项目九。武汉漫动者数字科技有限公司刘永杰和厦门鹿课教育科技有限公司邱良龙为本书提供了部分素材。

　　本书是编写人员长期一线教学和参与企业实践的积累与总结,但限于编者水平,书中难免存在疏漏和不妥之处,恳请广大读者提出宝贵意见和建议,以便修订时完善。

编　者

2021 年 1 月

CONTENTS

目录

商品信息认知

本项目重点和难点

　　根据买家在电商平台购买商品的关注点,了解卖家在商品采编过程中需要采编的商品分类、商品属性、商品信息展示等商品相关信息概念；清楚了解通过设置合理类目能让买家快速搜索卖家商品,通过商品属性采集、商品详情页设计能向买家展示商品及卖点,提升订购转化率。

内容架构

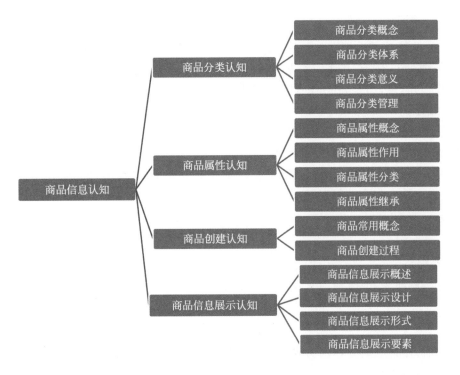

引例

　　随着电商的不断发展,网上购物已成为大多数人的日常生活方式。小红团队准备在淘宝平台上开网店,可是淘宝平台上商品种类繁多、琳琅满目,小红团队有很多疑问：商品是按什么原则进行分类的？从商品被摆到网站上展示,到买家看到这些商品,然后进行选购,整个过程中需要采集商品的哪些信息？淘宝上的商品分类的规则是什么？在商品采集过程中,消费者关注的商品属性有哪些？怎么读懂这些商品的属性内容？商品属性的内容收集完后,如何进行商品信息的展示？

任务 1.1　商品分类认知

【学习目标】

根据商品特征,了解商品分类概念、分类体系、分类意义和分类管理,为后期商品信息采集打好基础。

【工作情景描述】

目前市场中的电商网站为数众多,大到京东、淘宝,小到某一服务类、工具类的手机软件,都有自己平台的商品分类。一个商城的商品多种多样,如果将商品分为不同的类别,消费者可以按自己的需求选择商品进行浏览,有助于提高消费者的购买体验。小红团队对淘宝平台的商品分类一点儿都不了解,因此小红团队开始了商品分类认知的学习。

1.1.1　商品分类概念

一个用户在电商的行为轨迹,是从「导航/搜索/SNS」开始的。导航作为三大导购入口之一,它的转化率的大小极大地影响着电商最后的成交量。导航中一个重要的组成部分就是分类,在电商领域,这种分类被称为类目。

类目也称商品分类或者产品分类,即商品结构划分单位,主要是指网上电子商务平台为适应当今时代的消费人群在网店有针对性地选购各种各样的商品而对商品作出的归类。所有的商品都是存储在各个类目下的。

当商城只有 10 件商品的时候,不需要分类,只需要一个列表展示 10 件商品,用户就可以很容易地找到所需商品。当商城有 100 件商品的时候,如果不分类,用户要在长达 100 项的列表中(很可能分成好几页)找到想要的商品就不容易了,这时候就需要分类。100 件商品,分成 10 类,平均每一类下面就只有 10 件商品,便容易找到。当商城有 1000 件商品的时候,那么分成 10 类就不容易找到了,可能就需要二级分类,一级分类 10 个、二级分类 10 个,每一个二级分类下挂 10 个商品,这样用户寻找起来就会比较方便。如图 1-1 所示的是淘宝分类截图。

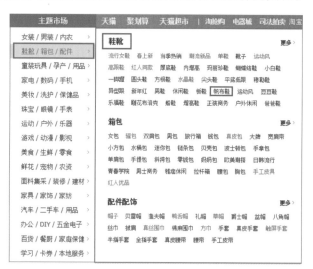

图 1-1　淘宝分类截图

设想某消费者想买一双帆布鞋,打开淘宝,他可以从导航分类中找"鞋靴/箱包/配件—鞋靴—帆布鞋",然后点进去,就可以看到一整个列表的帆布鞋了。

1.1.2　商品分类体系

1. 无分类

当商品量级非常小的时候,所有商品直接摆出来展示就可以,不需要分类。比如,2003 年淘宝刚上线的时候,就是没有分类的。

2. 一级类目

当商品越来越多时,用户查找开始不方便了,就需要有分类。最简单的是一级类目,比如,小米商城,每一种商品就是一个分类(一级类目),没有子分类,这个分类下包含了该类目下的所有商品,如图 1-2 所示。

3. 多级类目

当商品的数量再增加,达到千位级、万位级,甚至更多的时候,一级类目就满足不了需求了,这个时候就出现了多级类目的概念,也就是"类目树"。如图 1-3 所示,京东 Web 端三级类目。类目树一般三级左右为宜,尽量不要超过五级,因为电商有一个公认的定律叫作"漏斗模型",即层级越深,流失量越大,就像漏斗一样,越往

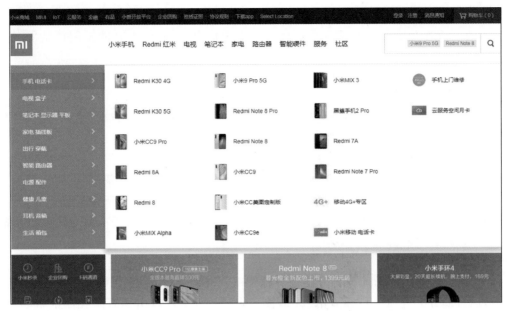

图 1-2　小米商城首页类目

图 1-3　京东三级类目

下口越小,所以类目层级不能太多。

1.1.3　商品分类意义

商品分类在电子商务中有着非常重要的意义,商品归类对系统内各个店铺起到了规范和引导的作用,有利于网购人群快速定位所需要的商品和服务。具体而言,商品分类的意义主要有以下三点。

1. 服务范围标准化

对于平台来说,进行了类目定义和展示便确定了服务范围。在大多数平台中,类目的定义只能由平台来进行,这就让平台规范了基本的产品数据结构,在平台的管理过程中具有很强的控制能力。

2. 快速发布及管理商品

供应商根据已定义好的类目,可快速发布相关商品,良好的类目定义也可以让供应商更好地进行商品/库存等项目管理。不仅如此,对于目前丰富多样的商品来说,已定义好的类目将商品信息结构化,从而避免在标题或描述中用大量篇幅去介绍商品。

3. 方便用户查询

目前,淘宝、京东等众多电商平台的商品数量已经有数十亿个,商品分类有助于用户精准、快速、方便地搜索、查找到想要的商品。

1.1.4 商品分类管理

电商常用的类目有两层,包括前台展示类目和后台商品类目,一般将电商商品类目管理区分为前台类目管理和后台类目管理。这主要有以下三点原因。

第一,更符合用户的心理预期。

后台类目的配置为标准化服务,比如,夏天快过去了,运营需要在前台分类显示【秋装上新】,如果前后台没有分离,运营人员就需要重新建立一个分类进行配置,同时需要将相关商品转移到【秋装上新】分类下来满足这个临时的需求,但这样不适合运营操作。在前后台分开的条件下,运营只需要将前台中需要展示的类目和后台一个或者多个类目进行关联即可。

第二,缩短用户的导航路径。

后台类目划分越细越便于管理,而前台分类划分越细用户流失量越多,前台中每多一个步骤的操作就会多流失一部分用户,后台的分类越细,用户的路径就越长。前后台分离可以由运营来控制前台类目的划分,方便进行快速调整。

第三,降低品类的调整成本。

后台类目是标准化的基准,可以将产品类目统一进行标准化定义。如果前台类目要调整,后台类目也需要跟着调整,势必会导致相关商品也跟着需要进行调整,在此情况下,B2C 类电商都是自己进行运营,所受影响较小,但类似淘宝这种面向商户的 C2C 类平台,每个商家的运营都会非常麻烦。

1. 后台类目

后台类目提供给运营人员进行增删改查,可以对类目进行排序。后台类目层级以 3～4 层为宜,最后层级的类目称为叶子类目或基础类目,是后台最为重要的类目,任何商品都需要挂载到叶子类目上。

后台类目在规划中要尽量做到完善,避免后期的频繁修改和删除,尤其是挂有商品的叶子类目就更不能被删除。

创建分类和配置分类分开进行较为合适,创建类目需要设置类目名称,指定该分类是否有上级分类,是否禁用分类,禁用分类同删除分类一样,需要该类目下没有商品。如图 1-4 所示为后台创建分类。

创建完类目后,对类目进行属性的配置。为了方便运营人员配置,可以设置下级类目继承上级类目的属性,以减少工作量。创建完类目后,对类目进行属性的设置,如图 1-5 所示为后台类目属性设置。

图 1-4　后台创建分类

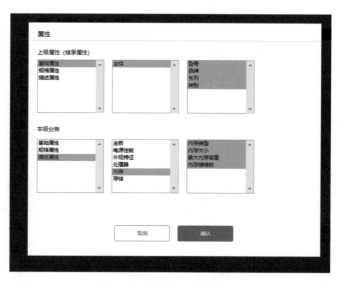

图 1-5　后台类目属性设置

2. 前台类目

前台类目使用由运营人员配置的展示分类,运营人员需要根据当前活动促销来进行分类管理,根据季节进行场景调整。创建前台最后一级类目时需要与后台类目进行关联,它们之间可以一对一、一对多、多对一或多对多关联。如图 1-6 和图 1-7 所示为淘宝前台"夏上新"的分类,对应后台分类包括"T 恤、衬衫、印花 T 恤、雪纺衫/蕾丝衫"等分类,这样各种灵活的匹配可以提高用户的查找效率和转化率。

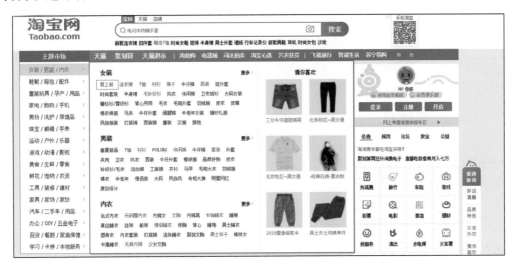

图 1-6 淘宝"夏上新"分类

图 1-7 淘宝后台对应分类

平台商户在商户后台创建商品、选择商品类目后,可以直接将后台类目下的商户属性关联出来。例如,淘宝商户在创建商品时需要先选择叶子类目,再根据叶子类目下面的属性进行配置,有些类目的属性标准化已经配置好了,不需要商家再进行配置。

1.1.5 教学做一体化训练

【训练要求】

对图 1-8 所示的商品进行分类。

图 1-8 某品牌女装大衣

【完成步骤】

商品分类见表 1-1。

表 1-1　商品分类

序号	项　　目	项目属性值	备　　注
1	商品编号	9C67580100	店铺内商品的编号
2	商品名称	大衣	
3	品牌	INSUN 恩裳	
4	所属商品分类	女装/内衣—精选上装—毛呢外套	
5	商品分类截图		

任务 1.1 小结

【知识目标】

本任务要求学生以团队为单位,在淘宝平台上自选几款商品,完成这些商品的分类认知。

【能力目标】

(1) 掌握商品分类概念。

(2) 掌握商品分类体系。

(3) 了解商品分类意义。

(4) 了解商品分类管理。

同步实训

【情景描述】

小红团队为了巩固对商品分类的认知,自选了几款商品,团队成员要给出所选商品所属的分类。

【实训内容】

根据给出的商品图片,在表中完成商品的分类。以团队为单位,整理和讨论该商品的商品分类,并给出平台商品分类的截图。

序号	项 目	项目属性值	备 注
1	商品编号		店铺内商品的编号
2	商品名称		
3	品牌		
4	所属商品分类		
5	商品分类截图		

学生自我总结表（Word格式）1-1

任务 1.2 商品属性认知

在实体店和网店最大的购物体验差别是实体店可以真实地看、感触、体验到真实的商品,而网购只能通过显示器虚拟地了解商品,了解商品主要是了解商品的属性。如表 1-2 和表 1-3 所示为服装类商品的常见属性。

表 1-2 服装类商品的常见基础属性

序号	项 目	项目属性值	备 注
1	商品名称		
2	商品价格	货币单位	
3	价格区间	货币单元区间	价格搜索范围
4	简单描述		
5	SKU 编码	按照仓位顺序编码	快速准确定位产品
6	重量	kg	运输、物流价格计算
7	成本	货币单元	核算利润
8	META 信息	产品相关优化信息	SEO 优化
9	META 关键字	商品相关优化关键字	SEO 优化
10	URL	访问路径	SEO URL 访问路径优化
11	商品图片	GIF、JPEG	
12	类别分类	男装、女装、上装……	
13	库存	数值	库存管理控制
14	生产厂家		采购厂家管理

表 1-3 服装类商品的相关常用属性

序号	项 目	项目属性值	备注
1	品种	上衣、衬衫、短裤、童装、睡衣、T 恤……	
2	颜色	红、黄、绿……	
3	尺寸	XS、S、M、L、XL、XXL、XXXL……	
4	规格	170/88Y、165/80Y……	
5	款式	套头、开衫、拉链、吊带、超短裙……	
6	版型	直筒型、修身型、紧身型、宽松型……	
7	领型	立领、翻领、圆领、尖领、V 领、高领、半高领、双层领、小方领、一字领……	

续表

序　号	项　　目	项目属性值	备注
8	袖型	蝙蝠袖、泡泡袖、长袖、七分袖、插肩袖、无袖、短袖……	
9	季节	春、夏、秋、冬	
10	图案花型	动物、卡通、圆点、条形、景色……	
11	面料分类	条纹布、格子布、汗布、绒布、网眼、雪纺、牛仔、斜纹布、平纹布、提花布……	
12	材质	纯棉、亚麻、纯毛、涤棉、皮、PU、单纱……	
13	风格	经典型、休闲、时尚……	
14	衬衫门襟	明门襟、暗门襟……	
15	衣门襟	单排扣、双排扣……	
16	厚薄	薄款、加厚……	
17	裤长	长裤、短裤、七分裤、九分裤……	
18	腰型	低腰、中腰、高腰……	
19	裤门襟	拉链开襟、纽扣开襟……	
20	裤型	直筒型、喇叭裤、小脚裤、铅笔裤、紧身裤……	
21	填充料	鸭绒、鹅绒……	
22	生产日期	时间	
23	品牌	LV、GUCCI……	
24	设计师	Alexader Wang	
25	裁剪	正规裁剪、修身裁剪、宽松裁剪……	

1.2.1　商品属性概念

属性用于描述商品某一类的特性,品牌、型号、颜色、尺码、口味、重量、保质期、产地、材质等统称为属性。这一概念的提出对于电商商品管理的影响是里程碑式的,直至今日,几乎所有的电商公司在了解这套体系后都会采用。

商品属性包括属性名、属性值。属性名就是某个商品的特性;属性值即属性的具体内容。例如,电商平台中,属性名主要是商品的品牌、尺寸、大小、颜色等,对于品牌属性而言,其属性值可以为阿迪达斯、耐克、马自达、三只松鼠等。如图 1-9 所示为京东数码产品的属性及属性值。

图 1-9　京东数码产品的属性及属性值

属性一般挂在具体叶子类目下,设置必填和非必填。在设置属性值时,须保留一定的扩展性,部分允许自定义属性。属性值录入包括手工录入、列表选择、多行文本三种方式。如图 1-10 所示为属性设置图。

由于类目属性有时候会较多,尤其是数码类产品,所以需要对属性分组进行归类。把相同特征的属性归到一组,方便后台运营人员对基础类目进行梳理,同样可以为用户呈现出更加清晰的效果。如图 1-11 所示为华为模块手机属性分组。

属性项
属性名词:
值录入方式:
手工录入
列表选择
多行文本
可选值列表
是否必填
是
否
属性组:
笔记本电脑
能否被搜索
是
否
属性类型
基础属性
取消
确认

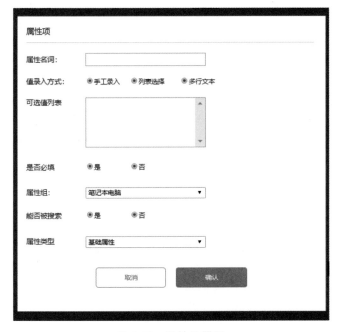

图 1-10 属性设置图

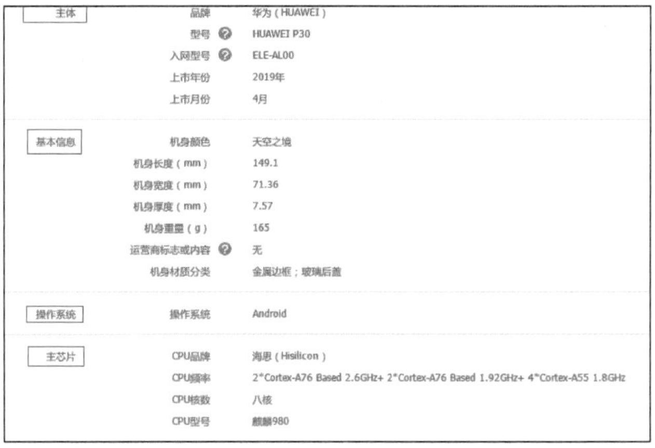

主体
品牌 华为（HUAWEI）
型号 HUAWEI P30
入网型号 ELE-AL00
上市年份 2019年
上市月份 4月
基本信息
机身颜色 天空之境
机身长度（mm） 149.1
机身宽度（mm） 71.36
机身厚度（mm） 7.57
机身重量（g） 165
运营商标志或内容 无
机身材质分类 金属边框；玻璃后盖
操作系统
操作系统 Android
主芯片
CPU品牌 海思（Hisilicon）
CPU频率 2*Cortex-A76 Based 2.6GHz+ 2*Cortex-A76 Based 1.92GHz+ 4*Cortex-A55 1.8GHz
CPU核数 八核
CPU型号 麒麟980

图 1-11 华为模块手机属性分组

1.2.2 商品属性作用

顾客从类目搜索、查找进入商品列表页，可能有几页甚至几十页的商品，若要快速地找到所需要的商品，就需要属性的帮助，所以设置合理的商品属性至关重要。商品属性的作用主要表现在以下三个方面。

第一，商品属性为商品的展示及筛选提供了多个维度，在丰富商品内涵的同时，使商品信息的标准化成为可能，为买家提供了更好的购物体验。

第二，商品属性是定义商品分类的核心。据统计，80%的用户会直奔其想要了解的商品分类栏目，因此，需要让顾客在第一时间以最方便的途径找到其想要看的商品分类。可依据顾客需求对商品属性进行划分，如按照用户群分类，分为送长辈、送领导、送同事等。

第三，商品搜索的本质是搜索商品的属性，用户购物的目的性越强，使用搜索功能就越频繁。网站的商品越多，搜索功能也就越重要。现实中，商家可以通过扩大卖场来展示更多的商品，购物网站却只能用一个显示器屏幕来展示。搜索功能的完善是个技术问题，而核心基础是商品基本属性的规划部署。

1.2.3 商品属性分类

属性的丰富度越高，顾客可选择的余地也就越大，如此才能帮助顾客快速地找到需要购买的商品。商品属性的建立首先需要在系统中建立一套属性库，不管平台网页属性如何应用，类目的属性都是从属性库里调取数据的，而属性建立的原则通常是从三个维度来搭建的，分别是基础属性、规格属性、描述属性。

1. 基础属性

基础属性能够确认商品的唯一性，关键属性可以是单个属性也可以是一个属性组。例如，手机品牌＋型号、服饰品牌＋货号，基础属性可以确认一类产品，比如 Apple iPhone 12、Apple iPhone 12 Pro Max 等。通过基础属性，用户可以更好地找到想要的商品。

2. 规格属性

规格属性也称销售属性，该属性是组成 SKU（Stock Keeping Unit，库存量单位）的属性单元，如衣服的颜色、尺寸等都是规格属性，它直接影响用户的购买和卖家的库存，比如 Apple iPhone 12 64G、黑色、公开版。设计规格属性考虑了用户购买的场景需求,当用户要购买一件衣服时,就会考虑颜色、尺寸(尺码)、季节等。规格属性可满足多维度浏览需求,如服装类目中女装风格属性有淑女、韩版、小清新、欧美、街头、复古等。这些属性并没有一个特别严格的衡量标准,因此有些规格属性一般会设为多选项。

3. 描述属性

描述属性一般用于补充和描述商品特征,如商品的净含量、保质期、产地、生产日期、储藏方式等。这些属性可以更好地描述一件商品,但是不能单独地决定这件商品的销售。商品的描述属性也可以用来定义商品标签、匹配搜索关键词等。描述属性更多地依赖于商品的类目,每个类目的描述属性不同,有些类目的某些描述属性是必填的,如水洗标、保质期等。

1.2.4 商品属性继承

属性可以根据类目关系进行继承。假设总共有三级类目,一级类目有属性 A、B、C,二级类目有属性 D、E、F,三级类目有属性 G、H,那么该商品就有属性 A、B、C、D、E、F、G、H,需要全部设置。继承是开发中面向对象的一个思路,通用属性也具备继承性,使用继承的方法可以部分减轻运营人员操作的工作量。例如,一级类目是【数码】,二级类目有【电脑】,三级类目有【笔记本电脑】【台式电脑】,这样我们可以在【电脑】属性进行通用属性绑定,如【CPU】【内存】【硬盘】等,这样在绑定【笔记本电脑】类目的时候就只需要继承即可。如图 1-12 所示为商品属性继承。

图 1-12 商品属性继承

1.2.5 教学做一体化训练

【训练要求】

对图 1-8 所示商品进行属性收集,完成商品属性表。

【完成步骤】

商品属性见表1-4。

表1-4 商品属性

序号	项 目	项目属性值	备 注
1	商品编号	9C67580100	店铺内商品的编号
2	商品名称	大衣	
3	品牌	INSUN 恩裳	
4	所属商品分类	女装/内衣—精选上装—毛呢外套	
5	版型	修身	
6	风格	通勤	
7	通勤	简约	
8	衣长	中长款	
9	袖长	长袖	
10	领子	西装领	
11	袖型	常规	
12	衣门襟	单排扣	
13	图案	纯色	
14	流行元素/工艺	口袋、纽扣	
15	适用年龄	30～34 周岁	
16	上市年份季节	2017 年冬季	
17	尺码	36、38、40、42、44	
18	材质成分	羊毛 100％	
19	颜色分类	米色	
20	商品属性截图	品牌名称: INSUN/恩裳 产品参数: 版型: 修身　　　风格: 通勤　　　通勤: 简约 衣长: 中长款　　　袖长: 长袖　　　领子: 西装领 袖型: 常规　　　衣门襟: 单排扣　　　图案: 纯色 流行元素/工艺: 口袋、纽扣　　适用年龄: 30～34周岁　　上市年份季节: 2017年冬季 尺码: 36、38、40、42、44　　品牌: INSUN/恩裳　　货号: 9C67580100 材质成分: 羊毛100%　　颜色分类: 米色	

任务 1.2 小结

【知识目标】

本任务要求学生以团队为单位,在淘宝平台上自选几款商品,完成这些商品的属性采集。

【能力目标】

(1) 掌握商品属性概念。

(2) 掌握商品属性作用。

(3) 掌握商品属性分类。

(4) 了解商品属性继承。

同步实训

【情景描述】

小红团队为了巩固对商品属性的认知,自选了几款商品,团队成员要完成商品的属性采集。

【实训内容】

根据给出的商品图片,在表中完成某商品的属性采集。以团队为单位,整理和讨论该商品的属性,并给出平台商品属性截图。

序号	项　　目	项目属性值	备　　注
1	商品编号		
2	商品名称		
3	品牌		
4	所属商品分类		
5	属性值1		
6	属性值2		
7	产品属性截图		

学生自我总结表(Word格式)1-2

任务 1.3　商品创建认知

1.3.1　商品常用概念

1. SKU

SKU 即库存进出计量的单位。SKU 是能够识别唯一单品的最小单元,是物理上不可分割的最小存货单元。例如,iPhone XR 128G 黑色就是一个 SKU,仓库管理、采购进货、库存显示的都是 SKU。不同的公司都有自己的 SKU 编码规则,如果有自己的仓库,在商品入库时一般会打上自己的 SKU 码,这样一套库存体系就会自上而下地打通。此外,还有另一种处理方式,设置自有 SKU 码与供应商条码的对应关系,将订单转化为发货单时,自有 SKU 码转化为供应商的条码。对大公司来说,前一种做法更佳,后一种做法由于供应商编码规则不同或者管理规范有差异,在实际操作中往往会增加出错率。如图 1-13 所示为 SKU 编码。

图 1-13　SKU 编码

2. SPU

SPU(Standard Product Unit,标准化产品单位)是商品信息聚合的最小单位,是一组可复用、易检索的标准化信息的集合,该集合描述了一个产品的特性。具有相同属性、特征的商品可以成为一个 SPU。如图 1-14 所示的 iPhone XR 就是一个 SPU,它集合了这类产品很多通用属性特征,如 CPU、屏幕大小、摄像头等,但是 iPhone XR 又分为不同的颜色、不同的内存大小、不同版本的型号,这些规格属性确定 iPhone XR 是一件商品,对应商品的价格和商品的库存。

3. SkU 与 SKU

SPU 与 SKU 的关系有多种,可以一对多,也可以一对一,如图 1-15 所示。SPU 信息中应该包含 SPU 属性、产品图片、产品描述、产品标签。SPU 和 SKU 之间是通过规格来联结的。SPU(iPhone XR)通过颜色、内存关联到 SKU(iPhone XR 128G 黑色),如表 1-5 所示。SPU 的库存是由其对应的 SKU 库存共同决定的。

图 1-14　iPhone XR

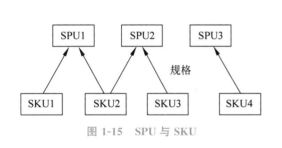

图 1-15　SPU 与 SKU

表 1-5　SPU 与 SKU 关联举例

SPU	SKU
iPhone XR	iPhone XR 红色 64G
	iPhone XR 红色 128G
	iPhone XR 红色 256G
	iPhone XR 黑色 64G
	iPhone XR 黑色 128G
	iPhone XR 黑色 256G
	iPhone XR 白色 64G
	iPhone XR 白色 128G
	iPhone XR 白色 256G

1.3.2　商品创建过程

电商平台的商品一般在后台创建，在前台（客户端）展示。后台创建商品时，首先需要选择该商品所属类目，以便于在前台（客户端）展示、搜索、筛选等，如图 1-16 所示。

商品所属类目选择好了之后，下一步是录入商品信息。商品信息一般在客户端的商品详情中展示。商品信息主要包括 SPU、SKU、商品属性、详情描述等。SPU、SKU 用于区分商品，在商品采购、入库、出库等系列流程中也承担着关键的标志作用。

录入一类商品信息的过程实际是在添加 SPU 和 SKU，即通过选择品牌、基础属性、描述属性确定该商品的 SPU，再通过规格属性值的添加确定该商品的 SKU。如图 1-17 所示为添加商品流程图。这样可以保障同一个 SPU 共用商品详情信息，只是在规格属性方面对应不同的 SKU，并对不同的规格设定不同的价格。前台展示可以 SPU 进行呈现，比如淘宝；也可以 SKU 作为呈现，比如京东。

当产品呈现的目的是用户引流或者方便搜索时，为了让用户知道该平台有这个产品，则以 SPU 呈现为佳；当涉及用户购买等需要具体化的情形时，需要使用 SKU 呈现。

当出售组合商品时，需要组合 SKU。组合 SKU 的属性都继承于主 SKU，其应用场景主要是添加赠品、组合售卖，与前台的商品套餐有所区别。在订单解析成发货单时，组合 SKU 需解析成单一 SKU，方便仓库发货及更新库存。

后台创建的商品信息会展示在前台商品详情页中，以淘宝为例，后台输入的描述属性值，一般可在前台产

图 1-16 选择商品类目

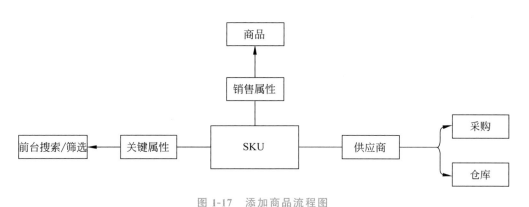

图 1-17 添加商品流程图

品参数中呈现;后台输入的规格属性值,则是在购买或者加入购物车时选择规格的弹窗中呈现。

1.3.3 教学做一体化训练

【训练要求】

对图 1-8 所示的商品图片,根据商品创建过程,列出商品创建过程中所需要的全部信息。

【完成步骤】

商品全部信息见表 1-6。

表 1-6 商品全部信息

序号	项 目	项目属性值	备 注
1	商品编号	9C67580100	店铺内商品的编号
2	商品名称	大衣	
3	品牌	INSUN 恩裳	
4	所属商品分类	女装/内衣—精选上装—毛呢外套	

续表

序号	项　目	项目属性值	备　注
5	版型	修身	
6	风格	通勤	
7	通勤	简约	
8	衣长	中长款	
9	袖长	长袖	
10	领子	西装领	
11	袖型	常规	
12	衣门襟	单排扣	
13	图案	纯色	
14	流行元素/工艺	口袋、纽扣	
15	适用年龄	30～34 周岁	
16	上市年份季节	2017 年冬季	
17	尺码	36、38、40、42、44	
18	材质成分	羊毛 100%	
19	颜色分类	米色	
20	商品创建流程图	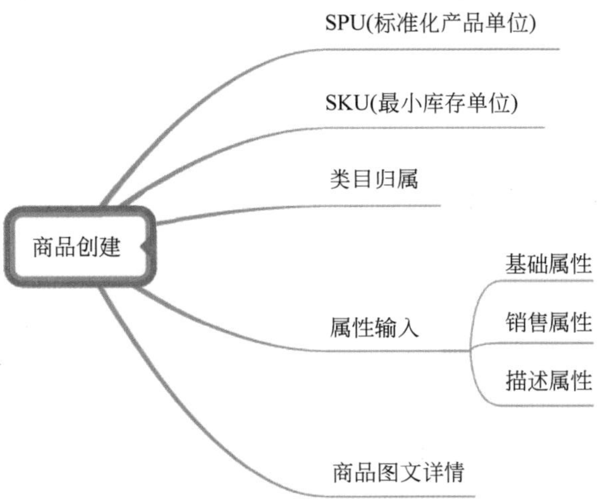	

任务 1.3 小结

【知识目标】

本任务要求学生以团队为单位,在淘宝平台上自选几款商品,完成这些商品的创建流程。

【能力目标】

(1) 掌握商品 SPU 与 SKU 的概念及关系。

(2) 了解商品创建流程。

同步实训

【情景描述】

小红团队为了巩固对商品创建的认知,自选了几款商品,团队成员要根据商品创建过程,列出商品创建流程及各流程所需的信息。

【实训内容】

根据给出的商品图,在表中完成商品的创建流程。以团队为单位,整理和讨论该商品创建过程中所需的信息,并给出平台创建商品后显示结果的截图。

序号	项 目	项目属性值	备 注
1	商品编号		
2	商品名称		
3	品牌		
4	所属商品分类		
5	属性值1		
6	属性值2		
7	商品创建流程及信息截图		

学生自我总结表（Word格式）1-3

任务 1.4　商品信息展示认知

商品信息展示是电子商务最核心的部分，商家通过视频、图片、文字等方式向消费者展示商品以及商品的优势，以吸引消费者购买。

1.4.1　商品信息展示概述

商品信息展示是将店铺中销售的商品在电商平台上进行展示，是影响交易达成的关键因素。一个好的商品信息展示页，不仅要能够清晰合理地介绍商品信息，还要对商品进行整体包装，体现出买家需求，找准卖点，通过足够吸引人的内容，提升买家的购买欲。

商品信息展示是电商产品订单转化的关键页面，也是构造整个商品信息架构闭环的关键所在，对全站流量的分流引导、订购达成、提升订购转化率有着重要的意义。

1. 订购转化

电商平台的一、二信息层级和营销活动，不管是促销活动、引流、吸引新会员，都很难呈现更多的商品信息给用户，加之用户对电商产品质量等普遍存在信任问题的情况下，唯有将流量引入可以帮助做购买决策的地方，才能有效地促成订购，提升转化率。所以，商品信息展示页的应用场景就是向用户展示以下内容。

（1）商品具体信息，帮助用户快速地了解商品详情。

（2）提供售后保障、正品信息等服务，消除用户的购买担忧。

（3）当前的优惠促销活动，刺激用户的购买欲望。

（4）以往购买者对商品的评价信息，增加用户对商品的信任。

以此循序渐进地引导用户，帮助用户认识、了解商品，进而信任商品，刺激购买欲望，达到让用户收藏、加入购物车或直接购买的目的。

2. 流量分发

如果用户在了解商品详情后，依然对商品不满意，就很容易跳出页面。如果商品信息展示详情页能展示更多的本店促销和热卖商品，就可以将用户引入其他商品页面，重复上面所说的场景，既可以有效地分流、降低跳出率，构造产品闭环，又可以提高订购转化率。

根据商品信息展示页的意义分析，可以绘制商品信息展示详情页的信息架构，如图1-18所示。

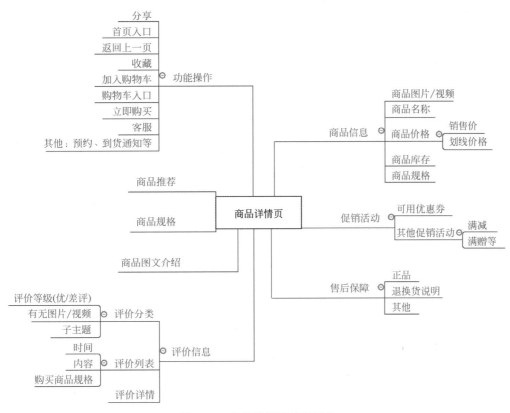

图 1-18　商品详情页信息架构

1.4.2　商品信息展示设计

网店商品信息的创意展示以视觉传达为引导,将视觉营销、设计心理学和计算机信息技术相结合,是视觉设计在实际应用中促成消费者购买的最好体现。商品信息展示页面设计的形式美在于网页界面不仅具有实用的物质功能,而且具有审美功能。依托科学的商品信息展示设计,有利于流量汇聚和引导转化,从而降低网店的营销成本,提升网店的营销转化率。进行商品信息展示设计需注意以下几点。

第一,商品信息展示页面需要围绕网店风格、商品风格及特点等进行设计,使所展示内容与网页设计风格相一致。商品信息展示页面风格的形成主要依赖于页面的版式设计,依赖于页面的整体色调处理,以及图片与文字的组合形式等。对于浏览者和购买者,接受准确的信息是对商品信息展示的基本要求。要利用视觉传达设计,将商品信息加以整合,重新布局,引导消费者的视觉流程,提升信息传播的有效性,遵循重点突出的原则,将展示页中重要的商品信息安排在最醒目的位置,这样可以吸引消费者的注意力,增强消费者对内容的理解,减少视觉疲劳。

第二,商品信息展示页面设计必须适应消费者视觉识别流程的心理和生理特点,设计时不仅要立足各类信息的传达,还要考虑浏览群体较为普遍的思维习惯,做到视觉识别流程自然、合理、畅快,以便保证展示页上的各种信息要素的位置、间隙、大小保持一定的节奏、秩序和韵律美感。由于目前网络速度的限制,文本字符可提供较快的浏览速度,应注重适度采用图像和多媒体信息,不要影响消费者的欣赏速度。

第三,目标人群分析。卖点提炼中很重要的一点就是对目标人群的定位,只有定位清晰了,才能较好地解答真实购买客户群的疑问,吸引他们购买。例如,在做一款化妆品的时候,一定要考虑目标人群的定位,是祛痘、祛斑,还是美白。每种人群对于产品的诉求都不同,只有分析好目标人群的心理,才能做好详情页。

第四,页面不宜过长,页面长度的掌握在商品详情页的设计中是一个很常见的待解决问题,页面过长不仅会导致网页加载速度变慢,也会让用户产生视觉疲劳。一般来说,PC 端显示控制在 20 屏以内,移动端控制在 10 屏以内,也就是 4 页以内。

第五,保持页面的连贯性。用户需要清晰地了解商品的全部信息,或者是为自己带来的好处,因此,商品描述的逻辑顺序格外重要,设计师可以基于商品描述的认知规律去考虑这一点。

第六,优先功能用途的描述。很多商品详情页的品牌情结过于明显,第一屏通常会有新品或热门推荐,这会让用户觉得商业色彩太过浓重,缺乏亲切感,与商户最应该注重的用户体验完全背道而驰,让用户产生反感。

第七,评价意见是必需的板块。对网络缺乏信任感是大多数用户存在的问题,而他人的评价和建议能对当时的购买行为产生很大的影响。因此,顾客评论在电子商务中不是可选项,而是必选项。

第八,导航跟随。商品详情页的内容比较多,所以跟随性的导航设计很有必要。在商品详情页中的跟随导航能为用户提供很大的便利,但在大小上还需要设计师来掌握,隐形全面的导航才是用户真正喜欢的导航。例如,京东的商品详情页无论在导航的颜色还是大小上都比较符合用户体验,既让用户在浏览时更方便,也不影响用户的视觉体验。

1.4.3 商品信息展示形式

消费者在浏览商品时,面对大量的商品描述信息,好的商品信息展示形式能使浏览者产生强烈的观赏兴趣和心理变化。商品信息展示形式主要有以下两种。

1. 图片

图片是最主要、最直观的商品信息展示形式,图片素材的主要来源,一是专门为商品信息展示拍摄的相关图像素材,或是扫描印刷品或照片所得的数字图像;二是从互联网上获取的合法图片素材,经图像处理软件对这些图片素材进行处理,作为页面视觉化设计的点缀。以服装展示为例,网络销售环境下的服装展示形式可以是多种多样的,根据展示方式可以分为平面和立面两种。平面展示分为平铺展示、衣架悬挂展示、折叠摆放展示。立面展示分为人台展示、人体模型展示、真人模特展示。相对而言,真人模特展示的效果是比较好的,但是对展示模特的选择十分挑剔,模特的身材、气质要与展示的服装风格等方面相符合。同时,拍摄服装图像时所采用的背景也是十分重要的,按拍摄地点可以分为影棚拍摄、户外拍摄、室内拍摄。影棚拍摄背景主要分为素色、花色背景,其中素色背景包括纯白色、纯灰色,花色背景包括碎花、格子等。户外拍摄地点众多,如海边、街市等。室内拍摄往往是以房间、家居墙壁作为拍摄背景。

商品信息展示页面中,图片是吸引浏览者注意力的主要表达方式。网页上的图片一般分辨率以72dpi(每英寸的像素数)为佳,其文件尺寸在一定范围内越小,下载的时间就会越短,动态图片不宜过多。商品图片位置、面积、数量、方向等方面的应用取决于商品信息展示的需要,尽量使整个网页在视觉上和谐统一,具有审美性,突出一定的视觉重点,与文字的编排有一定的间隔。

2. 文字

商品文字信息的主要功能是传达商品信息。经过提炼的文字在传达信息方面具有高效性,有助于购买者作出购买决策。而这种传达的有效性,必须考虑文字编辑和编排设计的整体效果,应给人以清晰的视觉印象,避免页面繁杂零乱,要使人易认、易懂、易读。

文字字体的设计应用可以根据文字表达的具体内容,运用丰富的想象力和情感概念灵活地进行字体设计,在保持文字可读性的前提下,使文字的形式多种多样,具有视觉审美性。文字设计不仅局限于文字笔画粗细、外形结构等内容的变化,而且要服从商品的风格特征,要和商品及网店的风格特征相融合。进行展示页文字设计时,可供选择的字体有很多,使用哪些字体需要精心编辑,需要选择和展示商品风格相似的文字,更好地迎合目标浏览群体,同时还要注重文字信息的情感性表达。

1.4.4 商品信息展示要素

展示商品信息的核心要素是对所要展现的信息进行分类整理,按照用户浏览信息的常规习惯和心理变化过程进行布局。产品展示的相关信息包括:产品自身信息,如图片、性能参数、说明、同类产品等;产品交易信息,如价格、供应量、配送、成交记录等;产品关联信息,如客户评价、成功案例等。

设计时应合理规划、分割页面空间,避免杂乱,利用表格和框架技术对页面进行分割,根据浏览者的视觉模式识别特点,突出重点、引导合理的视觉流程,保持页面整体布局的和谐与平衡,注意视觉元素间轻重、大小的比例关系,防止由于比例失衡带来压抑和不稳定的感觉。多个视觉元素的近距离堆积,会使整体产生不和谐,反之间隔空间过大也会破坏内容的和谐。

从心理学角度来看,访客通常会首先关注产品自身信息,然后是产品交易信息,最后是产品关联信息。对于同一类别内的信息,访客的关注程度也会有所区别。例如,访客首先会关注产品图片,直观地浏览产品,因此产品图片信息在产品展示页面布局上,应当占有非常重要的地位。

一个优秀的商品信息展示主要有商品主图区、悬浮导航区、商品详情描述区三个模块。

1. 商品主图区

商品主图区可以展示五张商品主图,包括正面图、背面图、侧面图、细节图或白底图,如图 1-19 所示。

2. 悬浮导航区

在店铺首页左侧的位置为悬浮导航模块,包括本店搜索、宝贝分类、宝贝排行榜、收藏店铺、联系客服等信息。店铺中每一件商品的详情页打开后,悬浮导航模块都是一样的,如图 1-20 所示。

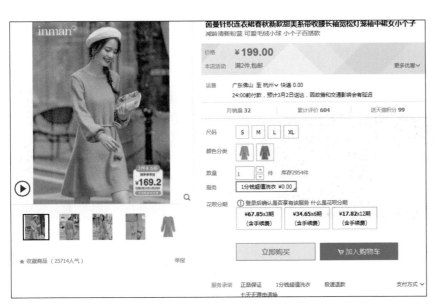

图 1-19　商品橱窗区

图 1-20　悬浮导航区

3. 商品详情描述区

商品详情是对商品属性进行全方面展示的区域。移动端的商品详情图尺寸宽度为 750 像素,高度不限,但需要对详情进行分模块设计,包括焦点图、商品优势、商品参数、商品展示、商品细节、保养与售后等模块。详情图模块中的宝贝属性是在系统后台输入的商品基本信息,如图 1-21 所示。商品详情描述设计的精致程度直接影响买家对商品的认知。

（1）焦点图

详情页中的焦点图,也称为海报图,是对整个商品详情页的浓缩展示,会将商品的卖点、品牌品质、促销方式等信息表现出来。买家在商品描述区域浏览的时候,焦点图能够迅速引起买家的兴趣和购买欲望。

在设计焦点图时,信息分层要合理、清晰,主题明确,将活动文案与视觉设计氛围相结合,突出商品的特性,明确受众人群。例如,在化妆品类商品的详情页中,根据受众人群的不同来确定不同的色彩搭配,受众为

宝贝详情	累计评论 73	专享服务	手机购买
品牌: 艺在	材质: 麻	尺码: S M L XL
风格: 通勤	通勤: 文艺	衣门襟: 套头
颜色分类: 紫色	组合形式: 单件	货号: YC57
成分含量: 95%以上	年份季节: 2020年春季	袖长: 长袖
裙长: 长裙	流行元素/工艺: 扭花立领 隐形拉链…	廓形: X型

图 1-21　宝贝属性

18～30 岁年轻女性的化妆品广告海报通常使用清新、亮度高的色调,添加与商品特性有关的商品卖点文案,使用特效将商品特性表现出来,如图 1-22 所示。

而针对成熟女性的高端护肤品的海报色调一般会使用金色、香槟色、紫色、大红等与黑色搭配,彰显成熟、高端、奢华的气息,如图 1-23 所示。

而男士护肤品的广告海报则一般使用较为男性化的深蓝、深灰和黑色等深色系的颜色,严肃、深沉的色调能将商品特性衬托出来,如图 1-24 所示。

图 1-22　年轻女性护肤品广告海报　　　图 1-23　成熟女性护肤品广告海报　　　图 1-24　男士护肤品广告海报

（2）商品参数概述

商品参数模块主要用来介绍商品的使用方法、设计亮点、面料、功能特色、尺寸表或洗涤说明等信息,如图 1-25 所示。商品概述模块在设计时要避免使用大量的文字进行描述,而是要对商品的特点、功能等进行归纳总结,通过文字和图片的完美搭配,以及合理的布局和版式规划,提升文字的可读性。

（3）商品细节图展示

① 多角度展示,包括商品的正面、侧面、背面等视角的图片,全方位展示商品全貌,让买家对商品有更清晰的了解,如图 1-26 所示。

② 颜色展示,同一款商品往往会有多种颜色,可以通过合理的布局和版式规划,将多种颜色介绍给买家,让买家有更多的选择,如图 1-27 所示。

③ 模特展示,服装或鞋子等商品穿在模特身上,效果更加直观,给人的感觉最自然,如图 1-28 所示。

④ 场景展示,将商品或模特放置在一个适合的场景中,可以增添商品的真实感,如图 1-29 所示。

（4）细节展示

细节决定成败,商品局部细节的展现对于网店商品的销售非常重要。买家只有通过查看商品的细节才能判断出商品的质量、工艺等相关信息,从而减少购买顾虑。不同的商品根据外观、材质、功能等差异,在设计商品细节展示模块时会采取不同的表现形式进行设计。比如，可以将商品先完整地展示出来，再把需要展示的局部细节图片以放大镜的形式围绕在它的周围，也可以只将商品的局部细节放大即可，如图 1-30 所示。

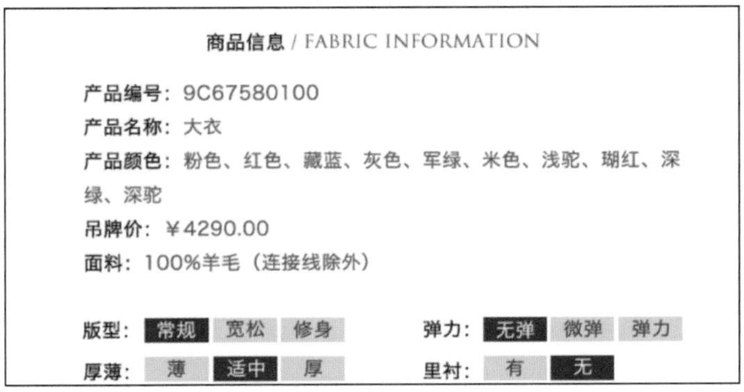

商品信息 / FABRIC INFORMATION
产品编号：9C67580100
产品名称：大衣
产品颜色：粉色、红色、藏蓝、灰色、军绿、米色、浅驼、瑚红、深绿、深驼
吊牌价：￥4290.00
面料：100%羊毛（连接线除外）
版型：常规 宽松 修身
弹力：无弹 微弹 弹力
厚薄：薄 适中 厚
里衬：有 无

图 1-25　商品参数

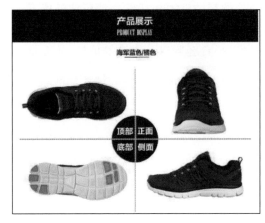

产品展示
PRODUCT DISPLAY
海军蓝色/橘色
顶部
正面
底部
侧面

图 1-26　多角度展示

时尚爱出色
时尚色彩展示，玩转色彩艺术
黑色
粉色
紫色
蓝色
黄色
白色

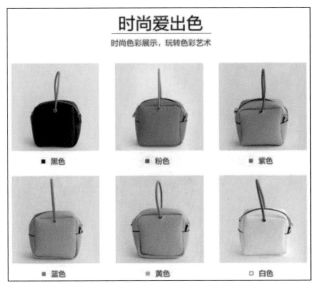

图 1-27　颜色展示

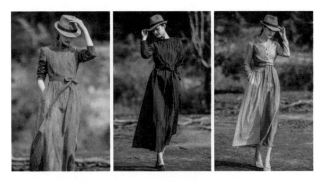

图 1-28　模特展示

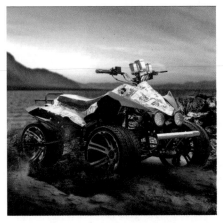

图 1-29　场景展示

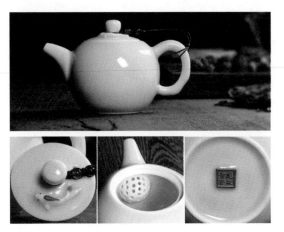

图 1-30　细节展示

（5）售后保障

常见的商品详情描述页构成框架为"产品价值＋消费信任＝下单"，详情页上半部分诉说产品价值，后半部分培养顾客的消费信任感。消费信任感不光是通过各种证书、品牌认证的图片来树立，对于消费者比较关注的问题，比如商品尺码不合适怎么办、有色差怎么办，可以提供购物须知、买家评价、色差、付款、收货、退换货、正品保障、平台客服以及保修等信息，从而打消消费者的购买顾虑，赢得消费者的信任。

1.4.5　教学做一体化训练

【训练要求】

图 1-31 为眼镜架的商品详情图，分析其模块构成和展示效果，如表 1-7 所示。

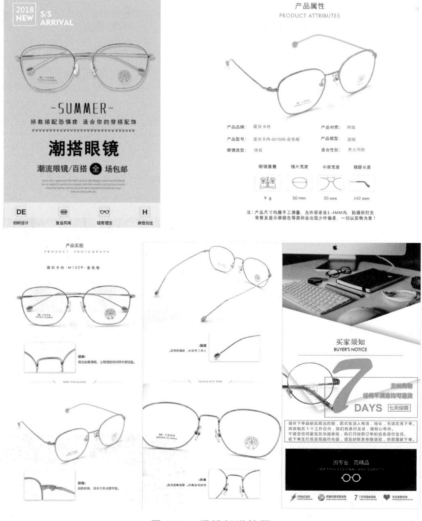

图 1-31　眼镜架详情图

【完成步骤】

表 1-7　商品模块及展示效果

序号	项　　目	项目属性值	备注
1	商品编号	诺贝卡丹 M1509	店铺内商品的编号
2	商品名称	诺贝卡丹 M1509 金色复古眼镜架男多边圆框纯钛超轻近视眼镜框女	
3	品牌	诺贝卡丹	

序号	项　　目	项目属性值	备注
4	所属商品分类	ZIPPO/瑞士军刀/眼镜—光学眼镜—眼镜架	
5	产品详情组成	该款眼镜的商品详情信息展示有如下几个模块 1）焦点图 2）产品参数 3）产品展示与细节 	

续表

序号	项　　目	项目属性值	备注
5	产品详情组成	4）售后模块  买家须知 BUYER'S NOTICE 7 DAYS　七天保障 因专业　而精品	
6	展示效果评价	一般情况下,详情页的组成为焦点图、商品优势、商品参数、商品展示、商品细节、保养与售后等模块 优点: （1）该款眼镜架的商品信息与网店风格、商品的风格及特点等设计风格相一致 （2）基本上考虑到浏览群体较为普遍的思维习惯,视觉流程自然、合理、畅快,展示页上的各种信息要素的位置、间隙、大小保持一定的节奏、秩序和韵律美感 （3）页面长度适中,因为页面过长会导致网页加载速度变慢,也会让用户产生视觉疲劳 缺点: 卖点提炼中很重要的一点就是对目标人群的定位,只有定位清晰了,才能比较好地解答真实购买客户群的疑问,吸引他们购买。该款眼镜架的详情页没有商品优势模块,即没有针对目标客户进行卖点提炼,这会导致无法吸引消费者去购买,影响转化率,建议用模特图来展示商品优势 建议: 建议添加买家评价模块,这样能对其他潜在消费者的购买行为产生很大的影响。对网络缺乏信任感是大多数消费者存在的问题,而他人的评价和建议能对当时的购买行为产生很大的影响	

任务 1.4 小结

【知识目标】

本任务要求学生以团队为单位,在淘宝平台上自选几款商品信息展示图,如主图、海报图和详情图,完成对这些商品信息展示模块和效果的分析。

【能力目标】

（1）掌握商品信息展示。

（2）掌握商品信息展示设计。

（3）掌握商品展示形式。

（4）了解商品展示要素。

同步实训

【情景描述】

小红团队为了巩固对商品信息展示的学习,自选了几款商品信息展示图,团队成员要根据商品特性,采集商品展示信息并分析效果。

【实训内容】

根据给出的商品图片,在表中完成某商品的属性采集。以团队为单位,整理和讨论该商品的详情页展示效果,并给出平台商品详情页截图。

序号	项　　目	项目属性值	备　　注
1	商品编号		店铺内商品的编号
2	商品名称		
3	品牌		
4	所属商品分类		
5	产品详情组成		
6	展示效果评价		

学生自我总结表（Word 格式）1-4

色彩与构图认知

本项目重点和难点

为了拍摄出曝光合理、主题突出的商品照片,制作出用户关注度高的商品图片,应该根据商品特征进行色彩、构图策略构思。色彩和构图是根据商品的特点进行创意设计的基础。

内容架构

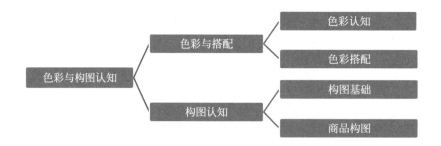

引例

小红团队完成项目一商品认知后,紧接着考虑商品信息采编还需要对图片进行编辑,这时必须学习色彩与构图认知,任务一是色彩与搭配,任务二是构图认知。

任务 2.1　色彩与搭配

【学习目标】

根据商品的特征,进行色彩、构图策略构思,为后期拍摄出曝光合理、主题突出的商品照片,制作出用户关注度高的商品图片打好基础。

【工作情景描述】

小红团队学习完商品认知任务后,开始学习色彩与搭配任务,其中任务一是掌握色彩认知,任务二是色彩搭配,小红团队掌握了色彩与搭配技能后,就能够应用色彩基础知识对商品的色彩搭配进行分析。

2.1.1　色彩认知

在人们的生产劳动和日常生活中,色彩无处不在。科学研究资料表明,一个人从外界接受的信息 90% 以上是由视觉器官输入大脑的,来自外界的一切视觉形象,如物体的形状、空间、位置的界限和区别都是通过色彩区别和明暗关系得到反映的,而人的视觉的第一印象是对色彩的感觉。

由此可见,色彩的感染力是相当大的,世界上没有好看的色彩或者不好看的色彩,关键在于如何运用色彩。在电商平台上,商品的色彩配搭要运用崭新的观念去表现商品的特色,设计和组合上都要给人以清新的感觉。最重要的是色彩能否增加商品的吸引力,成功的色彩设计是可以感染观众情绪的。

1. 色彩分类

在千变万化的色彩世界中,人眼感受到的色彩是非常丰富的,按种类可以分为原色、间色和复色三类;从色彩的光特征可以分为无彩色系和有彩色系两大类。无彩色指的是黑、白、灰,反射光与透射光在视觉中并未显示出某种单色光的特征,见图 2-1。有彩色则是指视觉能感受某种单色光特征,见图 2-2。

图 2-1　无彩色

2. 色彩三要素

色相、饱和度和明度称为色彩的三要素。人的眼睛看到的任何一种彩色光,都是色彩三要素的综合效果,其中色相与光波的波长有关,亮度和饱和度与光波的幅度有关。

（1）色相

色相就是色彩相貌,是色彩的首要特征,是区别各种不同色彩的标准。事实上,任何黑白灰以外的颜色都有色相的属性,如红、橙、黄、绿、青、蓝、紫等色彩。色相是由原色、间色和复色构成的。

图 2-2　有彩色

原色称为基色,是指色彩中不能再分解的基本色。原色能够合成出其他色,而其他色不能还原出本来的颜色。原色只有三种,色光三原色为红、绿、蓝,颜料三原色为明亮的玫、黄、青,色光三原色可以合成出所有色彩,且相加得白色光。

间色是指两个原色混合后的颜色,也称二次色。色光的间色有三种,分别为黄、青、紫,颜料三间色即橙、绿、紫。

复色也称为三次色,是指颜料的两个间色或一种原色和其对应的间色相混合的色彩,如红与绿、橙与蓝、黄与紫。复色中包含了所有的原色成分,只是各原色间的比例不等,从而形成了红灰、黄灰、绿灰等不同色调,如图 2-3 所示。

根据色相的概念,判断图 2-4 中,哪张图的颜色种类比较多?

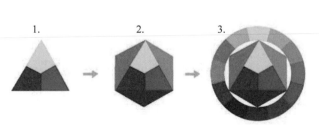

图 2-3　原色、间色和复色

图 2-4　色相比较

（2）饱和度

饱和度也称为纯度,指颜色的鲜艳程度,即掺入白光的程度,对于同一色调的彩色光,饱和度越高颜色越鲜明,如图 2-5 所示。

根据饱和度的概念,判断图 2-6 中,哪张图的饱和度比较高?

0%　20%　40%　60%　80%　100%

图 2-5　饱和度

图 2-6　饱和度比较

（3）明度

亮度就是色彩的明暗程度,白色的亮度最高,黑色的亮度最低,二者之间有一系列的灰色。调整亮度就是调整色彩的明暗程度。以蓝色为例,明度如图 2-7 所示。

3. 常用色彩模式

（1）RGB 模式

RGB 颜色模式又称为三原色光模式或红绿蓝颜色模式,如图 2-8 所示,它是一种加色模式,即将红（Red）、绿（Green）、蓝（Blue）三原色的色光以不同的比例相加,以产生多种多样的色光。

（2）CMYK 模式

CMYK 模式又称为印刷四色模式,如图 2-9 所示,它是彩色印刷时采用的一种套色模式,利用色料的三原色混色原理,加上黑色油墨,共计 4 种颜色混合叠加,形成所谓的"全彩印刷"。色料三原色是青（Cyan）、品红（Magenta）、黄（Yellow）、黑（Black）,是减色模式,颜料混在一起,亮度会降低。

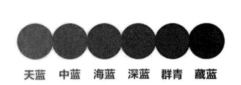

天蓝　中蓝　海蓝　深蓝　群青　藏蓝

图 2-7　明度

图 2-8　RGB 三原色

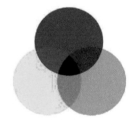

图 2-9　CMYK 模式

2.1.2　色彩搭配

色彩搭配是指根据色彩搭配法进行色彩的配搭,以取得更好的视觉效果。不同的商品分类,在色彩规划上采用的方法也不同,因此在做色彩搭配之前,一定要明确本商品的分类方法,然后根据商品特点进行有针对性的色彩搭配。

电子商务平台上的网店就如一幅画,要使网店美观靓丽,首先要确定店铺的整体色彩基调,然后再进行细节的描绘。成功的色彩搭配不仅要做到协调、和谐,而且还应该有层次感、节奏感,能吸引顾客进店,并能够在网店营销活动中给顾客制造惊喜,唤醒顾客购买的欲望。一个缺乏色彩合理搭配的网店,通常给人的感觉是杂乱无章和平淡无奇的,这会使顾客在购物时产生视觉疲劳,缺乏购买的激情。

1. 色相对比

色相对比即色相之间的差别比较。当主色相确定后,就要确定其他色彩与主色相的关系,以及要表现的内容和效果,目的是增强其表现力。色相对比中因角度不同,将色彩分为邻近色、同类色、对比色和互补色四类,如图 2-10 所示。

（1）邻近色

色相环中相距 60°或者相隔 3 个数位的两色,为邻近色关系,属于中对比效果的色组,给人的感觉是柔和文雅。邻近色色相近似，冷暖性质一样，色调也是统一和谐的，情感特性相同。如紫色的邻近色，如图 2-11 所示。

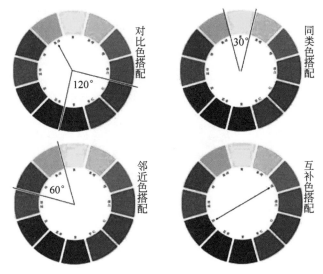

图 2-10　色相搭配

图 2-11　邻近色

（2）同类色

同类色指同一种色彩系列，其色相性质相同，但色度有深浅之分，色彩搭配使人感觉雅致丰富。同类色是同种色相的对比，是同一种色相的不同明度或不同纯度变化的对比，俗称为姊妹色，如图 2-12 所示。同类色是色相中最弱的对比，在色相环中，同类色相邻两种颜色的明度相差约 15°。例如，蓝色类的普蓝、钴蓝、湖蓝、群青等，都包含蓝色色素。

同类色的搭配比较简单，其优点是画面和谐统一，给人以文静、雅致、含蓄、稳重的视觉美感。但是如果同类色的色彩搭配运用不当，也容易产生单调、呆板的感觉。

（3）对比色

对比色是指在 24 色相环上相距 120°～180°的两种颜色，给人的感觉是醒目和强烈，如图 2-13 所示。

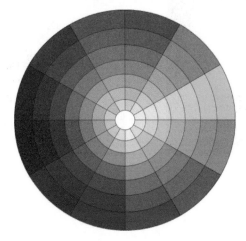

图 2-12　同类色

图 2-13　对比色

（4）互补色

互补色是指在色相环中每一个颜色的 180°对角的颜色，是对比最强的色组。互补色是对比色的一个方面，如图 2-14 所示。常见三大互补色是红和绿、橙和蓝、黄和紫。

2. 冷暖对比

冷暖色是指色彩心理上的冷热感觉。心理学上根据心理感觉,把颜色分为暖色调(红、橙、黄、棕)、冷色调(绿、青、蓝、紫)和中性色调(黑、灰、白),如图 2-15 所示。在绘画和设计中,暖色调给人亲密、温暖、柔和之感,冷色调给人距离、凉爽、通透之感。

图 2-14　互补色

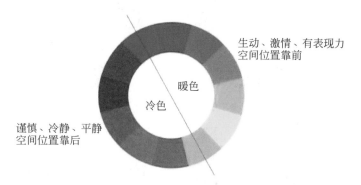

图 2-15　冷暖色

色彩的冷暖对比也受光线和邻近颜色强烈地影响。红、橙、黄、棕色往往使人联想到橘黄的火焰和太阳、棕黄的大地,有温暖的感觉,因此将其称为"暖色"。暖色调的应用场景一般是温暖、喜庆、喧嚣、劲爆、热血、女性、感性、饮食等,如图 2-16 所示。

绿、蓝、紫色则往往使人联想到森林、天空和冰雪,有凉爽的感觉,因此将其称为"冷色"。冷色调的应用场景一般是轻、湿、薄、远、透明、宁静、男性、理智、科技等,如图 2-17 所示。

黑、白、灰等色给人的感觉是不冷不暖,因此将其称为"中性色"。色彩的冷暖感觉是相对的。在同类色彩中,含暖色调成分多的较暖,反之较冷。

冷暖结合的色彩,使人感觉层次丰富、视觉平衡、情感和谐,如图 2-18 所示。

图 2-16　暖色调

图 2-17　冷色调

图 2-18　冷暖结合色彩

3. 饱和度对比

色彩饱和度是指色彩的鲜艳程度,也称色彩的纯度。饱和度对比是指一种颜色与另一种更鲜明的颜色相比较,会显得不太鲜明,但与不鲜明的颜色相比较时,则显得鲜明。色彩的纯度变化划分为三类,即高饱和度、中饱和度和低饱和度。高饱和度色令人兴奋,显得华丽,彰显活泼之感;低饱和度色含蓄、内敛;处于中间的中饱和度色和高纯度色相比会显得沉静内敛,但和低纯度色相比则显得活泼生动。

比较一下,图 2-19 中哪幅图更让人心情愉悦?不同的饱和度,给人的视觉感受是不一样的。第一幅图使人感觉阳光、轻松、温馨和生机勃勃,而第二幅图使人感觉阴郁、沉闷和安静。

图 2-19　饱和度对比

4. 明度对比

明度指颜色的明暗程度,明度对比是指明度之间的差别形成的对比,是色彩的明暗程度的对比,也称色彩的黑白度对比。例如,柠檬黄明度高,蓝紫色明度低,红色和绿色属中明度。明亮的颜色使人感觉轻快、活泼,如图 2-20 所示,而暗色系的颜色则显得厚重、沉稳,如图 2-21 所示。

5. 色彩渐变

色彩的渐变就是由一种颜色渐渐过渡到另一种颜色。色彩渐变能给人很强的节奏感和审美情趣,一般可以分为深色渐变和浅色渐变。深色渐变多应用于背景,可使画面丰富多彩,如图 2-22 所示,浅色渐变则一般应用于点缀白色底,使人感觉清爽、活泼,如图 2-23 所示。

图 2-20　明亮的颜色　　　　　图 2-21　暗色系颜色　　　　　图 2-22　深色渐变

6. 色彩情感

色彩可以通过视觉起到辅助认知的作用,利用色彩能够产生联想,让需要表达的物体能够引起视觉共鸣和情感共鸣,这就是色彩的意义。

比如,红色的纯度高、注目性高、刺激作用大,是视觉效果最强烈的色彩。红色是中华民族最喜爱的颜色,甚至成为中国人的文化图腾和精神皈依,中国人近代以来的历史就是一部红色的历史,承载了国人太多红色的记忆。红色能够给人以大胆、强烈的感觉,使人产生热烈、活泼的情绪。红色系列的色彩情感是热情、华丽、艳丽,使人兴奋、引人注目,如图 2-24 所示。

粉红代表着温柔、可爱。粉红色系列的色彩情感是温和、温柔、健康、梦想、幸福、含蓄、浪漫天真,如图 2-25 所示。

橙色是光感明度比红色高的暖色,是繁荣与骄傲的象征,它代表着力量、智慧、震撼、光辉、知识,有时橙色也被奉成神圣的颜色。橙色系列的色彩情感是美满幸福、兴奋活泼、欢快喜悦、华美富丽,是非常具有活力的颜色,如图 2-26 所示。

图 2-23　浅色渐变

图 2-24　红色情感

图 2-25　粉色情感

图 2-26　橙色情感

黄色属于暖色系,是明亮和娇美的颜色,有很强的光明感,使人感到明快和纯洁。同时黄色也是亮度最高的颜色,具有光明、希望的含义,象征着温情、华贵、欢乐、热烈、跃动和活泼。因此,黄色系列的色彩情感是年轻、快活、明朗、超然等,如图 2-27 所示。在电商平台上的食品类商品用黄色较多,因为黄色能让人想起极富营养的蛋黄、奶油及其他食品。

绿色是大自然的色彩,象征着生机和环保,是一种令人感到稳重和舒适的色彩。绿色系列的色彩情感是和平、安详、平静、温和、清新、文艺,给人以安全、自然、有生命感的印象,如图 2-28 所示。

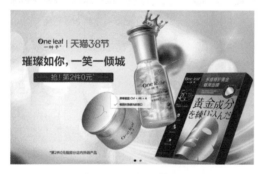

图 2-27　黄色情感

图 2-28　绿色情感

蓝色是极端的冷色,具有沉静和理智的特性,恰好与红色相对应。蓝色的深远神秘使人联想到蔚蓝的大海、晴朗的蓝天,具有调节神经、镇静安神、缓解紧张情绪的作用。深蓝色给人以低沉、郁闷和神秘的感觉,而天蓝色会让人感到轻松愉悦。蓝色系列的色彩情感是寂静、透明、典雅、朴素、庄重和智慧,表现出无限的空间感,具有吸引人的魅力,如图 2-29 所示。

紫色是大自然中比较稀少的颜色,既有红色的个性,又有蓝色的特征,体现出优美高雅、雍容华贵的气度。

紫色系列的色彩情感是高贵、优雅、神秘、娇丽，让人觉得充满雅致、神秘、优美的情调，如图2-30所示。电商平台中，商品背景的暗紫色会给人以低沉、神秘的感觉。

图 2-29　蓝色情感

图 2-30　紫色情感

棕色是由橙色和黑色混合而成的，在自然界中，棕色体现出自然界的真实与和谐、稳定和中立，它代表着充满生命力的感情。当棕色由浅棕色逐渐加深时，能够给人以信赖的感觉。总的来说，棕色是象征着阳刚之气的颜色，图2-31为棕色的应用。

黑色象征着肃穆、庄重、静谧和压抑。黑色系列的色彩情感使人联想到万籁俱寂的夜，具有虚无、泯灭、庄重、超俗、渊博的含义，如图2-32所示。

图 2-31　棕色情感

图 2-32　黑色情感

灰色是介于黑和白之间的一系列颜色，是中性色，具有颓丧、阴天、轻松、随意、顺服和理性的感觉。灰色系列的色彩情感是轻奢、高级、经典，如图2-33所示。中性色的灰色用在海报设计上给人感觉沉稳。

白色代表着纯洁和神圣，使空间增加宽敞感。白色对心脏、精神、神经和情绪具有安抚作用，也有助于培养活力和获得支持性的情感。白色也能够加快新陈代谢，增加压力和肌肉紧张感，使人产生自我保护意识、羞涩感、发散思维、不集中的创造力或极度活跃的思想过程。白色系列的色彩情感是单纯、洁净，如图2-34所示。

图 2-33　灰色情感

图 2-34　白色情感

2.1.3　教学做一体化训练

【制作环境】

美工工作室。

【制作要求】

选择某品牌的一张运动海报，对色彩进行分析和搭配。

【制作计划】

色彩搭配分析见表 2-1。

表 2-1　色彩搭配分析

序 号	项　　目	项目属性值	备　　注
1	商品编号		店铺内商品的编号
2	商品名称	某品牌运动衣	
3	所属商品分类		
4	货号		商品代码
5	品牌		
6	商品外观颜色		
7	邻近色搭配		给出具体的色彩
8	对比色搭配		给出具体的色彩
9	同类色搭配		给出具体的色彩
10	互补色搭配		给出具体的色彩

【制作流程】

1. 邻近色搭配

（1）色彩选择。如图 2-35 所示。

（2）效果图。如图 2-36 所示。

图 2-35　邻近色搭配

图 2-36　邻近色搭配效果图

【分析】

　　邻近色是在色相环中相距 60°或者相隔 3 个数位的两个颜色。紫色和蓝色为邻近色，明度也很接近，对比比较柔和，神秘梦幻的紫色搭配科技感十足的蓝色，显得十分前卫时尚。

2. 同类色搭配

（1）色彩选择。如图 2-37 所示。

（2）效果图。如图 2-38 所示。

图 2-37　同类色搭配

图 2-38　同类色搭配效果图

【分析】

同类色指同一种色彩系列，色相性质相同，但色度有深浅之分，在色相环中，同类色相邻的两种颜色明度相差约 15°。紫色是由温暖的红色和冷静的蓝色化合而成的，它比红色更柔和，比蓝色更温暖，和绿色一样也是中性色，处于冷暖之间游离不定的状态。不同亮度的紫色给人的感受也是不同的，幽暗深邃的紫色显得高贵神秘，明度较高的紫色显得浪漫优雅。

3. 对比色搭配

（1）色彩选择。蓝：004f88 红：♯d11e46。如图 2-39 所示。

（2）效果图。如图 2-40 所示。

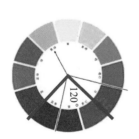

图 2-39　对比色搭配

图 2-40　对比色搭配效果图

【分析】

对比色指在 24 色相环上相距 120°～180°的两种颜色，是由人的视觉感官所产生的一种生理现象，给人的感觉是醒目和强烈。蓝色是很好搭配的颜色，而红色是很活泼的颜色，两种比较鲜明的色彩撞色，营造出复古的气息。

4. 互补色搭配

（1）色彩选择。如图 2-41 所示。

（2）效果图。如图 2-42 所示。

图 2-41 互补补色搭配

图 2-42 互补色搭配效果图

【分析】

互补色是指在色相环中每一个颜色的 180°对角的颜色，是对比最强的色组，给人的感觉是醒目和强烈。紫色和黄色是互补色，在色相和明度对比上差异非常大。黄色与紫色的搭配给人相当强烈的视觉感。

任务 2.1 小结

【知识目标】

本任务要求学生以团队为单位，自选一款商品，并根据商品的特性进行色彩与搭配构思，给出色彩搭配方案。

【能力目标】

（1）能够分析商品的特性，给出邻近色搭配。

（2）能够分析商品的特性，给出对比色搭配。

（3）能够分析商品的特性，给出同类色搭配。

（4）能够分析商品的特性，给出互补色搭配。

（5）结合色彩情感和卖点，选出最佳色彩搭配方案。

同步实训

【情景描述】

小红团队学习完项目一的商品信息认知后，又开始色彩搭配的学习。小红团队自选了一款商品，团队成员要根据商品特性进行色彩搭配构思，给出色彩搭配方案。

【实训内容】

根据商品的特性，完成某商品色彩搭配方案。色彩分析内容见表 2-1。

以团队为单位，整理和讨论该商品的特性，进行色彩构思，完成色彩搭配计划和色彩搭配效果图。

学生自我总结表（Word 格式）2-1

任务2.2　构　图　认　知

【学习目标】

根据商品的特性,进行构图策略构思,为后期拍摄出曝光合理、主题突出的商品照片,制作出有用户关注度的商品图片打好基础。

【工作情景描述】

小红团队学习完色彩认知任务后,开始学习构图认知任务,任务一是掌握构图基础,任务二是掌握电商平台上的商品构图,应用构图基础知识对商品的构图进行分析。

2.2.1　构图基础

1. 平面构成

构成是一个近代造型概念,其含义是将不同或相同形态的几个单元重新组合成为一个新的单元,构成对象的主要形态包括自然形态、几何形态和抽象形态,并赋予其视觉化的、力学化的观念。平面构成探讨的是二度空间的视觉文法,其构成形式主要有重复、近似、渐变、变异、对比、集结、发射、特异、空间与矛盾空间、分割、肌理及错视等。

平面构成是点、线、面科学排列的组合规律。平面构成的要素是点的构成形式、线的构成形式和面的构成形式。

(1)点的构成

在平面构成中,点是最基本的造型元素,也是造型中最小的元素,被称为一切形态的基础。点表示位置,既是长度也是宽度,是最小的单位。点只是一个相对的概念,它存在画面中的元素对比,通过比较显现。因此点的大小是由相互比较的相对关系决定的。几何学中的点只有位置而没有面积和外形,设计中的点则一定具有大小和形状的特征。有时点在画面中是点缀,起到丰富画面、烘托氛围的作用,例如,车在沙漠中成了一个绿点,如图2-43所示。

图2-43　车在沙漠中成了一个绿点

① 点的分类。点可以被分为规则的点和不规则的点两类。规则的点是指严谨有序的圆点、方点、三角点,如图2-44所示;不规则的点是指那些随意的点,如图2-45所示。自然界中任何形态只要在相对关系中是较小的一方,都可以被认为是点。

图2-44　规则的点

图2-45　不规则的点

② 点的视觉特征。点作为视觉元素,在平面构成中具有张力作用。当画面中只有一点时,由于点的刺激而产生集中力,人们会将视线吸引聚焦在此点上,因此从作用上来看,点是力的中心。点的紧张性和张力在人们的心理上有一种扩张感,因此,点在画面中的位置不同、数量不同、大小不同,给人的感觉也不同。

例如,一个点表明位置,两个点构成视觉心理连线,三个点可以构成三角连线,多个点可以使注意力分散,画面出现动感,如图 2-46～图 2-48 所示。点的数量少主要重在点的形态,点的数量多则重在排列形式。

左右移动, 平稳

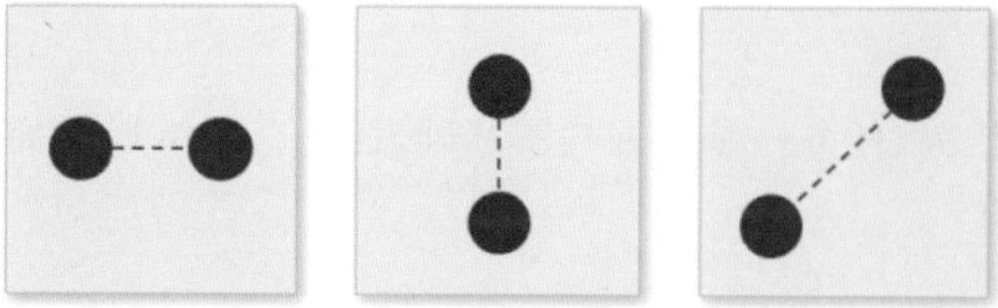

上下移动, 上升

斜向移动, 运动

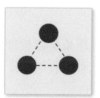
稳定感

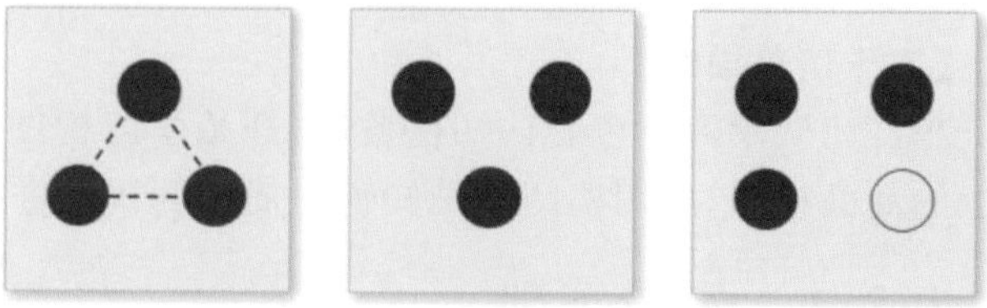

不稳定感

不完整感

图 2-46　两个点的视觉特征　　　　　　　　　　　　　　　图 2-47　三个点的视觉特征

③ 点的对比。点的对比有大小对比、均衡对比、虚实对比和明暗对比,如图 2-49 所示。

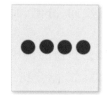
规律, 节奏感

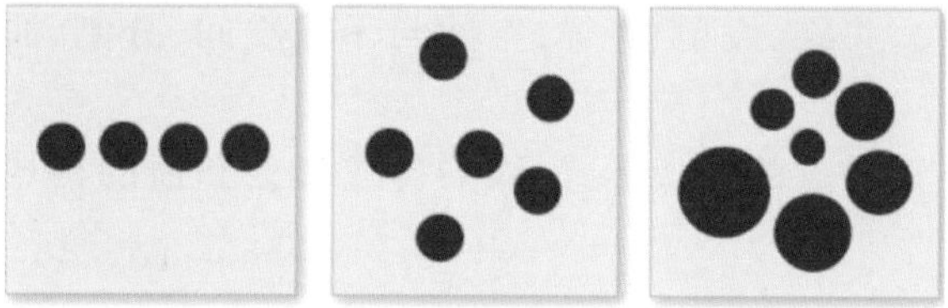

动荡感

螺旋, 深入感

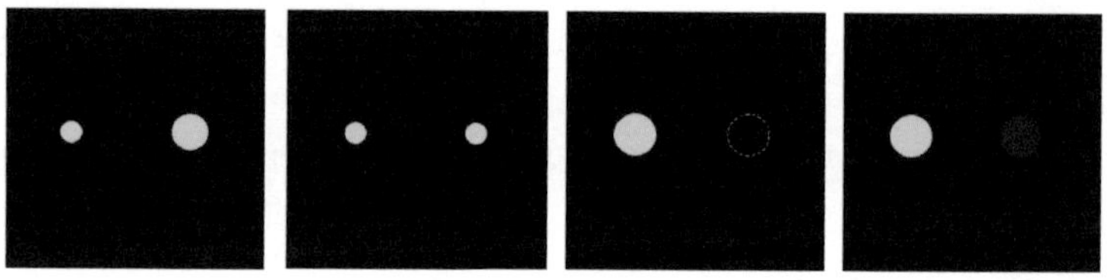

大小对比

均衡对比

虚实对比

明暗对比

图 2-48　多个点的视觉特征　　　　　　　　　　　　　　　图 2-49　点的对比

同样的颜色,点的对比不同,给人产生的画面感受也不同,如图 2-50～图 2-53 所示。

图 2-50　大小对比

图 2-51　均衡对比

图 2-52　虚实对比

(2) 线的构成

在平面构成中,线是点移动的轨迹。线是具有位置、方向和长度的一种几何体,可以把它理解为点在运动后形成的。与点强调位置与聚集不同,线更强调方向与外形。线还有很强的心理暗示作用,最善于表现动与静。

直线表现静,给人以明快、力量、速度感和紧张感,如图 2-54 所示。通常直线具有男性的特征,它有力度,相对稳定,水平的直线容易使人联想到地平线。在平面设计作品中,直线的适当运用,给人以标准、现代、稳定的感觉,因此常会运用直线来对不够标准化的设计进行纠正。另外,直线还可以分割平面。

曲线则表示动,给人以优雅、流动、柔和感和节奏感,如图 2-55 所示。曲线一般具有女性化的特点,具有柔软、优雅的感觉。曲线的整齐排列会使人感觉流畅,让人想象到头发、羽絮、流水等,有强烈的心理暗示作用。然而,曲线的不整齐排列也会使人感觉混乱、无序及自由。当大量的曲线结合在一起,会形成面的感觉。

图 2-53　明暗对比

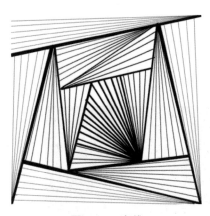

图 2-54　直线

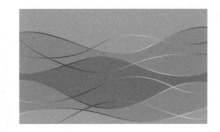

图 2-55　曲线

线的视觉特征有粗、细、长、短,这些特征会影响空间感,如图 2-56 所示。粗线给人以厚重、醒目、有力的感觉,细线给人以纤细、锐利、微弱的感觉。

（3）面的构成

面是线连续移动形成的轨迹,面有长度、宽度,但没有厚度。直线平行移动成为长方形,直线旋转移动成为圆形,直线和弧线结合运动形成不规则形,自由直线移动构成有机形。因此,面也被称为形。面在造型中所形成的各种形态,是设计基础中的重要因素。面在设计中占绝对的主角,是一幅作品里面最重要的组成部分。在一个作品中,面占的面积是最大的,使用面的表现方式直接决定了画面的风格走向和气质。

在平面的空间里将形体本身称为正形和负形,正形称为“图”,围绕“图”周围的“空白”,称为“基底”,即负形。正负形在设计中的运用,会让图形呈现出“图底翻转”的视觉效果,能带给人意想不到的视觉感受和心理体验,如图 2-57 所示。面从外轮廓方面可以分为抽象形态和具象形态。抽象形态的面包括几何形面和自由形面,几何形面有理性、简洁、有序的特征,自由形面则随意、多变、富有活力。而具象形态的面是包括人、物、自然景象的图形面,表现效果视其外形而不同。

图 2-56　线的空间感

图 2-57　面的正负形

根据人的视觉习惯,比较突出的图形多具有以下的特性。第一,居于画面中心位置的图形突出;第二,相同性质的图形中,有特异的图形突出;第三,抽象图形中,具象的图形突出;第四,静态图形中,动态的图形突出。

2. 构成法则

构成形式法则有对称、均衡、变化和统一。

（1）对称

在平面设计中,对称是一种特殊的均衡,具有端庄、稳定、整齐、平静和秩序美的特点,具体有轴对称、中心对称和旋转对称三类。

① 轴对称。轴对称是指一个图形沿一条直线折叠,直线两旁的部分能够完全重合,如图 2-58 和图 2-59 所示。

② 中心对称。中心对称是指一个图形绕某一点旋转 180°,旋转后的图形能和原图形完全重合,如图 2-60 和图 2-61 所示。

图 2-58　轴对称　　　　图 2-59　轴对称海报　　　　图 2-60　中心对称

③ 旋转对称。旋转对称是指一个图形绕某一点旋转一定角度,旋转后的图形能和原图形完全重合,如图 2-62 和图 2-63 所示。

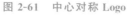

图 2-61　中心对称 Logo　　　　图 2-62　旋转对称　　　　图 2-63　旋转对称图标

（2）均衡

均衡与平衡不一样,平衡是以支点来控制整个画面的平衡感,而均衡是通过各种元素的组合,让人从心理上产生一种平衡的感觉,分为对称式均衡和非对称式均衡,服装设计多用到这种形式。即使形体不对称,均衡利用杠杆原理,通过形态、大小、颜色等的相互关系,也能得到视觉平衡,如图 2-64 所示。

（3）变化

变化的因素越多,画面的动感就越强,内容也就越充实,效果也更加刺激。可以从形态、大小、曲直、虚实、聚散、繁简、明暗、冷暖、浓淡等方面考虑。变化构图的图形构成法如图 2-65～图 2-67 所示。

图 2-64　均衡

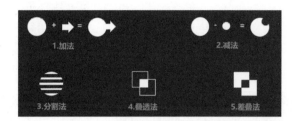

图 2-65　图形构成法

叠加　　　　　　　　聚散　　　　　　打散　　　　　　　　形态　　　　　　　　明暗

图 2-66　叠加变化、聚散变化和打散变化　　　　　　图 2-67　形态变化、明暗变化

（4）统一

统一是在变化中创造出完整，赋予画面持久的美感，如图 2-68 所示。可以用主题一统全局，所有形态围绕特定基调进行编排。统一主要包括同要素统一、类似要素统一和异质要素统一。

3. 构成方法

平面构成的方法有重复、特异、渐变、发射、空间和对比。

（1）重复构成

重复是相同的物体再次或多次出现，可以加深印象。平面构成中的重复构成是指同一基本形连续、有规律地反复出现或者有变化地反复出现，它能够表现出秩序美和整齐美，给人以井然有序的深刻印象，达到良好的视觉效果。

重复构成有绝对重复和相对重复两类，如图 2-69 和图 2-70 所示。

（2）特异构成

特异构成是在同一基本形反复出现的基础上，局部与整体不符，成为视觉中心，如图 2-71 所示。变异形态与其他部分有所关联，相互对比，视觉焦点突出，具有趣味性。特异是相对而言的，是在保证整体规律的情况下，小部分与整体秩序不和，但又与规律不失联系。特异的现象在自然形态中也是普遍存在的，如"鹤立鸡群"的"鹤"就是一种特异的现象，"万绿丛中一点红"也是一种色彩的特异现象。

特异在平面设计中有着重要的位置，如果设计时想要打破一般规律，可以采用特异的手法，唤起人们的心理反应。如特大、特小、独特、异常等现象，会刺激人的视觉，有振奋、震惊、质疑的作用。

图 2-68　统一

图 2-69　绝对重复

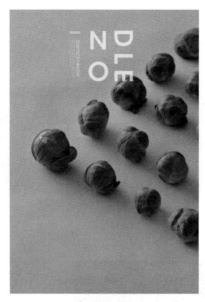

图 2-70　相对重复

图 2-71　特异构成

（3）渐变构成

渐变是一种有规律的变化，能给人很强的节奏感和审美情趣。在自然界中，渐变是一种常见的自然现象，一朵花从发芽到盛开，直到最后凋零，这一由生至死的过程就是一种渐变；物体出现的近大远小也是一种渐变。将渐变运用到平面构成中，即基本形按一定规律逐渐变化，能带给观者别具一格的视觉感受，从而满足人们的审美情趣。运用渐变技术能使画面更加丰富，使画面更具空间感和现代感，给人以更强的视觉冲击力。渐变主要有四类，分别为形状渐变、方向渐变、位置渐变、大小渐变。

①　形状渐变。形状渐变的体现形式是从完整到残缺、简单到复杂、抽象到具象，如图 2-72 所示。

②　方向渐变。方向渐变的体现为上下左右或辐射等形式的变化，如图 2-73 所示。

③　位置渐变。位置渐变是指位置、空间按规律发生变化，如图 2-74 所示。

图 2-72　形状渐变

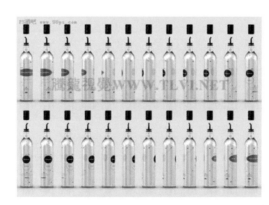

图 2-73　方向渐变

图 2-74　位置渐变

④　大小渐变。大小渐变是指物体由大变小或由小变大等形式的变化，如图 2-75 所示。

（4）发射构成

发射是一种常见的自然现象，如盛开的花朵、绽放的烟花。发射现象的共同点是由发射中心向内或向外散发、扩展。发射构成是一种较为特殊的重复与渐变形式,是将视觉元素环绕一个或多个中心点做放射状排列,使整个画面呈现强烈的聚焦、动感、重复和渐变的视觉特征,给观者以较强的视觉刺激,让其过目难忘。发射的主要展现形式有离心、向心、同心、多心和螺旋。在使用发射构成时,要注意画面的丰富性,避免形态凌乱。

① 离心。离心是基本形由中心向外发射或发散,发射点一般在画面的中心,有向外运动的感觉,是日常设计中运用较多的一种发射形式,如图 2-76 所示。直线发射呈现直线的情感特征,其发射线使人感到强而有力,有闪电的效果(见图 2-77)。曲线发射能表达出发射线的渐次变化,包含曲线所具有的特征,使人感到柔和而变化多样,也有运动的感觉。离心发射在运动类产品中应用较多。

图 2-75 大小渐变

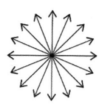
图 2-76 离心发射

② 向心。向心是与离心相反的发射方式,指从周围向中心聚合、收拢,使画面产生变幻莫测的视觉效果,空间感极强,如图 2-78 所示。在电商平台的商品展示海报中,这种形式很常见,如图 2-79 所示。

图 2-77 离心案例

图 2-78 向心发射

图 2-79 向心案例

③ 同心。同心是指基本形层层围绕一个中心,每层基本形的数量不断增加,所有发射骨骼只有大小渐变,如图 2-80 所示。同心发射在电商平台的海报背景中比较常见,如图 2-81 所示。

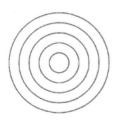
图 2-80 同心发射

图 2-81 同心案例

④ 多心。多心是指基本型以多个中心为发射点，形成丰富的发射集团，如图 2-82 所示。多心构成有明显的起伏感和空间感，为设计的画面增添了节奏感和韵律感。

⑤ 螺旋。螺旋就是呈螺旋式旋转发射，如图 2-83 所示。

（5）空间构成

空间构成是现代造型艺术的基础理论之一，主要涉及三维空间的规律和法则，并将感性的设计因素与理性的设计思维有机地结合在一起。空间构成指图形重叠、大小变化、倾斜变化、弯曲变化、投影、透视、面的连接、疏密变化，主要有三维空间、矛盾三维空间和正负形三种构成形式，如图 2-84～图 2-86 所示。

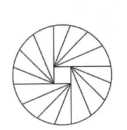

图 2-82　多心

图 2-83　螺旋

图 2-84　三维空间

图 2-85　矛盾三维空间海报

图 2-86　正负形

（6）对比构成

在平面设计中，对比是提高画面内容效果的常用设计方法。对比构成从视觉元素的位置、方向、大小等方面着手，使其在视觉上具有明显差异，赋予设计内容鲜明的效果，从而引起消费者的注意。在日常生活中充满着对比，如大小、高低、红绿、胖瘦、明暗等，相对的因素始终存在，没有对比就没有差异。物体之间要有较强的联系和统一之处，对比必须肯定、明确和突出。对比构成有很强的实用性，被广泛应用于招贴、书籍、包装、文字排版等。对比的目的是使双方更加鲜明，需要依据大小 、色彩、肌理、前后、虚实、疏密等进行构图。

大小对比就是形状大小之间的对比。在设计中，为了表现出画面的主次关系，可以使主要内容和比较突出的形象大一些，次要形象小一些，以小衬大，使主体物得以凸显，从而使画面表意明确，如图 2-87 所示。色彩对比就是通过色彩的落差形成对比，如图 2-88 中的红与黑。

图 2-87 大小对比

图 2-88 色彩对比

2.2.2 商品构图

无论是通过关键词搜索还是通过类目搜索,展现在消费者眼前的第一张图片都是商品主图,如图 2-89 所示。因此,商品主图是影响买家关注和点击的重要因素。一张诱人的主图可以使卖家节省一大笔推广费用,这也正是有些店铺在没有做任何付费推广的情况下,依然可以吸引很多流量的主要原因。

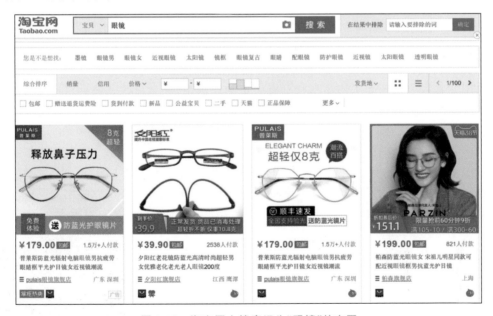

图 2-89 淘宝网上搜索词为"眼镜"的主图

1. 主图设计的尺寸

做主图的设计之前一定要明确主图的格式要求。以淘宝平台上的主图规范为例,淘宝网规定 5 张主图的图片大小不超过 3M,尺寸为 700 像素×700 像素以上,格式可以为 png、jpg、jpeg 格式。其中第五张主图的要求是尺寸为 800 像素×800 像素、分辨率为 72dpi、白色背景,构图方式为居中对齐和画布撑满,图片格式为 jpg 格式白底图或 png 格式透明图格式,如图 2-90 所示。

图 2-90　淘宝平台主图上传界面

第五张主图的主题不要有拼图水印,透明主体保证没有毛边,如图 2-91 所示为正确与错误的主图案例。

图 2-91　淘宝平台上主图的正面和反面案例

2. 主图组成要素

合理的商品主图展现角度要清晰地展现商品的全貌,这样不仅能够增强商品的立体感,而且可以吸引感兴趣的买家下单购买。一个具有合适角度的商品主图,能够让商品更加真实和生动。商品的主图有三个方面要考虑:构图、背景和文字排版。

(1)构图

在 2.1 节中介绍了不同的平面构成方式,要根据商品特征和平面构成原则,选择恰当的构图方法,给消费者呈现不同的视觉特征,营造出良好的商品氛围。在商品构图方面,常用的构图方法有六种,分别是直线式构图、三角式构图、对角式构图、渐次式构图、辐射式构图、框架式构图。

① 直线式构图。直线式构图要求商品形状具有一定的规则性,通过直线式排列可以整齐美观地展现商品,如图 2-92 所示。这样的构图方式的优点在于可以将商品不同的颜色和规格通过并列对比展示给消费者,消费者在主图上就可以做出颜色或规格的选择,以提高商品的转化率。

② 三角式构图。三角式构图的展现形式有正三角式构图和倒三角式构图。三角形具有安定均衡的特点,适合三角式构图法的商品最好是有一定规则的几何体,这样构图效果才会更为醒目,如图 2-93 所示。

③ 对角式构图。对角式构图是将商品摆放在对角线上,这样的摆放角度可以突出商品的立体感、延伸感和动感。对角线构图形成的纵深感,更加能够给消费者带来视觉的冲击力,如图 2-94 所示。

图 2-92　直线式构图

图 2-93　三角式构图

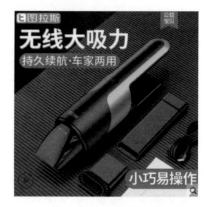

图 2-94　对角式构图

④ 渐次式构图。渐次式构图是将多个商品排列为渐次式的阵列,即将商品由大到小、由主到次地摆放,增加商品的纵深感和空间感,并且运用透视景深效果,体现出商品的多样性,如图 2-95 所示。

⑤ 辐射式构图。辐射式构图就是平面构图的发射构图方式,发射的视觉冲击力最强,向外扩张的线条给人以动态感,增强了画面的张力,凸显了商品主体。发射的构图方式适合线条细长的商品,如图 2-96 所示。

⑥ 框架式构图。框架式构图是指利用有形的景物或抽象的光影处理给照片设置前景,可以有效地突出照片的主体元素。

（2）背景

设计主图时需要仔细分析商品信息,挖掘商品卖点,根据产品和活动本身选择合适的背景。背景可以选用纯色背景、场景背景、渐变背景及图形背景等。

① 纯色背景。纯色背景不是指一种单独的颜色,而是指单纯以颜色作为背景,可以是两种不同颜色的拼贴或是同一色系的颜色组合,如图 2-97 所示。

图 2-95　渐次式构图

图 2-96　辐射式构图

图 2-97　纯色背景

页面中的色彩是浏览者对商品最直观的了解,也是网店统一风格的重要组成部分。一个主图能在众多产品主图中吸引买家的注意,往往取决于主图色彩运用得是否得当。

② 场景背景。单纯地展示商品主体或商品特写会显得单调乏味,场景背景则可以衬托商品主体的效果。比如,展示眼镜架,通过模特的穿戴,可以让消费者了解到眼镜架的效果,消费者结合自己和模特的脸型,联想自己佩戴是否会有同样的效果。再如,一些家电产品,消费者在购买时会有是否操作自如的考虑,因此设计主图时可以将人物操作家电产品的形象放在场景里,便可让买家更多地了解使用效果,如图 2-98 所示。

③ 渐变背景。色彩的渐变就是由一种颜色渐渐过渡到另一种颜色,如图 2-99 所示。色彩的渐变能给人很强的节奏感和审美情趣。常见的色彩渐变可以分为深色渐变和浅色渐变。深色渐变应用于背景比较多,会使画面丰富多彩。浅色渐变一般应用于点缀白色底,给人清爽、活泼的感觉。

图 2-98　场景主图

图 2-99　渐变背景主图

④ 图形背景。根据平面构成方法的重复、特异、渐变、发射、空间和对比,可以形成图形背景,如图 2-100 所示。

(3) 文字排版

文字既是信息的表达,又是视觉的焦点,文字的排版在主图中有着重要的地位。精练的文字排版能迅速抓住用户心理,与商品主体结合可以精准地表达信息的内容和含义。在确定主图的版面布局后,还需要确定文本的样式,如字体、字号、行间距和字间距等。

① 字体。Photoshop 软件中默认的中文标准字体是"宋体",英文是"Times New Roman"。在没有设置字体的情况下,浏览器中将默认以这两种字体显示。在商品主图的制作中,默认字体总体来说用得不多,中文黑体、微软雅黑、自定义字体使用较为频繁。

在商品构图中,字体种类要在三种以内,构图版面要雅致、有稳重感。反之,字体种类多则显得格式不统一、杂乱。天猫店铺的海报文字排版是值得学习和借鉴的,如图 2-101 所示。

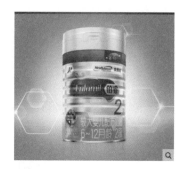

图 2-100　图形背景主图

图 2-101　文字排版

根据主图中商品的风格、文字字体的特性和类型,文字的设计风格分为以下几种。

第一,秀丽柔美型。字体优美清新,线条流畅,给人以华丽柔美之感。这种类型的字体适合于女用化妆品、饰品、日常生活用品、服务业等主题。

第二,稳重挺拔型。字体造型规整,富于力度,给人以简洁爽朗的现代感,有较强的视觉冲击力。这种个性的字体适合于机械科技等主题。

第三,活泼有趣型。字体造型生动活泼,有鲜明的节奏韵律感,色彩丰富明快,给人以生机盎然的感受。这种个性的字体适合于儿童用品、运动休闲、时尚产品等主题。

第四,苍劲古朴型。字体造型朴素无华,饱含古时之风韵,能带给人们一种怀旧的感觉。这种个性的字体适合于传统产品、民间艺术品等主题。

② 字号。字号明确了字体本身的尺寸大小。在阅读文章时,每一个文字就是一个点,点是平面构成的三元素之一。据科学统计,字号大小的设置影响受众的阅读速度。字号越大,受众的阅读速度越慢,对文字的关注度随之增加,除了文字本身涵盖的信息外,文字被放大时,笔画的细节就会越来越明显,受众的注意力就会从对每个字的"点"的层面慢慢放大。反之,文字越小,阅读越快速。字号大小可以使用磅(point)或像素(pixel)确定。在商品构图设计排版时,需要根据受众的阅读习惯进行设置,根据实际情况确定字号。大号的字体能瞬间吸引眼球,是商品构图的主焦点所在,能体现商品卖点的文字大多都用大号字体。其他内容的字号搭配也应该在多层次的主次信息基础上运用,字号大小需要有对比。以某品牌化妆品的文字排版为例,如图 2-102 所示,较大的字体可以用于卖点和其他需要强调的地方,小一些的字体可以用于次要信息或辅助信息,"亚光持久、浓郁显色"是卖点,字号最大;中间的"小金条哑光口红"是产品特性介绍,字号居中;"即刻预订"是辅助内容,字号最小。

③ 行距。行距是上下两行文字的疏密程度。行距在文章中的作用是引导人们有效地阅读,两行文字之间的距离太近或太远都会让阅读变得困难。行距和平面构成中的"面"元素紧密相连,不同的行距就是构成面的密度,即文章段落呈现的灰度,如图 2-103 所示。

图 2-102　字号设置　　　　　　　　图 2-103　字体行距

　　行距和行高是两个紧密不可分割的元素,比如,字体的行高为 10 像素,行距设置为 2 像素,即行距是行高的 1/5 倍,整个画面就会显得很挤,不利于受众的阅读。若将行距设置为 5 像素,即行距是行高的 1/2 倍,则受众阅读起来就会觉得比较舒畅和轻松。商品构图的文字行距宽度设置为正文半个字到一个字,可读性效果较佳,同时也可以适当调整字体和行长。

　　④ 字间距。字间距是依据原有字体设计中已有的间距进行改变。汉字的书法法则中有"行气"这个概念,"行气"就是一整行字体带来的感觉,与字间距有着千丝万缕的关系。行气能形成一条线,也就是平面构成中"线"元素的作用,商品构图中需根据字体选择最合适的字间距。例如,思源宋体和方正美黑,这两个字体形态差异便很大。对于英文字母来说,不同的字母宽度也会不同,需要根据实际情况来设置。如图 2-104 中的字间距设置适宜,阅读效果就很好。

2.2.3　教学做一体化训练

【训练要求】

　　在电商平台上选择五张商品主图,构图方式分别为直线式构图、三角式构图、对角式构图、渐次式构图和辐射式构图,对这些商品图片从构图方式、主图背景、文字排版三个方面进行分析。

【完成步骤】

1. 直线式构图

根据图 2-105 和表 2-2 完成直线式构图分析。

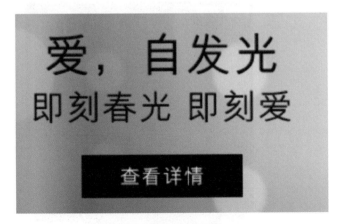

图 2-104　字间距

图 2-105　直线式构图

表 2-2　直线式构图分析

序号	项　目	项目属性值	备　注
1	商品编号		店铺内商品的编号
2	商品名称	雅诗兰黛洗面奶红石榴泡沫洁面乳	
3	所属商品分类	美妆	
4	货号		商品代码
5	品牌	雅诗兰黛	
6	构图方式	直线型构图	
7	主图背景	灰色渐变	
8	文字排版	三级文字排版，字体使用不超过三种，字号分大中小三类。 大号字体：抗氧排浊，洁净清透； 中号字体：双支装； 小号字体：选择规格 250mL	

2. 三角式构图

根据图 2-106 和表 2-3 完成三角式构图分析。

表 2-3　三角式构图分析

序号	项　目	项目属性值	备　注
1	商品编号		店铺内商品的编号
2	商品名称	奥敏清牙齿脱敏剂	
3	所属商品分类	医药	
4	货号		商品代码
5	品牌	奥敏清	
6	构图方式	三角式构图	
7	主图背景	图案背景	
8	文字排版	三级文字排版，字体使用不超过三种，字号分大中小三类。 大号字体：奥敏清； 中号字体：牙齿脱敏剂； 小号字体：牙齿过敏、牙齿出血、牙菌斑	

3. 对角式构图

根据图 2-107 和表 2-4 完成对角式构图分析。

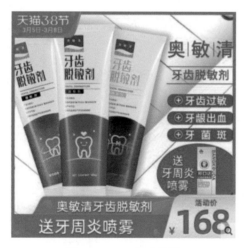

图 2-106　三角式构图

图 2-107　对角式构图

表 2-4　对角式构图

序号	项　目	项目属性值	备　注
1	商品编号		店铺内商品的编号
2	商品名称	图拉斯华为 mate30pro 手机壳	
3	所属商品分类	数码	
4	货号		商品代码
5	品牌	图拉斯	
6	构图方式	对角式构图	
7	主图背景	纯色背景	
8	文字排版	两级文字排版,字体使用不超过三种,字号分大小两类。 大号字体:秒变保时捷; 小号字体:跟真机外观一模一样	

4. 渐次式构图

根据图 2-108 和表 2-5 完成渐次式构图分析。

表 2-5　渐次式构图

序号	项　目	项目属性值	备　注
1	商品编号		店铺内商品的编号
2	商品名称	特百惠水杯女塑料水杯便携简约男小学生防摔大容量 500mL 茶韵杯子	
3	所属商品分类	生活家居	
4	货号		商品代码
5	品牌	特百惠	
6	构图方式	渐次型构图	
7	主图背景	纯色背景	
8	文字排版	两级文字排版,字体使用不超过三种,字号分大小两类。 大号字体:专柜正品　闪电发货; 小号字体:买 1 赠 4	

5. 辐射式构图

根据图 2-109 和表 2-6 完成辐射式构图进行分析。

图 2-108　渐次式构图

图 2-109　辐射式构图

表 2-6 辐射式构图分析

序号	项　目	项目属性值	备　注
1	商品编号		店铺内商品的编号
2	商品名称	得力水溶性彩铅画笔彩笔彩色铅笔专业画画套装成人手绘套装 36 色 48 色绘画绘图填色铅笔学生幼儿园美术用品工具	
3	所属商品分类	文具	
4	货号		商品代码
5	品牌	得力	
6	构图方式	辐射式构图	
7	主图背景	纯色背景＋图案	
8	文字排版	两级文字排版,字体使用不超过三种,字号分大小两类。 大号字体:油性彩铅; 小号字体:色彩鲜艳柔和　笔触细腻流畅	

任务 2.2 小结

【知识目标】

本任务要求学生以团队为单位,选择五款不同构图方式的商品图片,并根据商品特征进行构图方式、背景和文字排版的分析。

【能力目标】

(1)根据商品图片,能够分析构图方式。

(2)根据商品图片,能够分析背景类型。

(3)根据商品图片,能够分析文字排版。

(4)根据商品的特性,能够给出恰当构图方式。

(5)根据商品的特性,能够给出恰当背景设计。

(6)根据商品的特性,能够给出恰当文字排版格式。

同步实训

【情景描述】

小红团队学习完项目二的色彩搭配后,又开始商品构图的学习。小红团队自选了五款商品图片,团队成员要根据商品特征,进行构图方式、背景、文字排版分析。

【实训内容】

以团队为单位,整理和讨论该商品的特点,并根据如下表格,完成商品主图的构图方式、背景、文字排版分析。

序号	项　目	项目属性值	备　注
1	商品编号		店铺内商品的编号
2	商品名称		
3	所属商品分类		
4	货号		商品代码
5	品牌		

续表

序号	项 目	项目属性值	备 注
6	构图方式		参考构图方式： 1. 直线式构图 2. 三角式构图 3. 对角式构图 4. 渐次式构图 5. 辐射式构图 6. 框架式构图
7	主图背景		参考背景类型： 1. 纯色背景 2. 场景背景 3. 渐变背景 4. 图形背景
8	文字排版	两级文字排版，字体使用不超过三种，字号分大小两类。	参考分析维度： 字体，行距，字间距

学生自我总结表（Word 格式）2-2

拍 摄 基 础

本项目重点和难点

摄影是电子商务类专业收集资料素材、创作网店原形图片的重要手段,是艺术创作的基础,也是审美修养的延伸。通过本项目的学习,读者应掌握摄影的基础知识、商业产品拍摄的基本技巧,并能应用所学知识拍摄出风格鲜明、效果精美、符合网店特色的高品质图片,为后期处理奠定基础。

内容架构

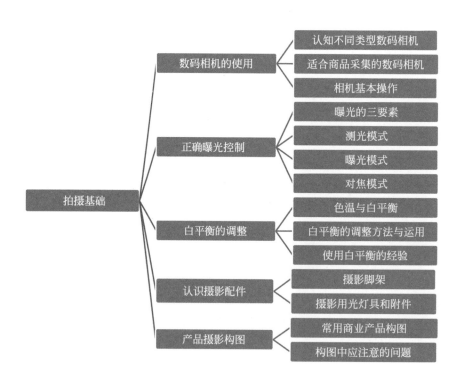

引例

小红团队完成项目一商品信息认知和项目二色彩与构图认知后,紧接着考虑商品信息采编还需要对商品进行拍摄,必须学习数码相机的使用,任务一是数码相机的使用,任务二是正确曝光控制,任务三是白平衡的调整,任务四是认识摄影配件,任务五是产品摄影构图。

任务 3.1　数码相机的使用

【学习目标】

了解数码相机的基本情况,认知不同类型的数码相机,初步掌握选择适合商品采集的数码相机的方法和相机操作的基本技能。

【工作情景描述】

小红团队在后期需要拍摄美妆类、眼镜类和女包类的商品,可是他们对数码相机的使用不太了解,特别是单反相机的功能和操作。

3.1.1　认知不同类型数码相机

随着数码科技的进步,相机在电子设备方面的地位有着迅速且惊人的提升,各种相机品牌在近几年中逐渐发展出自己独树一帜的特色策略与市场,如图 3-1 所示。消费者的选择显得更加多元,也更加困惑。

相机其实分很多款,不单只是"数码相机"而已,到底什么样的相机该叫作单反? 什么又是类单反? 近年相当热销的微单、轻单反又是什么? 应该如何挑选适合自己的相机? 下文将一一予以回答。

1. 不可换镜式(消费级)数码相机(Unchangeable Lens Camera)

一般提到"数码相机",指的就是与单反相机有所分别的不可换镜式数码相机,也称消费级数码相机。不可换镜式数码相机在相机结构上与单反相机相差甚远,最大的特征便是绑定了机身与镜头的组合。另一个重要特性便是机身内部的数码感光元件片幅非常小,以此能够相应地缩小镜头的体积,从而达到整体机身轻量化的需求。

由于设计上不可换镜头的特性,相机能够拍摄的视角范围受限于厂商设定,而不适合职业工作的需求。这种相机的市场定位多半是一般消费大众,锁定在家庭客群,追求的是家家户户有台数码相机的概念。此类相机在设计上会降低使用者的门槛,取消许多复杂的自定义功能,而以计算机自动化程序设定取而代之。这个模式的设计结果就是全自动数码相机,或者被戏称为"傻瓜相机"。一般来说,自动相机的目标客群锁定在不想花心思研究机器上的人,这些人在对机身性能与光学素质上的判断也较不敏感。所以各家厂商设计的自动相机通常价格较低廉,以全自动、方便为导向,而非质量导向。另外,由于单反相机与自动相机之间仍然存在着价格上的门槛,产生了一批在价格上无从入手的单反相机,在使用需求上又不能安于自动相机的使用者,促使可换镜式数码相机中,还有所谓的类单反相机,以满足这种业余的使用者需求。以下就轻便型自动相机、类单反相机与防水数码相机等做介绍。

(1) 全自动数码相机、轻便型相机、傻瓜相机(Compact Camera/Point and Shoot Camera)

轻便型相机机身小巧,便于携带,具有丰富的预设场景与自动化功能,如图 3-2 所示。自动相机通常都会配备内建闪光灯、曝光补偿、闪光灯控制、防红眼、防手震等多项功能,其使用诉求在于直觉式的操作,一按快门全部搞定的程序功能,需要有提高拍摄成功率的防手震功能,装置多倍变焦的镜头以应付不同的场合以及高画素。随着应用在数码相机上的电子引擎效能的发展,现在市面上的轻便型相机也普遍追加许多花哨的特效功

图 3-1　多种类的数码相机

图 3-2　松下电器莱美全自动数码相机

能,内建许多诸如 lomo 风格仿制、移轴效果仿制等后制功能于其中。但由于机身与镜头被绑定,且缺少许多自订功能,全自动相机在应变能力上相当逊色于高阶相机。另外,由于镜头质素与数码感光元件片幅太小,自动相机拍摄出来的画质难以与高阶相机相媲美。

（2）类单反相机、桥式相机、高阶轻便型自动相机（DSLR-Like/Bridge Camera/Advanced Compact Camera）

市面上除了常泛称自动相机为数码相机与傻瓜相机外,时常被提及的便是类单反相机了。但值得注意的是,尽管名称上有"单反"两个字,类单反相机因为受限于本身不可换镜头的特性,并不是单反相机。但从名称上可以看出,厂商在推出类单反相机时,便是主打全自动相机的轻便性与单反相机的可操控性。在相机的操作性能上面,会以模仿单反相机的操控性为设计考量。考虑到类单反相机的客群已经不同于傻瓜相机的用户,厂商们针对镜头的质素做了提升,配合镜头的机身电子性能也做了强化。有许多类单反相机打造得与单反相机一模一样,就是为了给使用者如同使用真正的单反相机的操控感受。类单反相机在产品定位上,更像是傻瓜相机与专业相机之间的过渡桥梁,使负担不起单反相机高昂费用的使用者,可以通过选择一定质量的类单反相机来满足自身的需求（见图 3-3）。

（3）防水数码相机（Weather Proof Camera）

防水数码相机基本上是傻瓜相机的旁支,但其在机身的坚固性与防水性上做了强化,具有一定的耐摔、防水特性,如图 3-4 所示。在设计全天候数码时,会因其防水、潜水的特性而新增如海底摄影的场景功能,并且配备 LED 补光灯供水底录像使用。耐碰撞的坚固机身则相当适合登山客,在一些比较险峻的场合时不必因为心疼手边的 3C 产品而伤透脑筋。

图 3-3　佳能 PowerShot 博秀系列高端 G 系列新旗舰 G1X 数码相机　　　图 3-4　奥林巴斯 tg-5 防水相机

（4）微单（Micro-Single Camera）

近年来,在各大展场、旅游景点,除了常见的黑色大块头单反相机与小巧玲珑的自动数码相机之外,多了更多缤纷的身影,被称为"微单"。这种新式相机有着小巧轻便的相机机身,虽然不如名片型随身相机可以收纳在口袋之中,但其较之于单反相机仍然显得非常小巧,与类单反相机的体积大小相差无几,许多人会将两者搞混。这种新时代相机由于投入市场的时间相对较短,在市场上还没有一个固定的称呼,较常见的称呼有微单、轻单反、邪恶相机、无反单反相机等。

2. 可换镜式数码相机（Interchangeable Lens Camera）

许多人对所谓的"单反相机"的印象是：黑色的,大块头,有很大的镜头,拍照时要把眼睛贴到相机上……但这些多半是当作为一个旁观者时从观察一个使用单反相机进行拍照工作的摄影师得来的刻板印象,这样的描述只说对了一半。在判断一台数码相机是否属于单反相机时,第一个要点便在于这台相机是不是属于可交换镜头范畴内的相机,如图 3-5 和图 3-6 所示。此后应判断,当我们在使用这台相机进行构图时,是否透过机身内部的反光镜反射镜头接收的影像,经过五棱(面)镜折射后出现在相机的光学观景窗里头。使用者透过相机机身的光学观景窗进行构图、对焦、按下快门的作业后,相机机身内部的反光镜会升起,打开快门,露出后方的数码感光元件通过接收镜头收进来的影像资料,快门关闭,反光镜再度落下,恢复待机状态。

图 3-5　佳能相机与镜头

图 3-6　单反相机镜头

当摄像者发现一台相机拍照只能透过机身背后那小小的观景窗构图时,这台相机很可能就是单反相机。"所见即所得"(What you see is what you get)是使用单反相机一项重要的特色,也就是透过观景窗看见的景象正是镜头接收的画面,而这个画面也会是拍摄下来的照片(当然这句话也不尽然精确,观景窗有视野率的问题,并且透过不同的快门/光圈组合,观景窗看见的影像与实际得出的照片将不必然相同。)。然而当微单推出之后,在判断单反的标准时便有了模糊的区域。以下将简述这两种同属于可交换镜头系统的相机之间的异同。

(1) 数码单反相机(Digital Single Lens Reflex Camera-DSLR)。数码单反相机是目前专业摄影领域中的主流相机工具。近年来,因为其售价降低及潮流文化的影响,单反相机逐渐扩散到非职业领域。其英文名称直译为"单镜头反射式数码相机",在日本简称为"一眼相机",在中国大陆则称为单反相机。单反相机的结构与运作特色为光线透过镜头进入相机,经由反光镜反射至五棱镜或五面镜,再经过折射呈现在观景窗内。使用者透过光学观景窗进行构图、对焦,在确定焦距、构图后,按下快门,拍摄影像时反光镜则会升起,让光线直接进入后方的感光媒介(底片或者数码感光元件)。当反光镜升起时,由于光路受阻,光学观景窗将会呈现暂时无画面的黑色景象,如图 3-7～图 3-9 所示。

图 3-7　数码单反相机内部主要部件

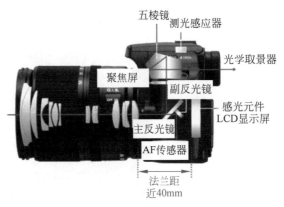

图 3-8　单反相机基本工作原理

在完成一次拍摄的动作后,数码相机便会将照片储存到机身内的记忆卡中,随后便可以透过机身背面的荧幕实时察看拍摄的照片,检查实际出炉的成果,并且可以基于喜好直接删除或者在机身上立刻进行简单的后期制作。自 2008 年后,数码录像不再限于全自动相机与数码摄影机了。在之后生产的数码单反相机陆续都支持动态录像功能,如今几乎都支持全高清摄影功能了。此一波技术革新,使喜爱拍摄短片的玩家不必负担高额的数码摄影机费用,只要购买单反相机就能够享受高质量的录像体验。

(2) 微单——无反光镜可交换镜头式相机(Mirrorless Interchangeable Lens Camera-MILC)、电子式观景

窗可交换镜头相机(Electronic Viewfinder with Interchangeable Lens Camera-EVIL Camera)

　　从标题的两种命名方式可以看出,这种新兴相机在市场内仍然没有一个固定的名称,相较而言,称其为无反光镜可交换镜头相机是个比较合适的说法。微单在外观和结构上与单反相机相似,如图 3-10 所示,其最大的差别便在于取消了机身内反光镜的设置,也删除了五棱镜、光学观景窗的设置。而这些空出来的空间极大地缩减了镜头与感光元件间的距离,也大幅缩小了相机机身的体积。因此"微单"的名称便是相较于单反相机在外观上的变化而来。由于其英文缩写为 EVIL Camera,所以偶尔也被戏称为"邪恶相机",隐喻了这种相机在结构设计上带来的轻便优势将冲击相机市场。

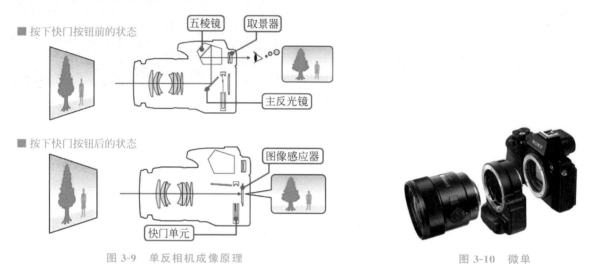

图 3-9　单反相机成像原理　　　　　　　　　　　图 3-10　微单

　　在取消了反光镜结构后,光线通过镜头后可以直接抵达机身内的感光元件,而机身计算机会将感光元件接收到的影像信息呈现在机背的荧幕或者电子观景窗中。这种操控方式与轻便相机一样,因此相较于单反相机,微单在使用者门槛上显得更低,更容易为大众消费者所接受。因此在市场区隔上,通常也会将微单视作消费级数码相机,在可预见的未来,家家户户都有一台微单是非常有可能的事情。如图 3-11 所示是各类可换镜微单相机。

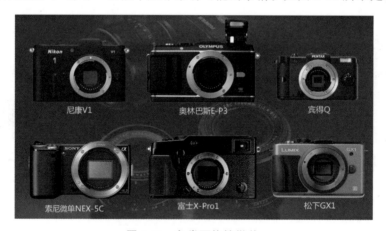

图 3-11　各类可换镜微单

　　微单所以大受欢迎还有一个更重要的特点,即它的体积优势。微单相较于类单反相机来说,在镜头与机身质量上的用心、成就水平之上的相片画质、可换镜系统的多题材表现,以及相较于单反的轻巧体积,使它广受业余摄影爱好者甚至专业摄影师的喜爱。

　　微单在结构设计上符合当代设计的简约美学,取消了反光镜结构后,可以得到更快的连拍速度,改善了移焦问题,不必再受到反光镜升降产生的微幅震动困扰。或许在未来,摄影领域中的主流摄影器材将不再出现反光镜系统,无反光镜式的单反相机可能会成为新时代的摄影器材设计主流。然而由于现阶段电子科技的局限性,微单相机一时还无法取代单反相机的地位。除了一般消费大众以外,许多摄影师与业余摄影爱好者目前仅会选择微单作为随身相机或者备用相机。如图 3-12 所示是索尼公司生产的阿尔法 7 微单数码相机。

（3）其他相机及手机。可交换镜头式数码相机并不只有数码单反与微单而已,还有所谓的连动测距相机、数码机背相机等。另外,现在手机拍摄照片的效果已经不低于普通的相机了,相对于相机高昂的价格、烦琐的操作,手机不仅价格低廉,并且也容易使用。

图 3-12　SONY 阿尔法 7

3.1.2　适合商品采集的数码相机

通常来讲,数码单反相机分为入门、中端、高端三个级别。入门机价格便宜,但拍摄效果不及中高端产品,适合广大摄影入门者练习,如佳能 750D/760D;中端机价格在入门机和高端机之间,性能强于入门机但低于高端机,可作为入门转专业的过渡,适合广大摄影爱好者使用,如尼康 D7000、佳能 EOS 5D Mark Ⅲ等,如图 3-13 和图 3-14 所示;高端机价格昂贵,但性能优良,画质出色,是许多摄影专业人士的首选,如佳能 EOS 1DX,如图 3-15 所示。

图 3-13　尼康 D7000

图 3-14　佳能 EOS 5D Mark Ⅲ

图 3-15　佳能 EOS 1DX

在相机选择上,成功的摄影作品更多的取决于摄影师而非摄影器材,缺乏经验的摄影师用熟悉的照相机能够拍出更好的作品,而经验丰富的摄影师用自己喜欢的照相机才能拍出好的作品。这些人为因素有时比单纯的技术原理更能影响作品的效果。数码单反照相机是学习摄影的理想器材,因为在拍摄后可立即查看。使用单反相机拍摄也更为经济,而且如今的单反相机拍摄成像质量也令人惊叹。

图 3-16　佳能 750D＋佳能 EF-S18-135 镜头

目前,大多数制造商都提供了价位适中的数码相机。初学者可以多参考摄影杂志和网络上的评论,与其他摄影师进行交流,还可以跟懂行的数码相机销售员进行攀谈,摄影论坛也有很多良好建议可供参考。本书中的照片几乎都是由一款入门机——佳能 750D＋佳能 EF-S18-135 镜头拍摄完成的,如图 3-16 所示。

数码单反相机确实是学习摄影的利器,但它并不必然带来预期的结果。任何数码相机本质上都是一台电脑,因此,相机制造商能够在没有得到摄影师的指导和同意的情况下,通过设置相机程序来改变他们拍摄的照片。这是对我们有利的一面,根据我们的经验,照相机的决定都是准确的,但有时也并非如此。

更大的问题在于,不管好坏,一般人很难知道作品是相机所做的决定还是摄像者拍照的结果。也许是摄像者犯的错误,但却认为是相机的问题,这便会错失一个学习的良机,也许照相机出错了,但却认为是自己的错误,而不断自责。

选用数码相机,应从以下两个方面考虑。

1. 价格

购买一台用于学习和拍摄的数码相机,要考虑自己的经济承受能力。摄影爱好的初始投入花费较大,作为初学者而言,购买时下热门的入门单反套机就可以了,价格在五千元左右,除此还需购买摄影包、三脚架、闪光灯、存储卡和其他小工具等。有些有能力的入门者会直接购置中端甚至高端机型,达到"一步到位"的效果,可能会耗费万余元。也有入门者仅有一两千元的资金用于购买相机,选择功能完好的二手单反相机也是可以的。

2. 拍摄基本需求

一般的入门级单反数码相机套机,在数码相机机身、镜头生产工艺和相机软件方面,已经能够完成日常产品拍摄需求,而若需要拍摄特殊场景的照片,则需要配合相应的附件来布置完成,而对于摄影附件,在任务 3.4 中会进行详细介绍。

综上所述,对于摄影学习而言,还有如下建议。

第一,学习图片后期处理技巧。想要成为一名出色的数字摄影师,无须精通 Photoshop,但确实需要在大量的数字编辑软件中至少选择一种基本软件进行学习。

第二,使用"手动"模式拍摄。这将避免相机"帮助"摄影者获得技术上完善的照片,使大部分拍摄决策取决于使用者,而不是照相机的计算机"大脑"。

第三,使用 RAW 格式进行拍摄。由于 RAW 格式文件在相机内的压缩程度极低,所以与经过转换压缩的 JPEG 格式相比,能够存储更多照相机影像传感器上的图像信息,在进行精细的后期图像处理时,能够基于更多的数字信息进行操作,使图像质量得到巨大的改善。

3.1.3　相机基本操作

拍摄之前,首先需要确定拍摄物、决定场景和拍摄意图。不同的拍摄物,常用的设置和技巧都会不同,如拍摄人像、风光、虫鱼鸟兽等各种不同的对象,在不同环境下的相机基础参数设置也会有所不同。

1. 如何正确操作相机

在科技不发达的时期,想拍一张照片是一件很困难的事情,拥有一张照片则更是尤为珍贵。而现在市场上有各种数码相机,一键成像,不满意还可以再多拍几张。图 3-17 和图 3-18 中的场景便显示出了这一点。随着技术的发展,甚至可以随手拿起手机抓拍,并直接修图、调滤镜,甚至修复身材。在这个全民都是摄影师的时代,每个人都可称得上一个合格的摄影师吗?

图 3-17　2005 年和 2013 年,梵蒂冈,罗马天主教新教皇就职典礼

图 3-18　2008 年和 2013 年,钱塘江大潮

十九世纪的伟大摄影师并没有先进的摄影器材,但他们依旧可以创作出伟大的摄影作品,靠的就是摄影师本身具有的强大的艺术创造力。身为摄影师光会使用机器是不够的,相机只是一个工具,就像一支钢笔,或是油漆刷,它不能自己创造有效的想法。摄影师必须要了解和使用照片的视觉语言,因为照片本身没有内在的叙事性,也不讲故事,但它们有自己隐喻的视觉语言和符号。摄影师要知道怎样去使用这种视觉语言,去构建画面、诠释意义,从而表达自己的内心。

（1）拍摄准备

摄影师拍摄前所做的五项决定如下。

① 细节:考虑把相机对准什么。

摄影师应该充分融入眼前所发生的事件之中,并且以全局的观念,在头脑、眼睛以及身体高度配合的状态之下,作出精妙判断。在拍摄前,不管看到什么,都要做出选择,即想让相机对准谁,想要拍摄什么主题等。

② 框架:考虑取景框中包含的内容以及排除的内容。

哪些内容是想要表现的,就出现在取景框中,哪些是不需要表现的,就排除出取景框。作为一个用视觉语言讲述故事的人,摄影者应该对取景框内的所有元素负有责任。

③ 透视:从什么角度,以及如何接近。

好的照片常依赖于恰当的拍摄视角,有时只需要将相机移动几厘米或只需要移动一下脚步,就能显著地改变画面的构图,带来不一样的视觉感受。

④ 时间:我们记录的那一刻(瞬间)。

绘画可以一遍一遍地修改,雕刻可以一遍一遍地凿刻,但摄影按下快门的那一刻就是完成作品了。对于每一个摄影师来说,一个时刻便是所有。这个时刻,是赫拉克利特口中无法踏入两次的河流,转瞬即逝;而在这一时刻,摄影师当下的心态以及思考,决定着这张照片是否能够刚好捕捉场景,以及通过什么样的构图、什么样的角度、什么样的焦点捕捉。

⑤ 事物本身:理解现实与照片之间的区别,这是我们对现实的诠释所产生的。

在现实中,人观察到的是连续影像,经过大脑的抽象加工,形成一定的理解认识。而照片记录的是其中一个瞬间,大脑是没有机会进行抽象加工的,所以拍出来的照片与现实会有一定的区别。摄影师需要自己来决定,想要的是靠近现实还是远离现实,要明白照片与现实的区别,在动手前多思考一些,也许就能得到更多。

（2）拍摄姿势

图 3-19～图 3-21 是一些拍摄姿势,任何拍照姿势的首要原则都是固定住相机,使之稳定、不抖动,较为常见的手持方式有站姿和低机位两种。

图 3-19　错误姿势(一)

① 站姿。使用站姿时,双手及双肩自然下垂,不要拱肩或是耸肩,双腿微张,让重心可以很平稳地分配到两只脚上,前后弓步适合机动性地拍摄,但是不要把双腿并得很紧,保持一个舒适的立正姿势即可。要养成两只

图 3-20 错误姿势（二）

图 3-21 正确姿势示范

上臂尽量向身体靠拢的习惯，如果将双臂张开便无法靠腋下的身体来分担相机的重量。

　　使用左手来支撑机身和镜头的重量，右手则负责稳定机身和按下快门的动作。操作的时候用左手的拇指和食指调焦距，用右手的食指轻轻按动快门。在按动快门时，切记动作要轻，并屏住呼吸，尽可能减少对相机的影响。

　　纵向持机时，握持相机手柄的右手处在上方位置，手臂会处于张开状态，这时要更注意双手与双臂的配合。站姿示范如图 3-22 所示。

　　② 低机位拍摄。低机位拍摄时，身体的重心下移。这时可以用右腿膝部支撑地面，用左膝支撑握持相机手柄的左臂的肘部，以防止出现抖动。拍摄时左腿弓起，左脚脚掌、右腿膝盖、右脚脚尖三点支地，形成一个三点支撑的稳定姿势进行拍摄。如果采用坐姿拍摄，则应将双臂的肘部稳稳地放在双腿的膝部以获得稳定的支撑，如图 3-23 所示。

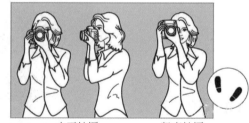

水平拍摄　　　竖直拍摄

　　2. 单反相机设置及操作

图 3-22 站姿的正确姿势

　　1）开启相机电源开关，设置拍摄挡位（模式）

　　在大致掌握了数码单反相机的拍摄姿势后，还需要进一步了解其外观设计及功能，以便得心应手地操作相机。数码单反相机的功能区域分为正面、背面、机顶、机底、左侧和右侧。下面以佳能 750D 为例，对相机的功能区域进行简单介绍，如图 3-24～图 3-30 所示。

图 3-23　低机位姿势

图 3-24　佳能 EOS 750D 正面主要功能区域

图 3-25　佳能 EOS 750D 背面主要功能区域

图 3-26　常用挡位

图 3-27　肩屏

图 3-28　开关及快门

图 3-29　曝光模式选择相机拍摄挡位

M挡：手动曝光
A挡：光圈优先
S挡：快门优先
P挡：程序自动

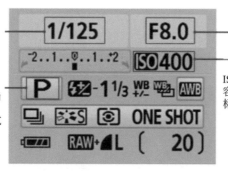

快门速度 显示快门打开的时间。分母数值越大，则快门打开时间越短

光圈值 显示镜头内光圈叶片的打开状况。数值越小则光圈打开越大，越能够获得更多的光量

拍摄模式 显示通过模式转盘选定的拍摄模式。当选择基本拍摄区模式时，将以图示以及文字的形式显示

ISO感光度 数值越大则越容易拍摄昏暗场景。通常标准感光度ISO 100

图 3-30　液晶监视器拍摄设置显示（佳能 EOS 750D）

2）设置拍摄基本参数

（1）快门

快门速度越高，则越能够将快速的动作定格，捕捉犹如凝固的效果，如图 3-31 所示。快门速度越低，捕捉到的动作越不清晰，长曝会使拍摄对象变得朦胧，如图 3-32 所示。长焦拍摄安全快门速度高，短焦安全快门速度低。

图 3-31　用高速快门拍摄移动的泡泡

图 3-32　低快门记录光的运动轨迹

一般摄影快门速度要少于 1/60s,画面才不会模糊。

（2）感光度

感光度(ISO)反映相机的感光元件对光线的敏感程度,低感光度适合在光源充足的环境中拍摄,画面中出现的噪点会比较少;在光源不足的环境下,为了正常曝光,适宜用高感光度拍摄,但感光度越高,噪点就会越多。提升数码相机的 ISO 可以通过两种方式实现:一是强行提高每个像素点的亮度和对比度,二是使用多个像素点共同完成原来只要一个像素点来完成的任务。提高感光度的优点是在准确曝光时可以提高快门速度,比如在阴暗天气拍摄风景时,小光圈和安全快门无法满足正常曝光量,就需要增加感光度。夜晚拍摄也是如此,但也可以用三脚架和低速快门来获得准确的曝光。

正常曝光时,光圈、感光度、快门速度之间的关系为:大光圈、高感光度、低速快门(曝光时间长)都能提高曝光;小光圈、低感光度、高速快门(曝光时间短)都能减少曝光。

（3）景深

焦点前后范围能形成清晰的像,这前后的距离范围,就是景深。小景深清晰范围小,如图 3-33 所示,大景深清晰范围大,如图 3-34 所示。决定景深的三要素是焦距大小、光圈大小和相机离主体的距离。

（4）焦距和对焦模式

镜头的焦距越长,视角越窄,物体越大越近,反之亦然。例如 300mm 的超远摄镜头,只有 8°的视角,而 8mm 的超广角镜头,则拥有 180°的视角。镜头根据其焦距的长短,可分为标准镜头、广角镜头和长焦距镜头等。如图 3-35 所示为广角镜头效果。

图 3-33　小景深照片

图 3-34　大景深照片

图 3-35　广角镜头效果

对焦模式可分为自动对焦模式 AF 和手动对焦两种。自动对焦模式又可分为单次自动对焦(单次)、人工智能自动对焦(自动选择)、人工智能伺服自动对焦(连续),具体特征如下。

① 单次自动对焦(单次),半按快门锁定对焦点。如果要改变焦点,就要松开快门,重新对焦,也可以选择对焦区域让相机对所选区域的物体进行对焦。对焦后如果物体移动,拍摄就会失焦模糊,所以这种方式适合拍摄静止的物体。

② 人工智能自动对焦(自动选择),短时间内随着物体移动而改变焦距。当手指半按快门时,相机开始自动帮助使用者选取对焦点。这是最简单、最省事的办法,尤其是需要抓拍或是没有时间主动选取对焦点时。但是相机自动选取焦点也有其弊端,比如摄影者不能选择自己想要的焦点,相机自动选取的焦点往往是靠近画面中心的物体,但很多时候摄影者希望选取的焦点在画面中的其他位置(例如黄金比例点),这个时候便需要手动选取对焦点了。

③ 人工智能伺服自动对焦(连续),半按快门对焦后,相机会锁定目标物或锁定对焦区域,一旦目标与相机之间的对焦距离改变,相机会自动跟焦。在使用连续伺服对焦时,要在开始时选取对焦点,换而言之,就是要告

诉相机一个明确的目标,它才能进行跟踪。这种方法最适合拍摄运动中的目标,例如跑步、赛车等,其优点在于迅速快捷且较为准确。

（5）曝光和测光

曝光是指在摄影过程中进入镜头照射在感光元件上的光量,由光圈、快门、感光度的组合来控制,在任务 3.2 中将进行具体介绍。

3）取景器观察、构图、对焦并拍摄

在拍摄时,摄影师首先要做的就是取景构图与对焦拍照。

构图,顾名思义就是构建图像的结构,如图 3-36 所示。在摄影中,构图就是选择合适的景物,决定将哪些景物纳入画面内,将哪些景物隔离在画面外,并选择横幅拍摄还是竖幅拍摄。

图 3-36　对焦

在确定构图后,摄影师要选择焦点并进行拍摄。目前,市场上的数码单反相机大多数具备先进的自动对焦系统。在对焦时,摄影师可以选择自己需要的焦点,然后半按快门,合焦后可以完全按下快门,当听到"咔嚓"的声音时,就说明拍摄成功了。

3.1.4　教学做一体化训练

【训练要求】

（1）选择并熟悉一款数码单反相机,仔细研究该数码单反相机的外观、常用按键以及该单反相机配套镜头的基本情况。

（2）熟悉所选取的数码相机的各种基本参数的调节方法,尝试拍摄一些数码照片。

（3）使用站姿和低机位方式手持相机进行拍照。

任务 3.1 小结

【知识目标】

本任务要求学生认知不同类型的数码相机,掌握选择适合商品采集的数码相机的基本方法和各类参数的基本功能。

【能力目标】

（1）能够全面了解各种类型的数码相机。

（2）能够熟练设置一种数码单反相机的基本参数。

（3）能够熟练使用数码单反相机,掌握正确的拍摄姿势。

同步实训

【情景描述】

小红团队学习完项目一的商品信息认知后,打算自行给商品拍摄一组照片。于是,他们选用了一台数码单反相机,准备开始自行拍摄商品图片。

【实训内容】

根据商品的特性,完成某商品色彩搭配方案。

序号	项　　目	项目属性值	备　　注
1	自然光下站姿拍摄商品		
2	自然光下低机位拍摄商品		
3	数码单反相机常用参数设置练习		
4	摄影棚中站姿拍摄商品		
5	摄影棚中低机位拍摄商品		

学生自我总结表（Word 格式）3-1

任务 3.2　　正确曝光控制

【学习目标】

了解单反相机正确曝光的相关知识及操作技能。

【工作情景描述】

小红团队学习数码相机拍摄的基本技巧后,想较好控制曝光,给商品拍摄出高质量照片。

3.2.1　曝光的三要素

1. 光的概念

摄影是光的艺术,作为摄影师,首先应关注光线的亮度、色彩和对比度。

（1）亮度

对于摄影师而言,光源最重要的性质是亮度。光源亮度越高,摄影条件则越理想。如果光线亮度不够,甚至无法得到一张照片。如果光线亮度高于摄影必需的最低水平,那就有可能获得更好的照片效果。

（2）色彩

色彩鲜艳的光线通常会给摄影作品增添艺术效果,但大多数照片都是在白色光线下拍摄的,然而,即便是"白色"光也会带有一系列不同的色彩。当光源大致由三种原色光——红光、蓝光、绿光——平均混合时才是"白色"的,但只要各种原色光的数量处于一个合理范围,人的大脑就会认为"这种光线是白色的"。显然,这种白色光源之间是有差别的,为了区别白光的色彩变化,摄影师用"色温"这个单位对色光进行计量。一般采用三种标准光源色温,一种是 5500K,称为日光色温,还有两种白炽光色温标准,分别为 3200K 和 3400K。

（3）对比度

如果光源以几乎相同的角度照射被摄物,那么它就会产生较高的对比度,如图 3-37 所示。如果光源以许多不同的角度照射被摄物,将产生较低的对比度。

光线的对比度只是影响照片对比度的因素之一,照片的对比度也取决于被摄物的构成、曝光等因素。曝光与对比度之间的关系稍显复杂,增加和减少曝光都能降低一般景物的对比度。然而,增加曝光会增加深暗色被摄物的对比度,而减少曝光则有可能增加浅灰色被摄物的对比度。

2. 曝光的概念

曝光是摄影师要获得优秀照片所必须掌握的摄影原理。在摄影中,曝光是调好光圈与快门速度后,在快门开启的瞬间,光线通过光圈的光控使感光元件感光的过程(见图 3-38)。

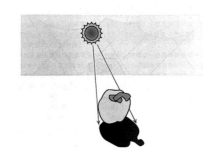

图 3-37　来自小型高对比度光源的光线以几乎相同的角度射向物体

曝光是一个系数,表示的是拍摄时相机的进光量。照片的亮度由图像感光元器件受到的光照总量决定,而光圈和快门就起到了调整光量的作用。快门用速度来表示,相当于快门帘幕打开的时间,而光圈则表示光栅打开的大小,摄影师在曝光时可通过对两者分别进行调节来控制光线通过量。为了获得合适的亮度,可采用高速快门配合大光圈,也可以采用低速快门配合小光圈来获得同样的亮度。另外,设置高感光度也可以提高画面的亮度。

照片解析：准确的曝光,可以让画面得到完美的光照。如图 3-39 所示,摄影师在拍摄娇嫩的荷花时,将光圈调整为 f/2.8,同时使用 1/200s 的快门速度,画面整体的曝光十分恰当,景物色彩得到清晰的展现。

正确的曝光,令景物色彩表现更佳

图 3-38　光线通过单反相机的路径

图 3-39　快门速度：1/200s　光圈：f/2.8 ISO：200

3. 曝光的三要素

正常曝光是摄影的基本要求,处于自动挡(P/A/S)状态时,都有曝光补偿。一般设定光圈、快门和感光度三个中的两个参数后,相机会自动设定好正常曝光的第三个参数(一般是感光度不变,选择自动)。因此,曝光的三要素为光圈、快门和感光度。

1）光圈

光圈用于控制清晰范围。光圈是一个用来控制光线透过镜头,进入机身内感光面光量的装置。光圈的位置在镜头内为多边形或是圆形、面积可变的孔状光栅,如图 3-40 和图 3-41 所示,可通过改变孔径,控制进入机身内到达感光元器件的光量。

$$光圈 F 值＝镜头焦距/镜头有效口径直径$$

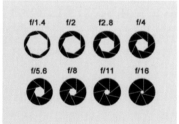

图 3-40　光圈　　　　　　　　　　　　　　　　　图 3-41　拆解后的光圈装置

从公式可知,要达到相同的光圈 F 值,长焦距镜头的口径要比短焦距镜头的口径大。完整的光圈值系列有 f/1.0、f/1.4、f/2.0、f/2.8、f/4.0、f/5.6、f/8.0、f/11、f/16、f/22、f/32、f/44、f/64。在摄影上,常用的光圈由大到小有 F/1.4(为了写起来方便,后面都用 F1.4 来表示,省去了"/"),F2.0、F2.8、F4.0、F5.6、F8.0、F11、F16、F22 等标准光圈值。随着技术的发展,光圈值也越来越密集。

（1）光圈大小对曝光的影响

光圈的作用在于决定镜头的进光量。在快门速度(曝光速度)不变的情况下,光圈 F 数值越小光圈越大,进光量越多,画面则比较亮;光圈 F 数值越大光圈越小,画面则比较暗。

（2）光圈大小对照片的影响

光圈大,照片的景深浅,大光圈可以形成浅景,照片背景虚化。这里需要说明的是光圈大,则光圈值小,也就是 F 值越小;景深越浅,F 值越大,景深越深,如图 3-42 所示。

（3）景深

一张照片中,清晰的范围并不是只有焦点处,而是焦点前后一段距离内,这段距离就是景深范围,如图 3-43 和图 3-44 所示。

图 3-42　同一张照片不同光圈值的效果　　　　　图 3-43　景深范围较大,画面十分清晰

景深的范围主要受三个因素影响,一是拍摄的距离,二是采用的镜头焦距,三是光圈大小。在其他条件不变的情况下,F 值越小,光圈越大,景深范围则越小,如图 3-45 所示;F 值越大,光圈越小,景深范围则越大,如图 3-46 所示。

图 3-44　景深范围很小,只有焦点处画面清晰　　　图 3-45　光圈为 f/2.8 拍摄的照片　　　图 3-46　光圈为 f/6.3 拍摄的照片

 小贴士

一方面,光圈越大(数值越小)就会得到更多的进光量,拥有更快的快门速度,避免拍虚,同时可以虚化背景;另一方面,镜头光圈不是无限大,而且光圈大的镜头会很贵。镜头的最大光圈和最小光圈其画质是相对较差的。

2）快门

快门是用来控制光线照射感光元件时间的装置,主要是影响画面清晰程度,如图 3-47 所示。在光圈和感光度不变的情况下,快门开启的时间越长,相机的进光量就越多,曝光量也就越多;快门开启的时间越短,相机的进光量就越少,曝光量也就越少。这直接影响着画面的清晰部分和敏感程度。

数码单反相机采用的是幕帘式快门,其工作结构可以分为前帘和后帘。前帘的功能是打开快门让感光元器件曝光,后帘的功能是关闭快门结束曝光。快门利用其开启时间的长短来控制进光时间,从而控制曝光量。衡量快门的标准是快门速度。

快门速度用数字表示,单位是"秒(s)"。常见的快门速度有 1s、1/2s、1/4s、1/8s、1/15s、1/30s、1/125s、1/250s、1/500s、1/1000s、1/2000s 等(见图 3-48 和图 3-49)。

（1）快门速度对照片的影响

图 3-48 和图 3-49 显示了快门速度对照片的影响。

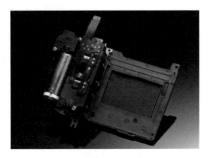

图 3-47　快门

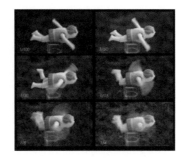

图 3-48　不同快门效果

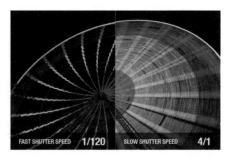

图 3-49　不同快门速度拍摄出来的摩天轮

（2）安全快门

想手持相机拍摄到一张不手震的照片,最简单的途径便是按快门的速度要够快,但按快门速度太快就很可能会发生曝光不足的情况。经过不断拍摄,摄影师得出一个"最慢而又不手震的快门值"理论,即"安全快门"。

简单而笼统的安全快门定义是快门值不慢于 1/镜头焦距。例如摄影者使用的镜头焦距是 50mm,快门值 1/50 便可以拍到一张不手震的照片了。

对于网店商品摄影师来说,要遵守安全快门法则。当手持相机进行商品拍摄时,如果实际拍摄时的快门速度比安全快门更快,往往能够得到清晰的画面;反之,如果实际拍摄时的快门速度比安全快门慢,就很容易导致画面模糊。例如使用的镜头焦距为 100mm,则安全快门值为 1/100s,如图 3-50 所示。

快门速度为1/30s,画面模糊　　　　快门速度为1/125s,画面清晰

图 3-50　女装

 小贴士

一方面,快的快门速度可以凝固动态的画面,慢的快门速度可以得到更明亮的画面;另一方面,快门过快会需要较强的光照,过慢的快门速度如果手持拍摄的话会虚。

3）感光度（ISO）

感光度表示感光器件对亮度敏感程度的数值,目前被广泛使用的是 ISO 标准。调节感光度就会调整相机的感光能力,摄影者可以根据拍摄现场的亮度来选择不同的感光度。例如,在阳光晴好的室外拍摄时,可以选择 ISO 100,在阴天的情况下,可以选用 ISO 200,而在演唱会、夜景等光线较暗的环境下拍摄时,就应该选用 ISO 400,甚至更高的感光度。感光元器件如图 3-51 所示。

感光度的高低除了会影响曝光量外,还会影响画面的画质。拍摄商品时,只要光线充足,最好使用 ISO 400 以下的低感光度,因为使用低感光度可以获得非常细腻的画面效果。感光度小的(比如 ISO 100)画质细腻,噪点少,如图 3-52 所示,噪点需要放大图片来进行比较。如果使用高感光度进行拍摄,画面中的噪点就会增多,直接影响商品的细节表现。同时,噪点的控制与相机有关,越是高级别的相机高感下噪点控制表现越出色,如图 3-53～图 3-55 所示。

图 3-51 感光元器件

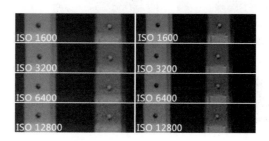

图 3-52 ISO 值与噪点

图 3-53 感光度为 ISO 100,画面细腻、纯净

图 3-54 感光度为 ISO 12500,画面噪点增多

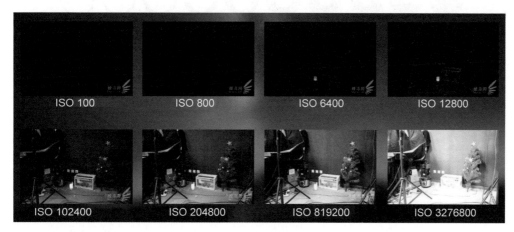

图 3-55 同一场景下仅改变 ISO 值画面产生的不同影响

 小贴士

一方面,高的感光度可以在光线不足的情况下获得更明亮的照片;另一方面,感光度过高照片噪点会变得很多。

4) 曝光和摄影之间的关系

拍照的最基本的要求是曝光正确,图 3-56 中同一场景的三个图片分别表示了曝光正确、欠曝以及过曝三种情况以及相应图片的直方图,图 3-57 则说明直方图的含义。

曝光正常　　　　　　曝光不足　　　　　　曝光过度

图 3-56　曝光

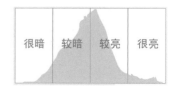

图 3-57　曝光直方图

（1）互律性

互律性就是同时按比例调整光圈、快门和感光度，而曝光值不变。也就是其中一个参数升一挡，另一个参数则必然降一挡，作为摄影人必须懂得计算曝光的互律性，即

$$曝光（不变）＝光圈（增加）＋快门（加快）＋感光度（固定）$$

光圈在中段的时候成像效果是最好的，参数的调整往往带来的是画质的改变，如图 3-58 所示。所谓的艺术效果也就是在这种情况下产生的，比如虚化、大景深、小景深、拖尾等。

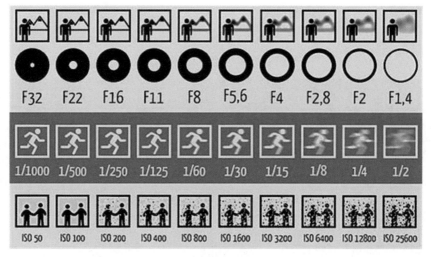

图 3-58　光圈、快门和 ISO 值对照片的影响

在 M 挡时，三个参数都是手动的，主要通过曝光标尺显示的信息（过爆或欠爆）来对相应的参数根据想要的图片类型进行设置。

（2）常用手法

摄影师拍摄时，在其他条件不变的情况下，快门速度越快，画面越暗，速度越慢，画面越亮；光圈越小，画面越暗；光圈越大，画面越亮。感光度越低，画面越暗，噪点越少，画质越好；感光度越高，画面越亮，噪点越多，画质越差。

当一张照片曝光不足（欠曝）的时候，可以通过降低快门速度、加大光圈、调高感光度 ISO 值中的任一方法来使照片达到正常曝光；当一张照片过度曝光（过曝）的时候，可以通过提高快门速度、缩小光圈，或者调低感光度 ISO 值来使照片达到正常曝光。

3.2.2　测光模式

为了获得正确的曝光,首先需要对拍摄环境中的光线强弱、色彩等情况进行侦测,然后才能确定需要采用何种光圈、快门组合,这个侦测过程就是测光。测光数据一般通过测光表来获得,老式相机只能另购外置测光表,而现在的数码单反相机基本上都具备功能完备的内置反射式测光表,可以让摄影者方便快捷地完成测光。

1. 平均测光

平均测光是数码单反相机、长焦相机和卡片相机中普遍采用的基本测光模式,所测量的是景物反射亮度的平均值,如果画面所接受的光线照度是均匀的并且各部分影调的反差并不是很大,那么这种测光模式就可以提供准确的曝光结果(见图 3-59)。不过当拍摄的景物反差过大,光线照度不均匀时,平均测光则会受到周围亮度的影响,从而产生偏差。

如图 3-60 所示,在顺光或者斜侧光条件下,当拍摄对象与背景亮度反差不是很大的时候,采用平均测光模式即可得到满意的曝光效果。

数码相机上的平均测光标志

图 3-59　平均测光标志

图 3-60　光圈:F8　快门:1/200s　感光度:ISO 100　曝光补偿:0

2. 中央重点平均测光

中央重点平均测光,又称偏重中央测光,主要以画面的中央部分作为测量依据,并对周边部分进行适当的考虑。在多区域评价测光出现之前,中央重点测光是最实用、最智能的测光方式(见图 3-61)。

如图 3-62 所示,尽管荷花与深绿色的背景反差较大,但其面积较大且占据了中央位置,采用中央重点平均测光模式就可获得正确的曝光。

数码相机上的中央重点平均
测光标志

图 3-61　中央重点测光标志

图 3-62　光圈:F2.8　快门:1/640s　感光度:ISO 100　曝光补偿:0

3. 点测光

点测光仅对位于画面中央自动对焦点附近的极小区域进行测光,测光区域为画面面积的 2%～10%,并以此为依据完成整张照片的曝光。这是一种局部测光模式,由于点测光的测量范围很小,没有经验的操作者很有可能出现测光失误,如图 3-63 所示。

如图 3-64 所示,当画面主体与陪体之间存在着较大的反差时,例如,拍摄逆光下的剪影效果,应选用点测光模式对准画面亮部进行测光。

图 3-63　点测光标志

图 3-64　光圈:F5.6　快门:1/800s　感光度:ISO 100　曝光补偿:0

4. 多区域评价测光

多区域评价测光是一种智能化的 TTL(Through The Lens)测光方法。多区域评价测光的工作原理是将整个画面分成若干个区域,分别对每个区域进行评估,并将测量结果转化为数值。然后,相机内部的微处理器根据各区域的数值,对画面的反差强度、亮度构成、强光的位置、亮区和暗区的百分比、强光部的亮度等参数,进行分析和比较,对异常亮度进行处理,最后通过与芯片内部存储的常规摄影数据进行比较分析,选择并提供合适的测光数据,如图 3-65 所示。

如图 3-66 所示,当拍摄对象与环境光线的亮度存在较大差异时,采用多区域评价测光模式就很容易得到曝光正确的照片。

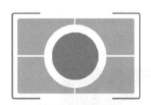

图 3-65　测光标志

图 3-66　光圈:F11　快门:1/500s　感光度:ISO 100　曝光补偿:0

3.2.3　曝光模式

任何单反相机都会具备最基本的三种曝光模式,分别是光圈优先(AV)(快门优先(TV))、程序自动曝光、手动曝光(M),如图 3-67 所示。不同品牌的相机可能对于快门优先或者光圈优先的叫法略有区别,具体分类如下。

1. 光圈优先曝光模式

在光圈优先曝光模式下,拍摄者可以根据创作的需要自主设定景深范围,由相机根据光圈设定的大小计算相应的快门速度,如图 3-68 所示。

图 3-67　曝光模式选择挡位　　　　图 3-68　光圈：F8　快门：1/800s　感光度：ISO 100　曝光补偿：0

2. 快门优先曝光模式

在快门优先曝光模式下，拍摄者可以根据拍摄对象的运动速度自主地选定快门速度，以拍下其精美的瞬间。这时，相机会根据所设定的快门速度配置相应的光圈，如图 3-69 所示。

3. 程序自动曝光模式

当画面上的光线分布比较均匀时，程序自动曝光模式是让拍摄者非常省心的选择。相机在完成测光以后会自动地设定光圈与快门组合，以达到准确的曝光，如图 3-70 所示。

图 3-69　光圈：F5.6　快门：1/1200s　感光度：ISO 200　　　图 3-70　光圈：F1.8　快门：1/200s　感光度：ISO 200
　　　　　曝光补偿：0　　　　　　　　　　　　　　　　　　　　　　曝光补偿：0

4. 手动曝光模式

在手动曝光模式下，摄影者可以自主地设定光圈与快门的组合，以满足自己创意构思的需要。在按下快门之前，还可以与取景器窗口内相机给出的曝光过度与不足的提示相对，以实现正确的曝光，如图 3-71 所示。

M 挡位中，确定光圈、快门和 ISO 值后，相机会根据当前的测光结果给出这些值组合出来的结果是曝光正常、欠曝或是过曝，如图 3-72 所示，当前三个值组合出来的结构是过曝，此时可以根据需要进行调整。

5. 场景模式

单反相机中常见的场景模式有如下几种。

肖像模式。优先使用较大的光圈、尽可能短的景深，以虚化的背景来突出清晰的拍摄主体。

运动模式。优先使用较快的快门速度，从而可以清晰地捕捉快速移动着的拍摄主体。

图 3-71　光圈：F11　快门：1/200s　感光度：ISO 100　曝光补偿：0　　　　图 3-72　测光情况调节

风景模式。优先使用较短的焦距和较小的光圈，以求得较广泛的景深，从而使远景和近景都能得到清晰的表现。

夜景模式。在这种模式下，会采用较大的光圈和较慢的快门速度。

微距模式。这种模式力求使用更短的景深和更短的焦距拍摄，有的相机还在镜头上设置了微距装置，选择此模式后即可进入微距镜头模式。

6. 全自动曝光模式

全自动曝光模式的含义就是由相机作出所有的拍摄决定，摄影者只需按动快门。全自动曝光模式是一种傻瓜式的曝光模式，在这种模式下几乎所有参数都由相机自动设置，不能进行人为修改。在大多数情况下，使用全自动曝光模式可以拍出画面正常的照片，但并不确保能够获得摄影者需要的效果，因此这种模式通常适用于初学者及摄影师在紧急情况下抢拍时使用。

如图 3-73 所示，在全自动曝光模式下，相机自主地设定光圈、快门等参数，以方便摄影初学者拍摄。

7. 曝光锁定

曝光锁定的英文全称为 Automatic Exposure Lock，相机上一般用其缩写 AE-L 来表示。曝光锁定指的是在半按快门时得到正确的曝光数据后，用曝光锁定按钮固定这个曝光条件，然后重新构图，按自己的画面要求取景，最后按下快门。这个功能是在主体只占画面很小一部分的条件下，或者应对主体和背景或环境光的反差比较大的复杂情况时，摄影者能够取得正确曝光的理想工具，如图 3-74 所示。

图 3-73　光圈：F11　快门：1/640s　感光度：ISO 100　　　　图 3-74　光圈：F11　快门：1/80s　感光度：ISO 100
　　　　曝光补偿：0　　　　　　　　　　　　　　　　　　　　　　曝光补偿：0

8. 曝光补偿与 18%的灰

曝光补偿就是根据拍摄现场光线条件或者构思需要,对相机所测定的曝光值进行调整。

18%的灰与人皮肤平均反射光(16%～20%)的色调一样,而人是最常见的拍摄对象,所以相机生产厂商都把 18%的灰作为相机测光的依据。

(1) 正曝光补偿

当拍摄白雪、白色服装等白色物体时,由于"18%的灰"的测光原理,相机的自动曝光系统会把它们拍摄成接近于"18%的灰"的颜色,从而导致曝光不足,这时就需要摄影者使用正曝光补偿选项来增加亮度,以表现正确的白色。

如图 3-75 所示,由于相机的测光系统以 18%的灰作为测光的基准,所以很容易将白雪拍摄成灰色,为了准确地还原白雪的洁白,在拍摄时应该给以正值的曝光补偿。

(2) 负曝光补偿

当拍摄黑色物体时,由于"18%的灰"的测光原理,相机的自动曝光系统也会把它们拍摄成接近于"18%的灰"的颜色,从而导致曝光过度,这就需要摄影者使用负曝光补偿来减少曝光量,把由于曝光过度而变成"18%的灰"的黑色还原为正确的黑色。

如图 3-76 所示,当画面阴影部分较多时,就要进行负曝光补偿,使画面曝光正常,从而获得丰富的细节。

图 3-75　光圈:F11　快门:1/640s　感光度:ISO 100　　　图 3-76　光圈:F11　快门:1/60s　感光度:ISO 100
曝光补偿:＋0.6EV　　　　　　　　　　　　　　　　　　曝光补偿:－0.6EV

(3) 包围曝光

包围曝光也称为括弧曝光,是一种完美的曝光方式,是通过对同一对象拍摄曝光量不同的多张照片以从中获得正确曝光照片的方法。其基本的运用是以"无曝光补偿""正曝光补偿""负曝光补偿"的顺序,在 0.3～2.0EV 连续拍摄 1 组 3 张照片或者 1 组 5 张照片,如图 3-77 所示。

图 3-77　以 0.5 的级别采用包围曝光的方式拍摄,从左至右分为负补偿、无补偿和正补偿

(4) "白加黑减"原则

通常情况下摄像者会认为黑暗时加曝光,过于明亮时减曝光,但这在相机使用点测光拍摄时并不适用。相机的测光系统已经根据拍摄物体的反射光判断了拍摄环境,会自动调节曝光量。例如,黑暗的时候测光系统判

断为黑暗,自动调节增加亮度后,拍摄者再曝光补偿加亮就会过曝(见图3-78和图3-79)。

"白加":针对画面大范围以白色或浅色为主的拍摄情况要适当增加曝光补偿,以使画面的白色能够真正白起来(见图3-80)。

图 3-78　曝光补偿

图 3-79　曝光补偿调整

曝光补偿0；F18;1/250s　曝光补偿+$1\frac{1}{3}$；F18;1/100s

图 3-80　"白加"

"黑减":针对画面大范围以黑色或深色为主的拍摄情况要适当减少曝光补偿,以使画面的黑色能够真正黑起来(见图3-81)。

未使用曝光补偿时,黑色背景及主体都发亮、发灰　　减曝1.7挡,黑色变得更干净深沉,主体色泽也更好

图 3-81　"黑减"

3.2.4　对焦模式

1. 什么是对焦

所谓"对焦",简单理解就是对准焦点,也就是将所要拍摄的景物拍实。相机的对焦机构调整物距和相距的位置,让拍摄对象清晰成像的过程就是对焦(见图3-82和图3-83)。

图 3-82　焦距:200mm　光圈:f/10　　　图 3-83　焦距:200mm　光圈:f/10　快门:1/20s
　　　　快门:1/20s　感光度:100　　　　　　　　感光度:100

在摄影中,对焦是拍摄清晰影像的最基本也是最重要的环节,一张照片如果在拍摄时对焦失败,也就基本失去了可用性。数码单反相机的对焦模式主要分为自动和手动两类。用手转动镜头筒,直到取景器里看到最清楚的影像,为手动对焦(MF)。现在的相机有强大的自动对焦功能,相机能自动测量与被摄主体的距离,利用马达驱动镜头里的一些镜片移动位置以使主体清晰。

焦距是指从透镜的光心到光线聚集到焦点的距离。在数码单反相机中,焦距指的就是从镜片中心到感光元件成像屏幕的距离。焦距对于摄影者的实际意义在于,可以通过焦距的数值来判断一款镜头拍摄的范围和距离。焦距越长,在拍摄时就可以把远处的景物拉得越近;焦距越短,镜头中所能收入的景物范围就越广。焦距是影响景深的一个重要因素,主要表现为在其他条件不变的情况下,焦距越短,景深则越大;焦距越长,景深则越小。

2. 对焦模式

1) 自动对焦 AF

自动对焦的不同方式叫对焦模式。常用的基本对焦模式有单次对焦模式(AF-S)和连续对焦模式(AF-C)两种,有的相机还有一种自动对焦模式(AF-A)。在相机的菜单里面可以选择相机的对焦模式。

(1) 单次对焦模式

单次对焦模式(佳能标记为 ONE SHOT,见图 3-84,尼康标记为 AF-S)在半按快门按钮时相机完成对焦,半按快门的手指不松开(也不继续按下去)就会锁定焦点,这时不管是转动方向还是镜头前的景物移动位置,对焦点都不会改变。单次对焦模式下取景器里选定的对焦点会闪亮,一般情况是,焦点无法对准时对焦框变成黄色,焦点已经对准时对焦框变成绿色(见图 3-85)。

图 3-84　单次自动对焦

图 3-85　对焦

在实际拍摄中,拍摄对象的主体部分并不总是在画面中央,而是经常偏左或偏右一些,比如拍摄留念照。如果直接对着前方半按快门,那么相机就会以正前方的物体为对焦点,把距离较远的建筑、树木等拍得很清晰,较近的人物反而模糊了。

解决这个问题的方法就是采用单次对焦模式。首先把相机对准站在画面边上的人物,轻轻半按下快门,这时取景器里会在人物身上显示出一个绿框表示焦点位置,然后手指不要动,轻轻转动相机取景,把人和背景都放在合适的位置,再彻底按下快门。这样拍摄的照片焦点就在较近的人物身上,人物是最清楚的。所以,单次对焦模式适合拍摄对象静止、可以从容构图的情况。

(2) 连续对焦模式

连续对焦模式下(佳能标记为 AI SERVO,又称人工智能伺服 AF,见图 3-86,尼康标记为 AF-C),在半按下快门按钮的时候相机对拍摄对象持续进行对焦,拍摄对象在画面里即使不断改变位置和距离,相机也时刻保持它最清晰。随时完全按下快门,都可以拍到主体清晰的照片。在安静环境下,以这种模式半按快门,可以听到相机里面的吱吱声,这就是自动对焦系统在连续工作。AI 伺服模式下取景器里选定的对焦框不闪亮,即使对焦目标不移动,自动对焦系统仍然"吱吱"地连续工作。连续对焦更适用于拍摄运动物体,如体育项目、动物、车等,见图 3-87。

图 3-86　人工智能伺服自动对焦

图 3-87　自动对焦

想用好连续对焦模式就要深入了解其特性。相机取景器里面分布着很多对焦点,不同相机从 3 个到 51 个不等,用户可以激活任何一个对焦点,也可以激活全部对焦点。

① 激活一个对焦点。半按快门时始终由这个对焦点进行对焦,移动镜头,面对的景物发生了变化,相机就对新的目标进行对焦。比如一个人从面前跑过,一开始他在对焦点上,所以他最清晰,但是后来他离开了对焦点,对焦点对准的是远处的楼房,那么这时按下快门,远处的景物就会清晰,而近处的人反而不清晰。这种方法适合拍摄面对镜头或背对镜头纵向移动的景物。

② 激活全部对焦点。这时相机会自动分析画面,选定一个对焦点作为对焦目标,如果镜头移动或者画面里的景物发生了运动,相机就会重新自动分析画面,选定一个新的对焦点作为对焦目标。这种操作方法,在完全按下快门时,最清晰的对象可能是最初的目标,也可能不是最初的目标,这是摄影师无法掌控的。这种非锁定连续对焦方法适合拍摄没有特定目标的群体性活动。

③ 激活全部对焦点,用中心点对准对焦目标。这时中心点的景物就会被锁定为对焦目标,移动镜头或者对焦目标移动位置,其他的对焦点就会继续以这个被锁定的景物为对焦目标,在任何时候完全按下快门都可以保证最初锁定的对焦目标最清晰。尼康相机把这种对最初对焦点的跟踪功能称为"3D 跟踪模式",可以在菜单里面进行设定。

例如,一个骑着自行车从画面左边较远处斜着骑过来,用中心点对准他,半按快门一秒钟,然后不松开快门,镜头向右移重新构图,这时最左边的对焦点开始发挥作用,对焦距离可能是 10m,骑车人到达画面中央时,中间的对焦点发挥作用,对焦距离可能是 5m,骑车人移到右边更靠近相机的地方,右侧的对焦点发挥作用,对焦距离可能是 2m。这样,尽管开始锁定的拍摄对象在画面里到处移动,但是相机一直在跟踪这个对象,并把其定为拍摄的焦点,随时按下快门都可以得到拍摄对象清晰的相片。这种锁定目标连续对焦方法适合拍摄运动中的特定目标。

（3）自动智能对焦模式

自动智能对焦模式（佳能标记为 AI FOCUS,尼康标记为 AF-A）就是指全自动对焦,由相机进行选择,没有人工干预设置,相机通过检测拍摄对象的移动自动切换单次对焦或连续对焦模式。智能对焦使用简单,操作性较好,适用于新手或者进行抓拍,见图 3-88。

相机首先假定拍摄对象是不动的,半按快门自动对焦,对焦点闪亮。保持半按快门状态,会有以下三种情况。

图 3-88　人工智能自动对焦

第一种,拍摄位置不动,拍摄对象不动。移动相机方向重新构图,这时对焦点不发生任何变化,耳朵贴近相机也听不到"吱吱"的对焦声,完全等同于单次对焦。

第二种,拍摄位置前后移动或拍摄对象前后移动,相机会开始自动连续对焦,这时可以听到"吱吱"的对焦声,原对焦点工作但是对焦点不闪亮。这相当于用单点连续对焦拍摄迎向镜头或背向镜头的纵向运动目标。

第三种,先改变距离再改变镜头方向或原对焦目标离开原对焦点,相机自动重新对焦。如果这时激活的是单个对焦点,就以这个对焦点为目标重新对焦。取景器里的对焦点不闪亮,可以听到持续不断的"吱吱"对焦声。这时相当于连续对焦模式,即三种状态中的第一种状态。如果原来是画面里的个人清楚,现在此人偏离了原来的位置,对焦点所对准的新的物体就变得清晰了。

而如果这时激活的是全部对焦点,相机就会自动选定一个新的对焦点,新的对焦点可能是原先的对焦点,也可能不是原先的对焦点。取景器里的对焦点不闪亮,可以听到持续不断的"吱吱"对焦声。这时就相当于连续对焦模式,即三种状态中的第二种状态。

2) 手动对焦 MF

手动对焦是通过人工转动对焦环,调节相机镜头成像最清晰平面到镜头的距离,从而使拍摄出来的照片清晰。手动对焦需要多次调试,用时较长。手动对焦也是解决无法对焦时常用的方法。适用于拍摄特殊题材、微距、弱光等复杂环境或高精度物品等(见图 3-89 和图 3-90)。

3. 对焦区域

在选择好对焦模式后,便要选择对焦点。对焦点要对准拍摄物,以保证拍摄对象的清晰,其选择对照片质量至关重要。自动对焦模式决定了相机如何对焦,而自动对焦区域决定了相机要往哪里对焦。

一般将单反相机提供的对焦区域分为单个对焦点、自动对焦点群组、全部焦点自动对焦三类。

(1) 单个对焦点

手动选择单个自动对焦点,能够控制相机往哪里对焦。例如可以在拍摄肖像的时候保证人物的眼睛清晰,或者在一片花海中聚焦在一朵单独的花上(见图 3-91)。

图 3-89　手动对焦

图 3-90　镜头上的手动对焦调节开关

图 3-91　焦点模式选择

(2) 自动对焦点群组

相机通常能控制一组自动对焦点。当要追踪拍摄一个很小的物体时,只有一个对焦点的话很难进行跟踪对焦,而手动选择一个自动对焦点群组后,相机会自动利用周围的自动对焦点来跟踪运动的物体。通常有水平、垂直、十字形等对焦点群组(见图 3-92~图 3-94)。

图 3-92　自动对焦点参数选择

图 3-93　自动对焦取景

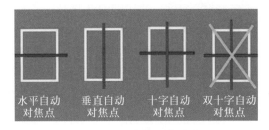

图 3-94　不同的对焦方式

(3) 全部焦点自动对焦

启用全部对焦点的相机会自动决定对哪里进行对焦,一般对焦在最靠近相机的物体,可能会产生一些对焦误差,所以在要求不高时很好用(见图 3-95 和图 3-96)。

4. 自动对焦出错的情况

（1）拍摄对象距离镜头太近

相机会有最近的对焦距离，太近了就无法对焦，如图 3-97 所示。如果相机有对焦距离显示窗口，就可以直接查看最近对焦距离。如果没有显示窗口，就只能先靠近拍摄，不清楚时就稍微离远一些拍摄，多尝试几次。

图 3-95　全焦点自动对焦参数选择

图 3-96　全焦点自动对焦取景

图 3-97　无法对焦

（2）光线昏暗，无法找到对焦点

当光线太暗时，相机是无法找到对焦点的，可以使用手电筒或激光笔充当对焦点。

（3）没有反差或反差小

拍摄纯色画面时经常会碰到无反差或反差小的画面，这个时候就要容纳更多景物来减少反差。

（4）被其他物体阻挡，导致无法对焦

当有物体遮挡时，一般相机会优先对焦到离相机更近的物体，这时阻挡物将焦点吸引过去，导致拍摄对象模糊，所以要避免遮挡物。

（5）解决方法

对焦出错可以使用手动对焦的方式解决，自行调整成像清晰平面的距离，或者将半按快门的对焦功能取消，使用 AF-ON 来对焦，这也是可以解决许多对焦出错的好技巧。

也可以使用对焦构图方式，就是先用中心点测光对焦，然后锁定曝光组合值，移动相机完成构图，最后按快门拍摄，这也是实际拍摄时常用的一种方法。

5. 如何选择对焦点

无论面对风光摄影，还是人物小品，要想拍摄出一张清晰的好照片，首先要明确好焦点。焦点的选择，无论是对于图片表面的清晰明了，还是对于主题内容的真切表达，都是至关重要的。在进行拍摄时，一般首先考虑将焦点选择在哪里。

（1）植物拍摄，选择花为焦点拍摄

花是植株上最吸引人、最美丽的部分，因此花是植物摄影中最常见的焦点选择。但当面对花团锦簇的一丛时，又应当如何选择？首先要考虑最有特点的一朵，比如最美丽的或是一朵颜色区别于其他花的。而后，可以通过观察，选择一朵比别的花稍高一点的，或者是比较接近于镜头的花。通过这些方法，可以突出地表现出一朵花，让它成为画面的中心。

（2）近距离拍摄花卉，焦点应当选择在花蕊上

近距离拍摄花卉的特写镜头，焦点应该清晰地落在花心部位。在放大的花的特写照片中，原来颜色鲜艳的花瓣多数情况下成为陪衬，而花心中娇嫩的花蕊以极其规律的排列，成为关注焦点。

要注意的是，使用微距拍摄时，往往除了焦点一点是清晰的，其他地方都会有不同程度的虚化，甚至对焦完成后，花或照相机稍许的移动都会造成焦点的缺失，使图片中没有任何清晰之处。因此配合拍摄的三脚架与无风的环境是非常重要的。

（3）拍摄山的局部时，可以选择显眼的树木或岩石作为焦点

当用长焦距镜头拍摄某一座山峰的局部时，通常是由于山峰的某处特征吸引人，比如秋季草坡上一棵金黄亮丽的白桦或凸起的岩石。选择这些明显的特征为焦点，不但可以快速地完成对焦，同时还可以有助于思考

构图。

需要注意的是,如果拍摄的局部位于山的阴影一面时,由于景物的反差较弱,经常会造成照相机自动对焦的失误,此时应该选择反差较大的地方对焦,帮助照相机完成对焦。

(4)拍摄山脉全景时,要以最高峰为焦点

在为一座雄伟的山脉拍摄全景照片时,最好是选择山脉的最高峰为焦点拍摄,比如山脉的主峰。由于它是距离照相机最远的地方,需要照相机对焦无穷远处,也称无穷远对焦。

通过这样的焦点选择拍摄的照片,可以最为清晰明确地刻画出主峰以及连绵山脉的其他峰峦,展现它们的雄伟壮观。但未经明确的焦点选择,往往会因为照相机错误地将焦点对在前景中的树枝或其他景物上,导致山脉一片模糊。

(5)拍摄宽广的草原时,可以选择房屋、牛羊(群)、树木或河流的拐弯处作为焦点

拍摄草原,或许是最简单也是最复杂的事情。简单的自动对焦拍摄,在小的照片中看去,所有景物都非常清晰,但放大照片一看,会发现照片中的关键点模糊不清。因此在拍摄时,一定要养成明确选择焦点的好习惯。一望无际的草原上,一棵孤独的树或一群牛羊等都是很好的焦点,也是图片的关键点。对它们的清晰刻画,要远远重要于无垠的草地。而焦点如落在草原上蜿蜒的河流,应当选择最富于变化的或最近的拐弯处。

(6)拍摄人物特写时,眼睛是关键焦点

人物的特写照片,一般是以人物脸部为表现重点的半身照片。这类照片需要通过表情神态来刻画人物特征乃至内心。眼睛就是拍摄人物特写时焦点的第一选择。当人物正面面对照相机时,双眼在同一平面上,所以以任何一只眼睛作为焦点都可以。但这样的取景因过于平面化而显得普通,因此大多数摄影师会对人物的半侧面进行取景拍摄。此时人的眼睛就会处于一前一后的位置,需要以靠近照相机的眼睛作为焦点,进行对焦拍摄,因为它的位置要比后面的眼睛更为重要。

(7)拍摄人物全身像时,头部是重要的焦点

在拍摄人物全身肖像以及环境肖像时,一般无法明确地对准人眼精确对焦,快速便捷地选择焦点的关键,就是以人物的头部作为对焦点。若想表达人物的动作或姿态,人物脸部特征都是图片中的关键。人的一举一动都是以头脑来控制的,因此头部是牵动全身的中枢。拍摄时可以预先以人物的脸部或头部进行对焦,而后在人物全身姿态达到理想状态时,迅速重新构图并拍摄。

(8)拍摄人物与环境的照片,最好以人物作为焦点

这一类照片包括简单的旅游纪念照、纪实摄影和商业广告摄影。人物与环境结合的照片是最鲜活也是最难拍摄的。但图片元素无论人是作为主体还是作为陪衬,这类照片绝大多数都是以人物作为焦点拍摄的,因为相比那些不动或动得缓慢的山水来说,人是最活跃的,也是最具有感情色彩的。当然,以人物作为焦点拍摄,还应当注意景深,以控制环境的虚实变化,如果简单地需要人和景物都清晰,可以用F8-F16的小光圈获得大景深。

(9)拍摄群体人像时,寻找关键人物确定焦点

在面对一群人进行拍摄时,往往会被不断变化着的众人所干扰,不知道将焦点确定在哪里,而错过了很多的精彩群像照片。其实最简单的方法就是寻找一个关键的人物为焦点,并进行追踪对焦。同时用眼睛的余光不断地留意其他人物的动态,当其他人物和关键人物的位置关系达到和谐统一时按下快门拍摄。

(10)拍摄建筑物时,可以选择门或窗作为焦点

作为摄影爱好者来说,很少有机会像专业的建筑摄影师那样,使用座机对建筑物进行无畸变、全焦点的拍摄。因此在拍摄建筑物时,对焦点选择应该格外明细精确。一般来说,拍摄建筑物的正面,焦点应该选择在正门上,这样为多平面的建筑物正面,就可以全部落在图片清晰的范围中了。有时候正门会在阴影中,不容易完成对焦,此时也可以选择附近光亮处的窗户。如果建筑物正面完全落在阴影中,也可以选择顶部的房檐作为焦点。

3.2.5 教学做一体化训练

【环境】

摄影工作室或其他场地。

【要求】

（1）掌握曝光的基本理论。

（2）熟悉常用单反相机关于测光、曝光和对焦的相关设置,并尝试使用不同的测光模式、曝光模式和对焦模式拍摄一些照片。

（3）能根据环境因素选择适当的曝光模式并进行测光。

（4）练习并较为熟练掌握对焦技巧。

任务 3.2 小结

【知识目标】

本任务要求学生掌握数码单反相机曝光的基本理论,理解光圈、快门和感光度的具体含义,以及三者之间的关系和在常用数码单反相机上的具体表现和参数设置。

【能力目标】

（1）能够理解光圈、快门和感光度的关系。

（2）能根据具体环境和拍摄要求选择合适的测光模式。

（3）能根据具体环境和拍摄要求选择合适的曝光模式。

（4）能根据具体环境和拍摄要求选择合适的对焦模式。

（5）能在曝光控制正确的情况下拍摄出一定质量的照片。

同步实训

【情景描述】

小红团队学习数码相机拍摄的基本技巧后,想较好控制曝光,给商品拍摄出高质量照片。

【实训内容】

根据商品的特性,完成某商品色彩搭配方案。

序号	项　目	项目属性值	备　注
1	使用快门优先模式拍摄商品		
2	使用光圈优先模式拍摄商品		
3	使用手动模式拍摄商品		
4	手动模式下,确定光圈值,使用滚轮快速调整快门时间进行商品拍摄		

学生自我总结表（Word 格式）3-2

任务 3.3　白平衡的调整

【学习目标】

了解摄影用光的基础知识,掌握色温、白平衡调节的基本方法。

【工作情景描述】

小红团队学习完项目一的商品信息认知后,打算给商品拍摄一组一定风格的照片。准备通过白平衡的设置来拍摄。

3.3.1　色温与白平衡

1. 色温

前文已提到色温的概念,光源色大多是根据它们的色温来定义的。色温的单位是开尔文,英文简称为"K"。色温看字面意思就是"颜色的温度",同一个物体在不同温度时,颜色看起来也不一样,比如一个黑色的铁块放在火中烧,到 800℃ 时会发出红光,到 1300℃ 时会发出白光,再到 1800℃ 时发着蓝光。这种现象在日常生活中是非常普遍的,表 3-1 所示为常见的色温表,图 3-98 是色温规律图。

表 3-1　常见色温表

光源(自然光)	色温/K	光源(人造光)	色温/K
蓝天	10000～30000	高强度弧光灯	7000
阴天、雾	7500～8000	电子闪光灯	5500～6000
中午阳光和明朗的蓝天(夏季)	6000～7000	日光灯	6500
中午阳光和明朗的蓝天(冬季)	5500～6000	暖调白色荧光灯	3200
上午和下午阳光(夏季)	5500～6000	照相冷光灯	3400～3450
日出和日落时直射阳光	3000～4500	普通钨灯	3200～3250
		普通电灯泡	2400～2900
		蜡烛	1700～1900

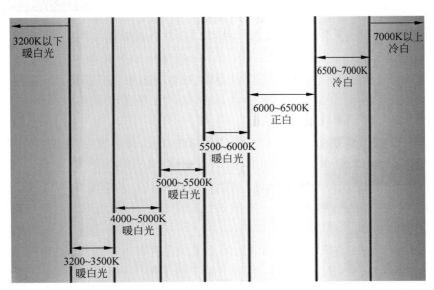

图 3-98　色温规律

2. 白平衡

色温在数码相机中是通过白平衡来调节的。人眼在观察色彩时可以自动调节景物的色彩偏差,而数码相机则没有那么灵敏,其对颜色的识别只能以白色作为参照。由于数码相机可以将任何颜色视为白色,一旦确定了某一种颜色作为白色,就会影响到其他所有色彩的偏差。因此,在数码单反相机中,针对不同的场景环境预设了不同的色彩作为白色进行参照,这就是白平衡,如图 3-99 所示。

(1)自动白平衡(AWB)。选择此挡可满足多数日光和一些人工光源情况下的拍摄(见图 3-100)。此时相

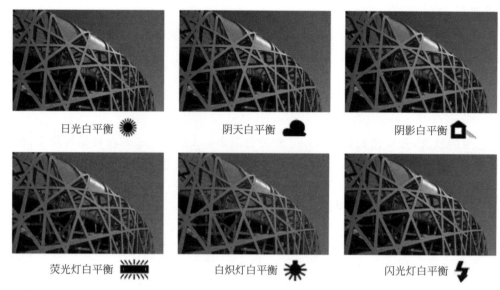

日光白平衡 ☀　　　　阴天白平衡 ☁　　　　阴影白平衡 ⌂

荧光灯白平衡 ▨　　　　白炽灯白平衡 ✳　　　　闪光灯白平衡 ⚡

图 3-99　白平衡

图 3-100　日光模式

机可根据外界光线的色温情况进行自动调整,以保证白平衡的正确,拍出色彩基本正确的照片。但自动白平衡不是万能的,比如,多云天气色温很高,日出时色温很低,白炽灯光色温也很低,除非艺术需要,这些时刻所拍的片子会严重偏色。因为这些情况下光源的色温超出了自动白平衡的调整范围,因此应根据情况选择其他挡位或手动调整白平衡。

自动白平衡的优点是方便、省心,如果摄影者没有足够的时间来慢慢调整白平衡,可选择自动白平衡。而且,随着数码摄影技术不断提高,相机自动白平衡的准确度也越来越高,画面色彩还原效果基本上可以满足摄影师的需求。

自动白平衡的缺点是不适合用来拍摄单一色彩的物体,很容易出现色彩偏差。

（2）日光挡。此挡的色温一般设定在 5200K 左右,正常天气下早晨 9 点到下午 4 点之间可用此挡,可拍出色彩基本正确的图片。

（3）多云挡。多云天气的光线色温很高,有时可达 7000K 以上,含有很高的蓝色成分。因此,多云天气拍摄宜用此挡。

（4）日光灯挡。日光灯光源色温偏高,显淡蓝色,一般在 5400K 左右。在日光灯照明的情况下拍摄,可用此挡。

（5）白炽灯挡。白炽灯的色温较低,偏红,一般在 2500K 左右。因此,用白炽灯照明拍摄时可用此挡。

（6）自定义白平衡。

外界光线是变化的,以上特定的白平衡挡位只能保证相应光源时所拍照片色彩基本正确。而在某些情况下,要想拍出色彩正确的照片需要采用手动白平衡,即自定义白平衡。

自定义白平衡是最准确、最有效的一种白平衡功能,它不掺杂任何人为因素与审美倾向,实现最准确的色彩还原。这种白平衡方式比较适合用来拍摄商品、静物、书画、文物等题材,或者是拍摄那些色温不确定的场景,如图 3-101 所示。

自定义白平衡的优点是能够将画面的色温校正得特别精确。

自定义白平衡的缺点是在整个拍摄过程中,需要摄影师经常进行自定义白平衡的输入、记忆,否则一旦现场的光源色温发生变化,就得不到及时的补偿。

自定义白平衡在拍摄中应用较多,需要多练习、多实践。图 3-102 为巧妙设置白平衡后拍摄出唯美的画面。

图 3-101 自定义白平衡设置　　　　图 3-102 光圈：F11 快门：1/10s 感光度：ISO 100 曝光补偿：0

3.3.2 白平衡的调整方法与运用

现代摄影设备中运用了很多手段保证白平衡的正确，作为一个摄影师，要想拍摄一些高质量的图片，白平衡的运用与调整尤为重要。

白平衡的调整方法很多，有更换镜头色温滤色片法、手动与自动白平衡调整法等。要拍摄高质量的影像，如专业电视摄像机等很多设备都采用了滤色片加手动白平衡调整的方法。但数码相机很少采用色温滤色片，多通过电路进行白平衡调整。

在手动白平衡挡模式下，于拍摄现场将一标准白板（可用一白色的打印纸替代，不可用发黄的旧纸）置于光源的前方，在正常拍摄状态下，调整相机镜头使白板充满画面，然后按下快门。此时，在相机的目镜和显示屏上会显示光源的色温值及相关信息并保存下来。至此，白平衡调整完毕，再拍照片就会忠实地反映景物的色彩，只要不改变白平衡设置，在拍摄过程中此状态不会改变。因相机型号不同，调整方法也不相同，在手动调整白平衡前，应仔细阅读说明书，然后进行调整。

手动白平衡调整后拍摄，可保证正确地还原景物的色彩。因此，想要拍摄出高质量的照片，应采用手动白平衡方式。而且每换一场景，即便是同样的光源都应进行一次白平衡调整。因为即便是同样的光源，不同场景对颜色的反射也是不同的，因此色温会有变化，进行新的白平衡调整也是必要的。在室外同一地点进行拍摄，每隔一段时间也要进行一次白平衡调整，因为室外日光的色温是随时间变化的。

除以上讲的白平衡设置外，一些数码相机还设置了很多不同的拍摄挡位，比如，人像挡、风光挡、夜景挡、烛光派对挡、月光挡、花卉挡等。这些无非是改变白平衡、光圈与快门的设置，达到特定拍摄效果的目的。这些是针对初学者而设定的，可根据不同场景尝试使用（见图 3-103 和图 3-104）。

图 3-103 景物白平衡效果　　　　　　　　图 3-104 人像白平衡效果

3.3.3 使用白平衡的经验

（1）摆脱对自动白平衡的依赖，虽然现在自动白平衡非常准确，但并不代表可以一直使用。

（2）创意色彩靠后期，但前提是先理解白平衡。

（3）数码相机的优势是即拍即显，有些甚至可以即时取景。

（4）熟练掌握各种预设白平衡模式的使用，对号入座。

（5）如果现场光线混杂了各种不同色温的光，那总有一两种光是迁就不到的。

（6）摄影包里有必要准备一张白纸，"不非常准确"总比"不准确"强。

（7）手动设置白平衡并一次性完成拍摄的"老手"少之又少。

（8）使用 RAW 模式，给后期留余地。

（9）先把显示器矫正好再谈白平衡。要做好显示器、手机、平板电脑上照片色彩不一致的心理准备。

3.3.4 教学做一体化训练

【环境】

摄影工作室或其他场地、美工工作室。

【要求】

（1）认知摄影用光的部分理论。

（2）熟悉白平衡在数码单反相机中的运用。

（3）使用常用单反相机，在进行商品拍摄时进行白平衡设置。

（4）后期对 RAW 格式照片进行白平衡调整。

任务 3.3 小结

【知识目标】

本任务要求学生认知摄影用光的基本理论，了解色温和白平衡的相关知识，掌握使用白平衡的经验。

【能力目标】

（1）能够将摄影用光理论应用于商品拍摄实践。

（2）能够根据环境和商品拍摄要求进行相机白平衡参数设置。

（3）能够借助白平衡应用技巧拍摄出符合要求的商品照片。

（4）后期能够对 RAW 格式照片进行白平衡调整。

同步实训

【情景描述】

小红团队学习完项目一的商品信息认知后，打算给商品拍摄一组风格一致的照片，准备通过白平衡的设置来拍摄。

【实训内容】

根据商品的特性，完成某商品色彩搭配方案。

序号	项　　目	项目属性值	备　　注
1	同一商品在不同白平衡模式下拍摄		
2	同一白平衡模式下不同商品拍摄及比较		
3	不同商品选择适当白平衡模式拍摄		
4	使用 RAW 模式进行商品拍摄		
5	后期调整 RAW 模式相片的白平衡参数		

学生自我总结表(Word 格式)3-3

任务 3.4 认识摄影配件

【学习目标】

了解与摄影相关的各类配件,初步掌握在各类场景下选用合适摄影配件的基本技能。

【工作情景描述】

小红团队在掌握数码单反相机的基本拍摄技巧后,希望能使用一些摄影配件拍摄出更能发挥出商品特征和想象力的照片。

3.4.1 摄影脚架

脚架是为了拍摄时提高相机的稳定性,使拍摄更可靠、曝光更安全,并在特殊情况下能得到别致的创意效果的重要辅助器械。

脚架一般分为微型、独脚和三脚,各有优势和适用场合。微型的可以配用小型相机、手机和平板;独脚的适用于旅行拍摄、街头拍摄和活动拍摄;三脚的可以用于夜景拍摄、慢门拍摄、暗光拍摄等(见图 3-105)。

1. 独脚架

独脚架较为轻便、灵活,很容易就能找到拍摄位置并且将相机稳住(不是固定),在增加稳定性的前提下完成拍摄。独脚架容易调节高低和角度,无论是左、右、仰、俯,都能得心应手。

独脚架的不足之处在于不能很好地固定相机,不适合于长时间的曝光拍摄。大多数人使用独脚架时往往是左手持杆、右手按快门,对于稳定性不够的拍摄者依旧是很大的挑战。

2. 三脚架

三脚架的最大优点就是可以使相机牢牢地固定于合适的地方,稳定性十足,使摄影者能够拍摄夜景、星轨和车轨;可以进行几秒、几十秒甚至更长时间的曝光,不会因为曝光不足而破坏画质;即使充分按需求将光圈调小,将感光度调小,也能充分保证照片的画质,不至于产生不必要的噪点;可以拍摄很多张位置同一、参数相近的照片,为采用堆栈手段完成后期提供了可能性;可以很从容地面对日出、日落时大光比的场景,分别拍摄减挡曝光、正常曝光和加挡曝光的三张照片,留给后期处理成 HDR 照片(见图 3-106)。

图 3-105　三脚架与独脚架

图 3-106　三脚架

三脚架的样式型号较多,不同品牌、不同材质的三脚架各不相同,根据具体场景选用即可。其不足之处在于使用烦琐且不够轻便。

各类脚架各有所长、各有所短,但从可靠性、实用性来考量,大多数场景下,三脚架都能胜任拍摄需求,同时建议有条件的情况下配合使用快门线。

3.4.2　摄影用光灯具和附件

人们常说摄影就是"用光"的艺术,光线是摄影之本,用光作为摄影师的基本技能既简单又复杂。如果说自然光拍摄是"靠天吃饭",那人造光拍摄就称得上"人定胜天"。摄影中最常用的一个配件就是闪光灯,常用的闪光灯分为相机内置和外置两类。

1. 相机内置闪光灯

内置闪光灯就是相机本身带有的闪光灯,也叫机载闪光灯,一般亮度比较小,如图 3-107 所示。目前几乎所有相机都有内置闪光灯,高级的单反相机由于比较专业,没有机载闪光灯。闪光灯属于瞬间点光源,照度的强弱受照射距离影响,拍摄距离越近,照度越强。内置闪光灯照明的有效距离十分有限,只有 2.5～3.5m。

内置闪光灯的优势在于方便,和相机融为一体,而劣势也比较明显,闪光指数低,闪光角度不可调,一般用来临时补光和救急。

1）什么时候适合使用内置闪光灯

（1）主体处在逆光的环境中

当人物在窗户边或室外拍摄时,背景中会有大面积的亮光,这时主体摆放很容易处于逆光状态。如果用自动模式,相机的测光系统会对广泛的

图 3-107　佳能相机内置闪光灯

区域进行测光,从而认为光线的亮度已经够了,内置闪光灯将不会开启。此时拍摄出的照片就会出现周围背景的景物还原正常,但作为主体的人物脸部就会处于阴影中,此时,可以在 P 模式下将闪光灯打开,对人物的阴影进行补光,减少和削弱阴影对主体的影响,从而得到一张主体、背景都还原正常的照片。但在使用内置闪光灯时,要注意闪光强度不要太强,否则会使主体过亮,人物面部产生反光,形成光斑,使人产生不自然的感觉,反而影响了人物形象的展现。

（2）光线非常暗的环境中

在自动模式下拍摄,如果环境光线非常昏暗,相机则会自动打开闪光灯对主体进行补光,但是由于内置闪光灯位置和闪光指数的限制,光线只会对一个狭小的区域进行照明,而且不会很远。这就造成了主体虽然明亮,但是明亮范围有限,层次感消失,周围的环境几乎全部看不清,色彩也会显得特别苍白。此时,可以在 P 模式下将闪光模式调整为慢速同步模式,相机会在此功能下启用闪光灯并适当延长快门时间,使背景清晰地展现,同时主体被闪光灯照亮。这样一幅背景、主体都清晰的画面便可清晰展现。但是这种模式曝光的时间会变长,因此使用时须配合三脚架一起使用。

2）什么时候不适合使用内置闪光灯

（1）超出闪光灯作用范围,且无法通过调整距离进入这个有效范围。白天超过 3m、晚上超过 5m 时,一般不会有理想效果。

（2）环境昏暗,拍摄对象的背景大面积发光。

（3）物体过近时,比如在 15 厘米以内近拍的时候一般不用闪光灯,否则物体表面亮度会不太均匀,某些部位可能曝光过度。

（4）闪光灯与物体之间有障碍物的时候,比如近拍的时候,镜头可能会彻底阻挡闪光灯的光线,失去作用。

2. 相机外置闪光灯

1）相机外置闪光灯

这里相机外置闪光灯指能外接在单反相机上的闪光灯,如图 3-108 所示。其优势是便携,闪光指数和闪光

角度均可调节,闪光模式多,可以实现多灯联动。劣势是闪光指数较低,附件选择少。

　　2)影棚闪光灯

　　影棚闪光灯如图 3-109 所示。

　　影棚闪光灯的优势是闪光指数高,摄影附件众多,如柔光箱、柔光伞、雷达罩等,可以进行任意组合,执行创意拍摄。劣势是体积庞大,价格较贵,需要电源或电池。

　　3)影棚常用灯具及附件

　　商业产品的拍摄,多数时候需要使用各种人造光源进行拍摄,需要在影棚中进行,影棚内常用的人造光源和附件如下。

　　(1)钨丝灯。钨丝灯色温比较低(偏黄),光照度低,价格比较便宜,比较重并且长时间使用时温度很高,建议配合隔热手套使用。可通过外部的遮光片控制光效面积,部分可以控制输出功率和光线聚散。

图 3-108　外接闪光灯

　　(2)镝灯。镝灯是一种电子放电灯,具有亮度高、显色性高、寿命长的特点,色温接近日光,有时作为影棚内模拟太阳光的工具。

　　(3)荧光灯。荧光灯发出的光为散射光,可以营造非常自然的光效,色温可在一定范围内调整。

　　(4)LED灯。同样光线柔和,可调色温,拥有不错的抗震性能,但是亮度比较低。

　　(5)闪光灯。最常见的人造光源,也是影棚拍摄中最主要的光源,通常拥有精细的输出参数可以调整,配合各种闪光灯附件及影棚附件可以创造出各种光线效果。

　　(6)柔光箱。柔光箱是由反光布、柔光布、钢丝架、卡口组成的,可以柔化生硬的光线,使光质变得更加柔和。其原理是在普通光源的基础上通过一两层的扩散使原有光线的照射范围变得更广,从而消除照片上的光斑和阴影。柔光箱分为八角柔光箱、方形柔光箱和长条柔光箱,如图 3-110 所示。

图 3-109　影棚闪光灯

图 3-110　柔光箱

　　(7)柔光伞。柔光伞是在摄影灯具前加装一把白色半透明的伞,目的是使摄影灯产生的光线更柔和。柔光伞离灯泡越近,柔光效果越弱;反之,则越强。比起柔光箱,柔光伞更便于携带,如图 3-111 所示。

　　(8)标准罩。购买影棚灯光的时候自带的附件,内部有银色的反光颗粒,能够使光线在灯罩内实现漫反射,输出光源较强如图 3-112 所示。

　　(9)摄影台。摄影台如图 3-113 所示。

　　4)影棚布光

　　一种光线效果可以有很多种不同的布光方式,只要能够突出主题,不让光线过于分散即可。图 3-114 和图 3-115 是影棚布光。棚内中的布光有以下几点通用原则。

　　(1)选择最能表现质感的光源(光质)。

图 3-111 柔光伞

图 3-112 标准罩

图 3-113 摄影台

图 3-114 影棚布光

图 3-115 布光

（2）使用最低的照度（照度）。

（3）营造最均匀的覆盖面（光源面积）。

（4）控制恰当的发光距离（灯距）。

（5）合理控光（照射与光位角度）。

（6）采用最低限度的光源（灯具数量）。

（7）熟练使用反光器具（反射光）。

（8）恰当的光比（反差）。

（9）重要的对比（背景光）。

3.4.3 教学做一体化训练

【环境】

摄影工作室或其他场地。

【要求】

（1）认知并练习使用摄影相关配件。

（2）熟悉多种型号的摄影脚架，比较其优缺点。

（3）根据摄影环境和商品拍摄要求选择合适的摄影配件。

（4）使用三脚架进行拍照练习。

（5）摄影工作室内其他附件的熟悉与使用。

任务 3.4 小结

【知识目标】

本任务要求学生认知各种类型的摄影相关配件，掌握常用摄影配件的选用原则。

【能力目标】

（1）能够熟练认知和使用摄影棚摄影相关配件。

（2）能够熟练使用三脚架和摄影棚闪光灯。

（3）能够使用数码单反相机闪光灯。

（4）能够根据环境和商品拍摄要求配置相应摄影配件。

（5）能够较为熟练使用摄影工作室内常用的摄影附件。

同步实训

【情景描述】

小红团队在掌握数码单反相机的基本拍摄技巧后，希望能使用一些摄影配件拍摄出更能发挥出商品特征和想象力的照片。

【实训内容】

根据商品的特性，完成某商品色彩搭配方案。

序号	项　　　目	项目属性值	备　　注
1	自然光下使用三脚架拍摄商品		
2	摄影棚中站姿拍摄商品		
3	摄影棚中低机位拍摄商品		
4	摄影棚中使用三脚架拍摄商品		
5	使用各类闪光灯进行商品拍摄		
6	在摄影工作室中使用常用摄影配件进行商品拍摄		
7	根据商品拍摄要求进行商品拍摄布置		

学生自我总结表（Word 格式）3-4

任务 3.5　产品摄影构图

【学习目标】

了解摄影构图的基本原理、方法，掌握商业产品拍摄中经常使用的构图法。

【工作情景描述】

小红团队在掌握了商品拍摄的基本技术后，尝试使用合适的构图法拍摄出更加出色的商品图片。

3.5.1 常用商业产品构图

摄影者确定了要表现的主题后,首先要解决如何安排和处理摄影画面的构图问题。所谓摄影构图就是把要表现的客观对象有机地安排在一幅摄影画面中,使其产生一定的艺术效果,把摄影者的意图和观念表达出来。摄影构图包括被摄主体在画幅中所处的位置、照片画幅的长宽比例、透视与空间深度的处理、影像清晰与模糊程度的控制、色彩的配置、影调与线条的应用、气氛的渲染……总之,就是处理构成摄影画面总印象的一切造型因素。常用的构图法有九宫格构图法、引导线、对角线构图、框架式构图、三角形构图等,而常用的商业产品构图有以下几种模式。

1. 九宫格构图

九宫格构图法是最常见也是最基本的构图方法。这个构图方法是把画面中的左、右、上、下四个边都三等分,然后将相对边的点用直线连接起来,形成一个汉字的"井",画面被分为了九个方格。构图时不要将摄影主体放在正中间,而是将其放在井字形的四个交叉点上,如图 3-116 和图 3-117 所示。

图 3-116 九宫格构图法　　　　　　　　　图 3-117　九宫格构图法又称"井"字构图法

2. 引导线

引导线构图方法,就是利用画面中的线条去引导观者的目光,让目光最终可以汇聚到画面的焦点。引导线并不一定是具体的线,只要是有方向的、连续的东西,都可以被称为引导线。在现实生活中,道路、河流、整齐排列的树木、颜色、阴影甚至是人的目光都可以当作引导线使用,如图 3-118 和图 3-119 所示。

图 3-118　引导线构图法——女装　　　　　　图 3-119　引导线构图法——风景

3. 平衡构图

平衡式构图给人以满足的感觉,画面结构完整,安排巧妙,相互呼应且平衡,是拍摄商业产品的常用方式,如图 3-120～图 3-122 所示。

4. 对角线构图

对角线构图就是将主体放在尽量靠近相对应的两个角的位置上。相对于横平竖直的构图方法,对角线构图更加活泼生动,视角更加开阔。对角线构图法不仅可以用于拍摄建筑、风景,也常在人像拍摄中使用,可以让画面更加饱满,在拍摄运动的人物时可以让画面更加生动、有趣,如图 3-123～图 3-125 所示。

图 3-120　平衡构图法——蜂蜜　　　　　　　　　　图 3-121　平衡构图法

图 3-122　平衡构图法——女装

图 3-123　对角线构图　　　图 3-124　对角线构图——商品　　　图 3-125　对角线构图——首饰

3.5.2　构图中应注意的问题

1. 主体和背景相互呼应

摄影初学者常犯的一个错误是过于注重主体,而不注意与之搭配的背景或陪衬。其实好的照片需要前后景致的交相呼应,给人以错落有致的感觉,适当留出背景也可以让主体更加突出,而且拥有前景和后景的照片会有很好的空间感和景深感,如图 3-126 所示。在拍摄前后景色交相呼应的照片时,一定要根据摄影主体尽量简化照片元素,将不必要的元素尽可能剔除掉。使用大光圈镜头拍摄可以更好地突出主体,背景的虚化也更加出色。

图 3-126　主体和背景相互呼应

2. 从不同的角度拍摄

不要总是以人眼的高度去展开创作,试着将视线降低或者提高,用不一样的角度去拍摄事物,可以获得意想不到的效果。在拍摄静物、花卉等题材的时候,将角度放低可以更好地表现事物的质感和材质,如图 3-127 所示。在拍摄建筑、人物的时候,适当采用仰拍可以体现建筑的雄伟以及人物的挺拔。

图 3-127　不同角度拍摄的花

3.5.3　教学做一体化训练

【环境】

摄影工作室或其他场地。

【要求】

(1) 掌握摄影构图的常用方法。

(2) 熟练掌握商品拍摄构图法。

(3) 根据商品特征选择适当的构图法。

(4) 练习使用各种构图法拍摄商品并比较其优缺点。

任务 3.5 小结

【知识目标】

本任务要求学生掌握摄影构图的常用方法及其优缺点,并熟练掌握商品拍摄构图法。

【能力目标】

(1) 能够掌握各类拍摄构图法。

(2) 能够熟练掌握常用商品拍摄构图法。

(3) 能根据商品特征和要求使用恰当的构图法进行商品拍摄。

同步实训

【情景描述】

小红团队在掌握了商品拍摄的基本技术后,尝试使用合适的构图法拍摄出更加出色的商品图片。

【实训内容】

根据商品的特性,完成某商品色彩搭配方案。

序号	项　　　目	项目属性值	备　　注
1	使用"九宫格构图"构图法拍摄商品		
2	使用"引导线"构图法拍摄商品		
3	使用"平衡构图"构图法拍摄商品		
4	使用"对角线构图"构图法拍摄商品		
5	不同构图法拍摄商品照片比较赏析		

学生自我总结表(Word 格式)3-5

美妆类商品拍摄

本项目重点和难点

根据美妆类商品特征,进行摄影色彩、场景构图的构思,拍摄出曝光合理、光感和质感突出的商品照片。

内容架构

引例

王经理是某国产化妆品的片区代理人,此前一直供货各大超市的护肤品专区。由于网购兴起,线下市场萎缩,人流量骤减,而超市、商场的进场费又较贵,王经理难以维持线下高成本运营。电子商务的兴起给国货品牌带来了新商机,省去了店租和人工成本,王经理也想尝试一下,准备开一家该品牌的网销店铺。就在着手开始开设网店的时候,发现这么多化妆品类别,它们的信息应该如何采集?不同的化妆品、不同的功效应该如何展示?如何才能展现出国产品牌的新形象?

任务 4.1 保湿乳液拍摄准备

【学习目标】

根据美容护肤类商品特征,进行摄影色彩、场景构图的构思,做好拍摄商品照片的前期准备。

【工作情景描述】

小红团队与王经理进行沟通交流后,根据王经理的诉求,去王经理存放化妆品的库房选取了该品牌主打的一款保湿乳液,准备摄影器材,讨论商品的陈列与摆放和保湿乳液信息的采集要求,进行保湿乳液的拍摄工作。

4.1.1 明确任务和知识准备

本节学习目标是以圆柱形面部保湿乳拍摄为例,完成对圆柱形镜面反射物体这一类型网店商品图片的信息采集工作。圆柱形反光类物体,在拍摄时往往要借助辅助拍摄道具,掌握这类辅助道具的使用,可以进一步拓展商品信息采集的范围,从而掌握反光类物体的表现形式和知识技能。

保湿乳液信息采集在室内摄影工作室进行,摄影工作室基本设备有静物台、影室闪光灯、相机三脚架、某品牌保湿乳液一件、硫酸纸、两张黑卡纸、白手套、清洁布若干。

对现场灯光进行布置后,需要检查待拍摄商品的完整性,特别是保湿乳液瓶身上的细小划痕和灰尘。检查完毕后将保湿乳液放置在拍摄台上,即可用相机进行试拍。

1. 保湿乳液商品信息认知

保湿乳液在电商平台上的所属类目为"美容护肤/美体/精油—面部护理套装",商品信息有品牌、规格、是否为特殊用途化妆品、适合肤质、产地、上市时间、保质期、批准文号、功效、采购地等信息,如图 4-1 所示。

图 4-1　淘宝后台女式包商品发布信息表格

根据美妆类产品特点,填写相应的产品信息表,如表 4-1 所示。

表 4-1　该款保湿乳液的商品信息表

序号	项　目	项目属性值	备　注
1	宝贝类型		全新/二手
2	宝贝标题		
3	类目属性		
4	品牌		必填项
5	是否为特殊用途化妆品		必填项
6	上市时间		
7	规格类型		必填项
8	适合肤质		
9	产地		必填项
10	保质期		
11	批准文号		
12	功效		必填项,当期最多只能选五个
13	采购地		

护肤品,即保护皮肤的产品。随着社会经济的不断进步和物质生活的丰富,护肤品不再是只有富人才用得起的东西,而是走进了平常百姓家。它对人们的精神、形象提升起到了极大的作用。

护肤品的产品类别主要包括面膜、面霜、精华素、洁面乳、原液、爽肤水、乳液、纯露、面部润肤、隔离霜、BB 霜、CC 霜、防晒霜等。按时段分有日间护肤和夜间护肤等针对性护肤品;按对象分,有专门供女性用的护肤化妆品和男士用的男用护肤品,以及儿童用的儿童护肤品和孕妇专用的孕妇护肤品;按功能分有补水、美白、保湿、控油、抗衰老、抗光老化、敏感肌肤、收缩毛孔、祛黑头、祛斑、消脂专用护肤品;按销售方式分有专业线护肤品和日化线护肤品;按价格分可分为奢侈级、高端级、中高端、开架式。

1) 护肤品常用的外包装。

根据产品特性不同,护肤品的外包装常选用以下方式。

(1) 玻璃瓶。玻璃瓶主要用于护肤品(膏霜、乳液)、乳液、精油、指甲油等,一般容量较小,大于 200mL 的玻璃瓶很少用在化妆品上。其中深色玻璃瓶的设计,是为了阻挡阳光中的紫外线,避免光敏性活性成分被分解。在护肤品中,活性成分是配方的灵魂,所以避光储存非常重要,甚至有些成分光解后还会产生有害物质或者致敏。

(2) 软管。软管分为单层、双层、五层软管,双层软管最为常用,软管口径为 13~60♯ 等多种口径。当选定某种口径软管时,以不同的长度标示不同的容量特征,一般容量为 3~360mL。

(3) 真空泵。虽然滴管瓶可以起到减少光解作用,但是在隔绝空气方面就比较逊色了,所以我们常常可以看到这类包装产品容量小,而且需要在开启后限定时间内用完。于是,就有了密封性能更好的真空泵,真空泵可以长时间将护肤品和空气隔开,适合用于黏稠的乳液,尤其是容易氧化的茶籽油等。

(4) 铝管。可以同时隔绝空气和光照,对于高浓度的维 A 醇是最好的选择。

(5) 安瓶。安瓶的历史久远,在古代是教徒用来保存死去圣人血液的小瓶子。现代的安瓶是从医疗用品储存借鉴过来的,可以保存必须隔绝空气的高纯度药品。护肤品中的安瓶,隔绝空气和外界污染的能力非常好,深色的安瓶还能保护光敏成分,非常适合用来存放维 C 成分。

(6) 二元包装。二元包装是跟安瓶类似的储存包装,不同的是二元包装会将敏感和普通成分分开,容易氧化水解的成分储存在无水的环境中,使用时再进行混合,保证开启时能有最大的活性。

2) 护肤品中常见的成分

衡量一种护肤品的好坏,要看其成分和作用。国际上许多护肤品常含有以下成分。

(1) 新一代纯净羊毛脂。具有滋润、柔软、水油平衡、增韧的作用。在其作用下,油中的水和水中的油能够更加稳定,并能与其他成分相协调,有很好的渗透作用,是其他营养成分良好的载体。

（2）AHA 果酸。AHA 是从水果中提炼的,其分子量极小,能有效渗透毛孔,控制各种皮肤疾病,促进表皮角化细胞的脱落,加快细胞的更新,使细胞再生速度增加 30％以上,使皮肤爽滑细嫩。

（3）细胞保护因子。保护细胞蛋白质、DNA、染色体的物质。

（4）纯净骨胶原。胶原蛋白是人体内最重要的蛋白质之一,主要存在于细胞间质中,作为一种支架,起着支撑、保护细胞的作用。但随着年龄的增长,人体含有的胶原蛋白由多变少,皮肤由此变得粗糙松弛、产生皱纹。所以胶原蛋白具有维护皮肤弹性、抗皱、光泽等作用。

（5）弹性硬蛋白。可有效地恢复皮肤弹性。

（6）澳洲茶树油。是一种在世界上分布极少、大多生长于澳大利亚东南新南威尔士的特殊灌木,以原始方法从叶子中提炼的天然油,具有广谱抗菌生物活性和杀菌功效,无刺激性,具有优良的皮肤渗透作用。

（7）芦荟精华。杀菌消炎、加速皮肤表面恢复、平复斑痕的优良舒缓剂。

（8）维生素 E。著名的抗衰老剂,也是阻止黑斑的形成、平复并减缓皱纹产生的防氧化剂。

2. 器材准备

1）相机

单反相机的优点是摄影和取景都是同一个镜头,因此视差问题能基本得到解决。同时通透的光线在对焦时更容易观察对焦效果。单反相机可以根据拍摄主题来确定使用何种镜头,考虑更换方便、手动变焦、手动设定拍摄参数等因素。本次使用的是佳能 6D 相机,它拥有更大画幅、更丰富的可拓展接口,如图 4-2 所示。

2）镜头

佳能 100mm 微距镜头,可以凸显长焦端的优势,得到更好的虚化画面和紧凑的构图,但是焦段过长导致不能拍下太大的场景,俯拍也比较困难。

图 4-2　佳能 6D 相机

50mm 微距镜头,在拍摄商品时可以兼顾环境和商品的呈现,可进可退,缺点是如果拍摄商品的特写容易形成透视变形。

24～105mm 标准变焦镜头,是一枚覆盖从 24mm 广角到 105mm 中远摄焦段的 L 级标准变焦镜头,该镜头采用了恒定 F4 的最大光圈设计,使镜头口径得以缩小,同时较好地抑制了球面像差等的发生。它不但覆盖了变焦比约 4.4 倍的宽广焦段,还实现了镜身整体的小型化,但是其最近对焦距离为 0.45mm,无法拍摄商品局部特写。

3）三脚架

许多照片拍摄都离不开三脚架的帮助,比如星轨拍摄、流水拍摄、夜景拍摄、微距拍摄等。将单反相机固定在三脚架上,能为拍摄商品图片提供稳定的拍摄状态(见图 4-3)。

4）引闪器

引闪器一般在影棚里配合各种灯具使用。引闪器装在相机上,频段接收器链接其他闪光灯灯具。引闪器的主要用途是不希望闪光灯的实用性被局限,使用引闪器能够做出更多效果,而且令照片中闪光跟环境光融合得更自然。引闪器通常是成对使用,发射器安装在相机热靴上(见图 4-4)。

5）闪光灯

闪光灯是一种补光设备,它可以保证在昏暗情况下拍摄的画面清晰明亮。在户外拍摄时候,闪光灯还可用作辅助光源,以营造产品的光感和质感。还可以根据摄影师的要求布置特殊效果,具有减小或者加大反差、瞬间凝固被摄体等功能(见图 4-5)。

图 4-3　三脚架

6）柔光箱

柔光箱使光线在箱子里经过透闪布反射给箱体内部的反光布,再经过柔光箱的幕布发散出来,目的是增加光源面积,让光线更均匀(见图 4-6)。

图 4-4 引闪器

图 4-5 影室闪光灯

图 4-6 柔光箱

7）束光筒

束光筒用于减小光源的照射面积，用于局部布光，将束光筒与蜂巢结合，可以使局部产生边界清晰的阴影和凌厉的轮廓光，层次丰富，光比大（见图 4-7）。

8）硫酸纸

硫酸纸可以过滤光源，同闪光灯的作用类似。硫酸纸的弧度、与物体距离、与光源距离、硫酸纸本身的面积大小、硫酸纸的层数都是可控的（见图 4-8）。

9）黑卡纸

黑卡纸在人像摄影和静物摄影中的使用十分普遍。黑卡纸可以降低过亮区域的影调，防止摄影灯过曝，还能突出被摄体的形状。这在拍摄玻璃器皿时效果尤为显著，使玻璃的边缘不会因为灯光的照射而显得模糊不清（见图 4-9）。

图 4-7 束光筒

图 4-8 硫酸纸

图 4-9 黑卡纸

10）静物台

静物台有平版式和无接缝式两种，一般平版式静物台最上一层是玻璃，中间有一块反光镜，可以调整反射角度，以便于从侧面打光，经镜面折射成为底部透射光。无接缝式静物台的台面是一块 PVC 亚克力板，台的一侧可以向上竖起，构成无接缝背景效果，有大型和微型等不同体积，可根据被摄物的大小选择使用（见图 4-10）。

3. 反光材质包装的拍摄要点

1）物体的材质

所有的物体材质均可归纳为三种特性，即漫反射物体、镜面反射物体、透射物体。

（1）漫反射物体

漫反射物体指表面质地粗糙的物体，因为表面的材质凹凸不平，受到光线照射后，会呈现无方向性的漫反射光线（漫无目的扩散反射）特性，如图 4-11 所示。

所以,不管在什么位置打灯,漫反射物体总能有部分光线反射到眼睛或镜头里,使物体自己被看见。漫反射物体吸收和反射光线的程度各不相同,这也是在相同光线的照明下,能够辨别出不同深浅颜色物体的原因。光线的被吸收量和反射量不同,造成物体的明暗差异;被吸收和反射的波长频率不同,造成物体颜色上的差别。

（2）镜面反射物体

镜面反射物体指表面质地光滑的物体,因为表面的材质平整光滑,受到光线照射后,光线就会按照入射角等于反射角的原理产生定向反射,见图 4-12。

表面粗糙的漫反射

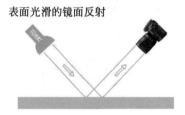

表面光滑的镜面反射

图 4-10　静物台　　　　　　图 4-11　漫反射图示　　　　　　图 4-12　镜面反射图示

由于物体表面光滑,会呈现同角度反射所有光线的特性,也只有在相等的反射角度,才可以看到光线。

（3）透射物体

透射物体指透明的物体,灯光穿透物体的时候,会发生一定的折射。例如玻璃、塑料等物体,这些物体的表面通常也具有漫反射和镜面反射特性,只是两种特性占据的比例不同。

2）镜面反射物体的布光原理

如果想让镜子里出现一个苹果,只需要在镜子前放一个苹果;如果想让镜子里有一个光斑,只需要在镜子前放一盏灯。镜面反射物体拥有和镜子完全相同的属性,看到镜子里的光,其实是镜子反射了一个发光体,镜子亮是因为从镜子里看到了一个发亮的柔光箱,或者是一张被灯光打亮的硫酸纸,如图 4-13 所示。

后柔光箱

右柔光箱

左柔光箱

图 4-13　镜面反射布光原理

3）镜面反射物体的形状

镜面产品的平面,入射角指向同一方向,只要入射角灯光打亮描图纸的光源面积大于产品平面的面积,整个面就是全亮的状态;如果光源面积小于平面的面积,而灯光又在入射角中轴上,那么产品平面会呈现中间亮四周暗的渐变效果,灯光的上下、左右移动,会改变这种渐变明暗的起始位置。灯光离描图纸的距离改变、灯头的左右摆动、大小光源灯光附件的变换,都可以控制明暗渐变的猛烈程度。

图 4-14 中左侧灯光向右上角移动,形成从右上角到左下角明暗渐变的效果,而两个面中间的黑线,是两张硫酸纸给相机拍摄留出的缝隙。

镜面产品的弧面,入射角指向不同的方向,产品的弧面越大,指向的方向越广,如圆柱形,拍摄进入画面的前半部分指向的方向范围为 180°,左右使用描图纸分别达到 90°完全覆盖,用标准灯罩打光,则弧面上只有灯光入射角区域会亮(灯往顺光走,高光区就会往前;灯往逆光走,高光区就会往后),随着弧面逐渐偏离入射角,就会逐渐暗下去,呈现渐变效果。

　　这里说的是控制高光区在产品弧面上的位置,由于标准灯罩的光源面积小,留在弧面的高光区域比较细,我们再说说如何控制高光区的面积。控制高光区面积只需要换成大面积光源,再控制光源和产品的距离。由于柔光箱前面是平的,产品是弧面的,即使完全覆盖,灯光角度也会分为正入射角和偏入射角,自然会产生淡淡的渐变效果(见图4-15)。

图 4-14　扫描设备

图 4-15　控制高光区面积示例

4.1.2　制订计划

　　本次任务是以保湿乳液为例进行商品拍摄。保湿乳液是人们日常护肤常见的一种商品,大多数品牌保湿乳液的功效就是对肌肤进行深层补水和滋养。保湿乳液的制造商也根据这一点,在瓶身上做了大量的设计,以加强视觉吸引力。乳液瓶身有些具有透明特征,表现出通透感,有些是半透明瓶身,表现出乳液的质地。经常使用的玻璃瓶身还具有一定的镜面反射特性,此次拍摄也要按镜面反射物体的拍摄要点来进行。

　　保湿乳液的拍摄重点是瓶身的表现,但是在拍摄乳液瓶身前,还是要对乳液的包装盒进行拍摄,特别是包装盒上有许多要展示的信息内容。

　　在拍摄前,还要填写保湿乳液商品拍摄计划表,计划好要用到哪些拍摄工具和辅助工具,并搭建拍摄环境(见表4-2)。

表 4-2　保湿乳液的商品拍摄计划表

序号	项　　目	项目属性值	备　　注
1	商品编号		
2	商品名称		
3	商品货号		
4	采集环境		布光
5	采集地点		室内,室外
6	采集时间		格式:2020-01-01 8:30
7	商品采集镜头		产品正面、侧面、背面,包装盒正面、侧面、背面
8	采集数量		所需拍摄商品照片的数量
9	采集人员		
10	相机设备		相机型号
11	灯光设备		影视灯功率、距离、附件等
12	辅助设备		

任务 4.1 小结

【知识目标】

本任务要求学生以团队为单位,根据美妆类商品的特征,进行商品信息整理,完成美妆类商品的拍摄计划表。

【能力目标】

能够分析常见美妆类商品的特性,进行商品信息收集。

同步实训

【情景描述】

小红团队发现还有另一款主打产品是冰肌水,如图 4-16 所示。请整理冰肌水的商品信息,准备器材,对商品进行陈列和摆放设计,完成商品拍摄计划表。

图 4-16　冰肌水产品图

【实训内容】

根据冰肌水的商品的特性,完成商品信息表。

整理和讨论冰肌水商品的卖点,进行摄影色彩、构图、策略构思,完成商品拍摄计划表。

任务 4.2　保湿乳液拍摄

【学习目标】

能够根据商品特征,拍摄出曝光合理、主题突出的商品照片。

【工作情景描述】

小红团队完成了保湿乳液的商品信息采集工作,开始准备拍摄场景,拍摄商品照片。

4.2.1　教学做一体化训练

【拍摄设备】

佳能 6D、三脚架、静物台、影视闪光灯、柔光罩、引闪器、硫酸纸。

【拍摄环境】

摄影工作室。

【拍摄流程】

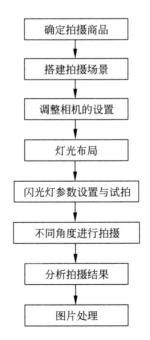

确定拍摄商品

↓

搭建拍摄场景

↓

调整相机的设置

↓

灯光布局

↓

闪光灯参数设置与试拍

↓

不同角度进行拍摄

↓

分析拍摄结果

↓

图片处理

【实施步骤】

1. 拍摄包装盒

步骤 1　搭建拍摄场景

本款乳液的包装盒是立方体，展现时注意摆放的角度，以更好地表现其立体感。利用手套和湿纸巾擦拭包装外的手指印、灰点等，以免造成画面的污浊感，不利于商品展示。该乳液的包装盒正面摆放如图 4-17 所示。

如果包装盒外部有塑料薄膜，在拍摄时需要拆除塑料薄膜，以更好地控制反光。如果商品背面有文字信息，可平放而不斜置，使用小光圈保证文字清晰，必要时可拉近特写，如图 4-18 所示。另外生产日期等信息也是顾客关注的焦点，需要加以展现。

图 4-17　包装盒正面

图 4-18　包装盒背面

步骤 2　相机的设置

将相机挡位设置为手动 M 挡，为了使相机快门速度与闪光灯同步，设置快门时间为 1/125s，感光度 ISO 100，光圈值设置为 8，这样拍摄出来的产品会更清晰，使用多点单次对焦模式，对焦点选择文字区域，如图 4-19 所示。

利用三脚架固定住相机，使相机机位水平面略高于产品所在水平面，这样取景更能凸显包装盒立方体的体积感。

步骤 3　灯光布局

产品放在亚克力板的静物台上，亚克力的材质可凸显包装盒的立体感，能产生倒影的效果。

主灯在包装盒左侧，采用 400W 功率的闪光灯，附件采用方形柔光罩约束光线范围，使光线均匀释放，照亮包装盒正面，凸显产品品牌文字的光线渐变。

图 4-19　相机设置

辅灯在包装盒右侧，采用 400W 功率的闪光灯，附件采用方形柔光罩约束光线范围，使光线均匀释放，提亮包装盒侧面信息，但亮度应略低于主灯，使立方体两面光线有强弱之分。

背景灯在静物台后侧，采用的 400W 功率的闪光灯，附件采用标准罩，让光线集中，亮度增强，照亮背景，让背景过曝，有利于后期抠图，如图 4-20 和图 4-21 所示。

步骤 4　闪光灯参数设置与试拍

首先打开主灯，设置参数为 M 挡，频道与相机影闪器同步，设置合适功率值，打开造型灯开关，观察光线是否在包装盒正面照射均匀，并完成试拍。试拍若发现包装盒正面过曝或欠曝，可适当调整影室闪光灯功率，使其曝光准确。

其次打开辅灯，设置参数为 M 挡，频道与相机影闪器同步，设置合适功率值，打开造型灯开关，观察光线是否在包装盒侧面照射均匀，并完成试拍。试拍若发现侧面亮度大过正面亮度，则需调小辅灯功率值，凸显包装盒立体感。

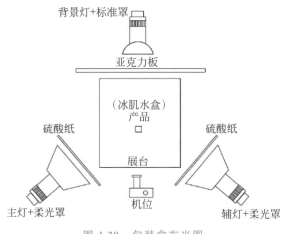

图 4-20　包装盒布光图

图 4-21　布光实景图

　　最后打开背景灯,设置参数为 M 挡,频道与相机影闪器同步,设置合适功率值,打开造型灯开关,试拍一张后调整背景灯功率,使背景处于纯白过曝状态,但又不能使包装盒轮廓模糊。

步骤 5　不同角度进行拍摄

　　通过重复上述步骤,可对包装盒背面作补充展示,如果包装盒背面信息比较多,可单独对包装盒背面的文字信息进行特写。另外,商家往往会将包装盒和保湿乳液同时展示,但由于包装盒和乳液瓶子材质不同,更多的是通过后期图像处理完成。但如果要同时拍摄,并列摆放时需要注意乳液瓶身不能过多遮挡包装盒。

步骤 6　分析拍摄结果

　　在拍摄过程中,由于包装盒有塑料膜,会有强高光区域出现,导致包装盒的反光不均匀。这个时候就需要在主光和辅光前再加一层硫酸纸,使光线更加柔和、均匀。由于加入了一层硫酸纸,光线减弱,所以可以适当提高影室闪光灯功率,使其达到原来光线强度,并通过改变光源与硫酸纸的距离来使光线更均匀。

步骤 7　后期图片处理

　　整理拍摄的商品图片,要预览检查背景是否有杂物,如果有,可用 Photoshop 工具进行二次剪裁构图;如果发现包装上有瑕疵,可以用修复瑕疵画笔工具进行修复;如果发现拍摄角度不在同一水平面上,可以用画布旋转工具进行画面的矫正;也可用曲线工具调整画面明暗关系,突出包装盒本身。

2. 拍摄保湿乳液

步骤 1　搭建拍摄场景

　　先检查拍摄样品外包装是否有塑料薄膜,中文标签是否完整,字迹是否清晰,样品上是否附着有灰尘和指纹。

　　本款乳液的包装瓶是玻璃材质的圆柱体,里面的乳液是白色的不透明液体。如果直接按照拍包装盒的布光方法,会发现整个乳液瓶身呈现出灰色,无法展现玻璃材质的通透感,这时需要考虑其两大特性,即玻璃材质的镜面反射特性和圆柱体的光线对称特性,这两种特性的拍摄方法已经在前文阐述过。

　　搭建拍摄环境,先将静物台撑起,将亚克力板光滑的一面朝上安装在静物台上,如果有灰尘可用纸巾擦拭干净,将乳液商品放置在静物台中间位置,使商品正面朝向镜头。

步骤 2　相机的设置

　　将相机挡位设置为手动 M 挡,为了使相机快门速度与闪光灯同步,设置快门时间为 1/125s,感光度 ISO 100,光圈值设置为 8,使拍摄的产品尽可能清晰,使用多点单次对焦模式,对焦点选择文字区域。

　　利用三脚架固定住相机,使相机机位水平面略高于产品所在水平面,这样取景更能凸显拍摄产品立方体的体积感。

步骤3　灯光布局

在完成本次实训任务之前进行构思,列出所需设备和道具,并勾勒出设计草图,进行灯光布置的绘制。

本次是拍摄圆柱体玻璃材质物体,具有高反光特性,因此采用左右夹光的布光方式,并通过辅助灯光照亮瓶身需要凸显的位置,用背景逆光让玻璃材质有通透感。

主灯在产品左侧,采用400W功率的闪光灯,附件采用方形柔光罩约束光线范围;辅灯在产品右侧,采用400W功率的闪光灯,附件采用方形柔光罩约束光线范围;顶灯在产品正上方,采用400W功率的闪光灯,附件采用方形柔光罩约束光线范围;背景灯在静物台后侧,采用400W功率的闪光灯,附件采用标准罩,让光线集中,亮度增强,照亮背景,让背景过曝,有利于后期抠图,如图4-22所示。

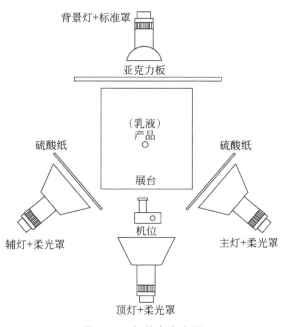

图4-22　包装盒布光图

步骤4　闪光灯参数设置与试拍

① 打开主灯。设置参数为M挡,频道与相机影闪器同步,设置合适功率值,打开造型灯开关,观察造型灯的光线是否在产品瓶身右侧有一条明显且完整的高光带,并完成试拍。试拍如若发现高光带不完整,可调整影室闪光灯的角度,使高光带完整(见图4-23)。

② 打开辅灯。设置参数为M挡,频道与相机影闪器同步,设置合适功率值,打开造型灯开关,观察造型灯的光线是否在产品瓶身左侧有一条明显且完整的高光带,并完成试拍。试拍如若发现高光带不完整,可调整影室闪光灯的角度,使高光带完整(见图4-24)。

图4-23　一盏主灯效果

图4-24　主灯＋辅灯效果

③ 打开背景灯。设置参数为M挡,频道与相机影闪器同步,设置合适功率值,并打开造型灯开关,试拍一张后调整背景灯功率,使背景处于纯白过曝状态,但又不能使拍摄产品轮廓模糊(见图4-25)。

④ 拍摄效果评价。产品高光带略显生硬。

⑤ 原因分析。产品的高光来自主灯和辅灯柔光箱的反光,光线区域生硬,可将柔光箱的光线进一步柔化,让光线过渡更自然,凸显瓶身的圆润。

⑥ 拍摄矫正。在主灯和辅灯前方放置一层硫酸纸,进一步柔化光线,由于添加硫酸纸后光线减弱,可适当调大闪光灯的功率(见图4-26)。

图 4-25　主灯＋辅灯＋背景灯效果　　　　　　　　　图 4-26　加入硫酸纸后效果

⑦ 打开顶光。设置参数为 M 挡,频道与相机影闪器同步,设置合适功率值,并打开造型灯开关,进行拍摄,使瓶身金属部分边缘有锐利的高光线条,凸显金属质感,同时照亮瓶身商品信息(见图 4-27)。

步骤 5　不同角度进行拍摄

通过重复上述步骤,可对产品背面作补充展示,如果瓶身背面信息比较多,可单独对瓶身背面的文字信息进行特写。

步骤 6　分析拍摄结果

在预览画面时发现,产品轮廓不清晰,这使后期产品抠图面临困难,这个时候可在产品后方两侧添加黑色卡纸,遮挡住背景灯一部分光线,使轮廓清晰起来,使产品更立体和完整(见图 4-28)。

以上所有的工作步骤完成后,即可进入布景实拍(见图 4-29)。

图 4-27　布光场景实拍　　　　　图 4-28　加入黑卡纸和顶灯后效果　　　　　图 4-29　布景实拍

步骤 7　后期图片处理

整理拍摄的产品图片,通过预览检查背景是否有杂物,如果有,可用 Photoshop 工具进行二次剪裁构图;如果发现产品有瑕疵,可以用修复瑕疵画笔工具进行修复;如果发现拍摄角度不水平,可以用画布旋转工具进行画面的矫正;也可用曲线工具调整画面明暗关系,突出产品本身。

4.2.2　质量检查及验收

本次任务是根据需求对"某品牌保湿乳液"商品样品进行信息采集工作。在采集工作中,应按照商品特性来设计拍摄环境,根据拍摄镜面反射类物体的特点熟练运用道具营造不同效果,从而完成对该商品的采集拍摄。在拍摄后,使用表 4-3 进行质量检查及验收。

表 4-3　质量检查及验收表

检 验 内 容	要　　求	合格/不合格
技术技能要求	能正确录入保湿乳液的商品信息	
	能使用单反相机对镜面反射物品进行拍摄	
	掌握表现镜面反光商品的布光方式	
	能使用黑卡纸、硫酸纸等道具增加物体的质感	
仪器设备操作方法与规范	掌握影视闪光灯,电子引闪器的使用方法	
	遵守摄影实训室的规章制度,器材使用必须轻拿轻放,使用完毕需关闭电源	
	任务完成后,实训器材需归位或交还给实训室管理老师	
拍摄成果验收标准	所有步骤均顺利完成,并且能够表现出产品的特性与质感	
	在任务过程中遇到问题能思考并解决问题	

任务 4.2 小结

（1）圆柱体镜面反射类物品可用左右 45°夹光的方式凸显圆柱体的体积感,遇到生硬的高光可在光源前添加一层到两层硫酸纸进一步对光线柔化。

（2）在明亮的背景前,物体需要以较暗的线条凸显出来,或在深暗的背景前以明亮的边缘显现出来,本次拍摄乳液商品时,有些边缘不够清晰,可以用黑色卡纸遮挡多余的光源并投射阴影,加深玻璃材质物体边缘的效果。

（3）在拍摄此类玻璃材质物体时,可利用亚克力板制造商品倒影。倒影板使用过程中注意进行保养,由于亚克力材质的问题,很容易产生划痕,在光源的投射下会非常醒目,在实训完成后可用保鲜膜覆盖保存。

同步实训

【情景描述】

冰肌水瓶身也是高反光材质,而且里面的液体是透明的,采用之前 45°夹光的方式拍摄,发现整个瓶身呈现灰色,无法展现其通透感。请通过这款冰肌水的商品信息采集,进一步掌握镜面反光且透明材质的拍摄方法（见图 4-30）。

（1）搭建拍摄场景

本款产品的拍摄需要使用静物台,将静物台上的亚克力板的光滑一面朝上,并检查亚克力板上是否有粉尘、划痕,静物台是否水平,高度是否合适。检查完毕后,将需要拍摄的商品放置静物台中心处,包装盒可以斜侧放置,冰肌水瓶身需正面朝向相机镜头。

（2）相机的设置

由于化妆品一般体积较小,需要利用小光圈、大景深来表现表面细节,必要时可以用 85～100mm 的镜头突出主体,微距镜头效果更好。将相机挡位设置为手动 M 挡,为了使相机快门速度与闪光灯同步,设置快门时间为 1/125s,感光度 ISO 100,尽可能追求更好的画质。

图 4-30　冰肌水的拍摄样图

利用三脚架固定住相机,使相机机位水平面略高于产品所在水平面,这样取景更能凸显拍摄产品立方体的体积感。

（3）灯光布局

如需要展现外包装效果,则应该将外包装和产品分开分析。对于外包装盒的展示,适合对较强立体感吸光特性商品进行两侧布光,冰肌水瓶应采用明亮背景,两侧夹光,凸显圆柱体的立体感;用一盏顶灯凸显瓶身文字和标识部分;另外可以采用逆光位布光的方式,或者侧逆光的布光方式,对透明物体能产生轮廓的高光,有较好的装饰光效果。

（4）调整灯光拍摄

① 包装盒的拍摄。若需要对包装盒 360°展示,那么就需要拍摄包装盒各个方位的图片,而且相机最好是同

一位置和角度,这就需要使用三脚架对商品进行拍摄。将包装盒微微旋转斜侧,能更好地展示盒子的立体效果,而且能将品牌文字呈现出金属渐变质感。在拍摄背面时,由于需要展示文字,可以增加一个特写,以文字大小合适、清晰为准。拍摄方法仍然采用拍摄乳液包装盒的方法,进行左右夹光的光线布置。

首先打开主灯,设置参数为 M 挡,频道与相机影闪器同步,设置合适功率值,打开造型灯开关,观察光线是否在包装盒正面照射均匀,并完成试拍。试拍如若发现包装盒正面过曝或欠曝,可适当调整影室闪光灯功率,使其曝光准确。

其次打开辅灯,设置参数为 M 挡,频道与相机影闪器同步,设置合适功率值,打开造型灯开关,观察光线是否在包装盒侧面照射均匀,并完成试拍。试拍如若发现侧面亮度大过正面亮度,则需调小辅灯功率值,凸显包装盒立体感。

最后打开背景灯,设置参数为 M 挡,频道与相机影闪器同步,设置合适功率值,并打开造型灯开关,试拍一张后调整背景灯功率,使背景处于纯白过曝状态,但又不能使包装盒轮廓模糊。

② 冰肌水的拍摄。对于冰肌水的单独展示,若继续用前面的光位,会发现虽然能表现其镜面反射特性,但瓶身通透感不强。这时就可采用逆光和侧逆光位。多加一盏灯在冰肌水的侧后方,可先进行试拍,若发现灯位过低,无法有凌厉的光线反射,可以垫高灯位,让逆光闪光灯略高过产品瓶身,并给其装上束光筒,用小面积光源勾勒瓶身轮廓。在拍摄过程中,需要注意的是,一位同学需要看相机的实时显示效果,一位同学需要不断调整逆光灯的位置,使造型灯的光线正好投射到冰肌水的瓶身,在瓶身边缘勾勒出高光线条,找到最好位置进行拍摄(见图 4-31)。

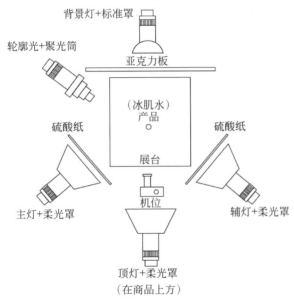

图 4-31　冰肌水产品参考布光图

学生自我总结表(Word 格式)4-1

美妆类商品编辑

本项目重点和难点

对项目四中拍摄的美妆类商品的照片进行创意设计，旨在提高用户关注度。运用相关图形图像处理软件对图片进行处理和制作，呈现出商品功效，突出商品卖点。

内容架构

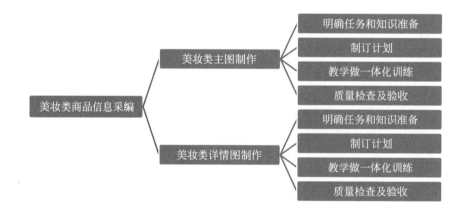

引例

王经理是某国产化妆品的片区代理人，此前一直供货各大超市的护肤品专区。由于网购兴起，线下市场萎缩，人流量骤减，而超市、商场的进场费又较贵，王经理难以维持线下高成本运营。电子商务的兴起给国货品牌带来了新商机，省去了店租和人工成本，王经理尝试了一下，准备开一家该品牌的网上店铺。王经理着手拍摄完美妆类商品照片后，对采集的美妆类商品照片不知道应该如何设计并制作主图和详情图，如何通过主图体现化妆品不同的功效，如何通过详情图展现出品牌的形象。

任务5.1 美妆类主图制作

【学习目标】

了解美妆类产品组图的组成、设计要求；能根据美妆类产品不同功效，抓住消费者眼球，合理体现产品外观、细节，进行产品销售。

【工作情景描述】

小红团队在拍摄影棚完成了化妆品的拍摄,接下来需要对图片进行处理,制作产品的主图和辅图。能否吸引顾客眼球,让顾客点击进店,是主图设计的关键。他们开始讨论主图制作的排版设计和色彩搭配,准备开始化妆品的主图制作。

5.1.1　明确任务和知识准备

1. 前期准备

(1) 产品的市场调查

通过各大主流电商平台查看同类别、同档次且销量排名前五的商品主图和辅图(见图 5-1 和图 5-2)。

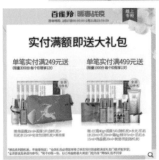

图 5-1　百雀羚平台宣传图

图 5-2　自然堂平台宣传图

(2) 文案整理

收集市场上同类产品的文案,重点收集卖点表达句式和词语;适时根据当下的时间进行活动设置;总结不同品牌的颜色、风格、特点;设计页面布局样式。主图篇幅有限,既要突出活动主题,又要展示产品,更要显示价格等信息,因而在文案描述上,要醒目、简洁,页面布局上,要合理、美观。

（3）挖掘卖点

在产品信息采集表中根据产品功效和用户需求挖掘卖点，突出产品的优势和与众不同，并且需要在醒目位置标出价格和促销信息。

（4）素材收集

收集前期拍摄的商品白底图、细节图分类；在网上收集类似产品的促销方案、产品优势等信息。

2. 页面风格定位

该冰肌水的品牌思想是倡导乐享自然、美丽生活的理念，产品成分取自喜马拉雅山脉 5000m 以上至纯至净的冰川水与雪域高原珍稀植物——雪参、雪花莲、玛瑙石榴精粹，为了突出喜马拉雅冰川水的优势，包装均为通体透蓝的设计风格，并辅以冰川水珠等元素凸显出产品的珍贵与纯净，因此主色调应为冰川蓝，再用合适的辅色加以变化。

3. 内容框架

通过查看同类、同档次、销量排名靠前的商品主图，总结出主图部分一般包含的品牌、产品图、促销方案、定价、赠品，见图 5-3。

除了主图外，还需要配有 4 张辅图，辅图主要从产品不同角度提供展示图、细节图、产品优势介绍等。

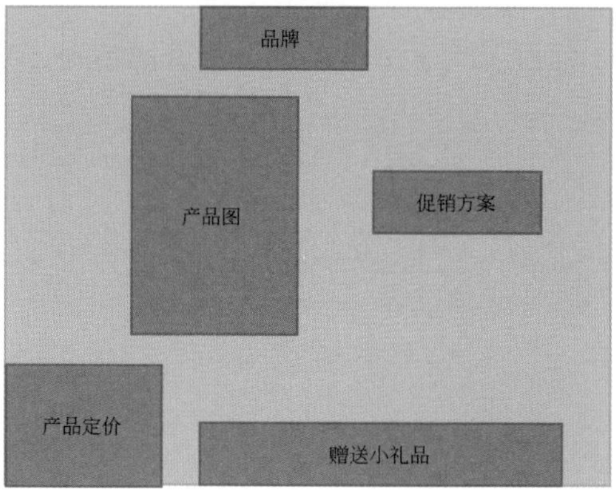

图 5-3　美妆类产品的主图模块

5.1.2　制订计划

本任务要求完成冰肌水的商品主图编辑工作。在教学做一体化训练中，也是以冰肌水为例，通过相应的工作流程、操作步骤来更好地掌握美妆类商品类目编辑的方法。

在商品主图制作过程中，明确模块和设计构图尤为重要。首先要填写美妆类商品主图制作计划表，计划要用哪些素材和编辑工具（见表 5-1～表 5-5）。

表 5-1　美妆类商品主图计划表

序号	项　　目	项目属性值	备　　注
1	商品品牌		
2	商品名称	冰肌水	
3	制作大致要求	（1）能够在醒目位置展示商品全貌，商品图为正面 （2）能够在指定位置给出商品具体价格 （3）能够给出产品的促销方案 （4）主图尺寸 800 像素×800 像素，分辨率 72 像素/英寸 （5）主图画面干净、清晰	根据主图的构图设计来给出制作的要求
4	作图环境	Photoshop 软件	
5	作图地点	美工工作室	
6	作图时间		格式：2020-01-01 8:30
7	制作数量	1 张	
8	制作人员		
9	使用拍摄素材		拍摄采集的图片
10	注意事项	（1）素材应选择高清图片 （2）作图中要创建一个新样式图形或者添加文字时需要先新建图层 （3）把抠好的图从一个图片移到另一个图片后，需要选择转化为智能对象，否则图像经过自由变化后像素会损失 （4）设计颜色不要超过三种 （5）文字字体不要超过三种 （6）保存图片时需要保存两种格式，jpg 和 psd	

表 5-2　美妆类商品辅图计划表（一）

序号	项目	项目属性值	备注
1	商品品牌		
2	商品名称	冰肌水	
3	制作大致要求	（1）主图第二张，产品 （2）主图尺寸 800 像素×800 像素，分辨率 72 像素/英寸 （3）辅图画面干净、清晰	根据主图的构图设计来给出制作的要求
4	作图环境	Photoshop 软件	
5	作图地点	美工工作室	
6	作图时间		格式：2020-01-01 8:30
7	制作数量	1 张	
8	制作人员		
9	使用拍摄素材		拍摄采集的图片
10	注意事项	同表 5-1	

表 5-3　美妆类商品辅图计划表（二）

序号	项目	项目属性值	备注
1	商品品牌		
2	商品名称	冰肌水	
3	制作大致要求	（1）商品各个不同角度的图； （2）主图尺寸 800 像素×800 像素，分辨率 72 像素/英寸	根据主图的构图设计来给出制作的要求
4	作图环境	Photoshop 软件	
5	作图地点	美工工作室	
6	作图时间		格式：2020-01-01 8:30
7	制作数量	1 张	
8	制作人员		
9	使用拍摄素材		拍摄采集的图片
10	注意事项	同表 5-1	

表 5-4　美妆类商品辅图计划表（三）

序号	项目	项目属性值	备注
1	商品品牌		
2	商品名称	冰肌水	
3	制作大致要求	（1）产品图 （2）能够体现产品功效 （3）主图尺寸 800 像素×800 像素，分辨率 72 像素/英寸	根据主图的构图设计来给出制作的要求
4	作图环境	Photoshop 软件	
5	作图地点	美工工作室	
6	作图时间		格式：2020-01-01 8:30
7	制作数量	1 张	
8	制作人员		
9	使用拍摄素材		拍摄采集的图片
10	注意事项	同表 5-1	

表 5-5　美妆类商品辅图计划表(四)

序号	项　目	项目属性值	备　注
1	商品品牌		
2	商品名称	冰肌水	
3	制作大致要求	(1) 产品图 (2) 能够体现产品参数 (3) 主图尺寸 800 像素×800 像素,分辨率 72 像素/英寸	根据主图**的构图设计**来给出制作的要求
4	作图环境	Photoshop 软件	
5	作图地点	美工工作室	
6	作图时间		格式:2020-01-01 8:30
7	制作数量	1 张	
8	制作人员		
9	使用拍摄素材		拍摄采集的图片
10	注意事项	同表 5-1	

5.1.3　教学做一体化训练

根据计划中的五张图片进行实际编辑,顺序依次是主图 1 张,辅图 4 张。

1. 制作主图

主图需要清晰展示商品,并配有相应的活动介绍、产品定价等信息,让顾客一目了然,效果图如图 5-4 所示。

【版式】

上中下结构,上下分别是品牌和定价,产品在中间,旁边配有活动内容。

【色彩】

以白色为主,让背景更加清晰,配上蓝色,使图片更有层次感。

【制作步骤】

步骤 1　新建 800 像素×800 像素,分辨率 72 像素/英寸的画布。

步骤 2　新建垂直参考线,两边各留 18 像素;新建横向参考线,上边留 97 像素,下边留 95 像素(见图 5-5)。

图 5-4　主图

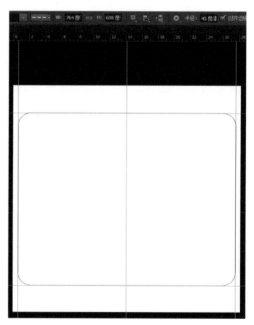

图 5-5　背景参数(一)

步骤 3　新建 764 像素×202 像素矩形,填充渐变 e7effa→透明由下到上,创建剪贴蒙版,在右边涂抹出渐隐效果(见图 5-6)。

步骤 4　新建 764 像素×608 像素圆角矩形(路径),按 Ctrl+Enter 组合键转为选区,按 Ctrl+Shift+I 组合键反向,填充渐变 0b5280(20%)→012e67(50%)→249cc1(80%)由左下上到右上(见图 5-7)。

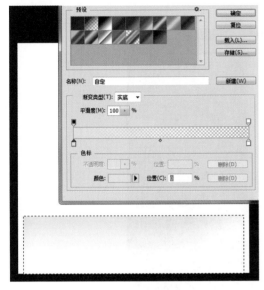

图 5-6　背景参数(二)

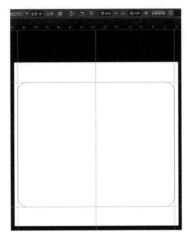

图 5-7　背景参数(三)

步骤 5　用钢笔工具绘制圆角矩形上的"猫耳"部分,填充白色 ffffff,复制该猫耳后水平翻转,移动位置到如图 5-8 所示。

步骤 6　选框工具创建 764 像素×94 像素选取,填充径向渐变 011633(18%)→279fc1(55%)由左下到右上,在左右涂抹出渐隐效果,见图 5-9。

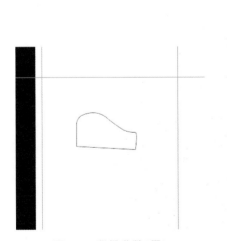
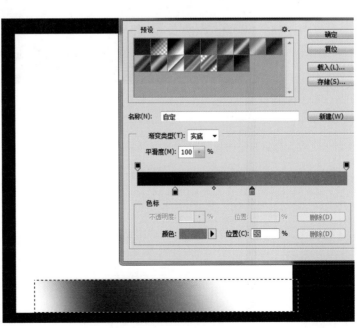

图 5-8　背景参数(四)

图 5-9　标题参数(一)

步骤 7　将素材冰肌水打开,用钢笔工具勾勒冰肌水轮廓,按 Ctrl＋Enter 组合键转为选区,将该选区拖入主图,移动到适当位置。

步骤 8　将素材"赠品礼盒""面膜赠品"和"自然堂(白)"图层置入,调整大小,移动到适当位置。

步骤 9　用文字工具添加文字"送定制环保购物袋",字体为微软雅黑,大小 58 点,字距－20 像素,加粗。添加混合选项里的投影(颜色 193567),如图 5-10 所示。

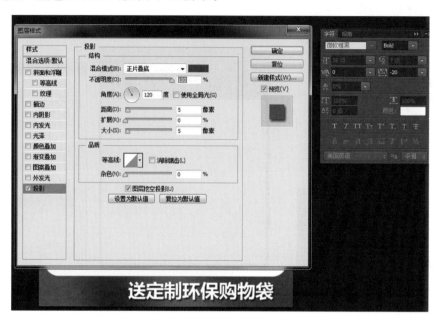

图 5-10　标题参数(二)

步骤 10　新建 467 像素×60 像素、半径 40 像素的圆角矩形,填充颜色 fdd5b1。添加文字"肌肤畅饮小分子水",字体为微软雅黑,大小 26 点,字距 80 像素,颜色 1c1c1c,如图 5-11 所示。

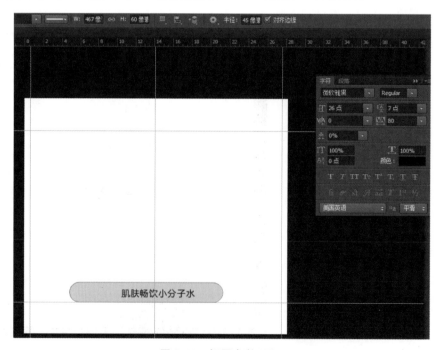

图 5-11　标题参数(三)

步骤 11 新建 315 像素×302 像素圆形（路径），填充颜色 021130，用画笔（颜色 019fce）在该圆形右上部分涂抹，效果如图 5-12 所示。

步骤 12 将步骤 6 的圆形添加到混合选项，设置为斜面浮雕、描边、内阴影，具体选项参数如图 5-13 所示，投影为不透明度 80%、角度 120°、距离 14 像素、大小 49 像素。

图 5-12　标题参数（四）

步骤 13 用文字工具添加文字"活动价"，字体为微软雅黑，大小 29 点，字距 40 像素，双加粗；添加符号"￥"，字体为微软雅黑，大小 41 点，字距 40 像素，添加投影；添加文字"120"，字体为微软雅黑，大小 90 点，字距 100 像素，双加粗，添加投影如图 5-14 所示。

步骤 14 新建 253.03 像素×130.34 像素、半径 20 像素的圆角矩形，用钢笔形状工具绘制圆角矩形上的"猫耳"部分，复制该猫耳后水平翻转，移动到适当位置。合并圆角矩形和两个猫耳这三个图层，填充渐变 efc1a9→f8ebe3→

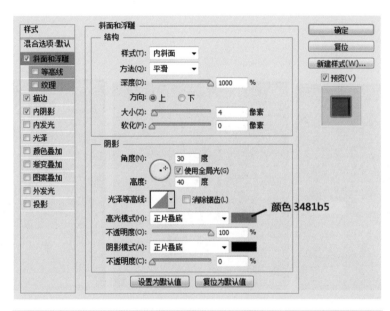

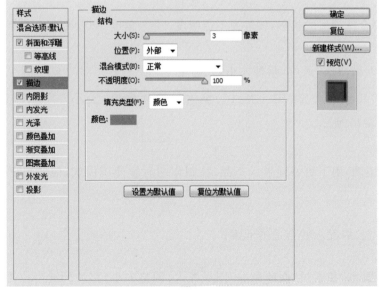

图 5-13　标题参数（五）

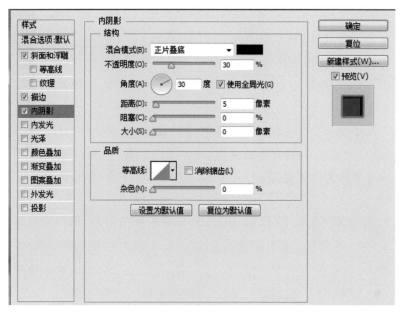

图 5-13（续）

图 5-14 标题参数（六）

dea685 由左到右。添加混合选项里的投影,设置为不透明度 20%、角度 120°、距离 5 像素、大小 15 像素,如图 5-15 所示。

步骤 15 将素材"天猫图层"置入,调整大小,并确定。

步骤 16 用文字工具添加文字"买 1 送 1",字体为微软雅黑,大小 55 点,字距 200 像素,加粗,颜色 f31c72,移动位置到如图 5-16 所示。

2. 制作第二张主图

第二张主图(第一张辅图)用于更好地展示产品,在制作的时候使用白底,使产品更加清晰,效果图如图 5-17 所示。

【版式】

左右结构,以图片为主,搭配一些合适的元素。

【制作步骤】

将主图 1 的抠图"冰肌水"和素材"面膜赠品"图层置入,调整大小,移动到适当位置。

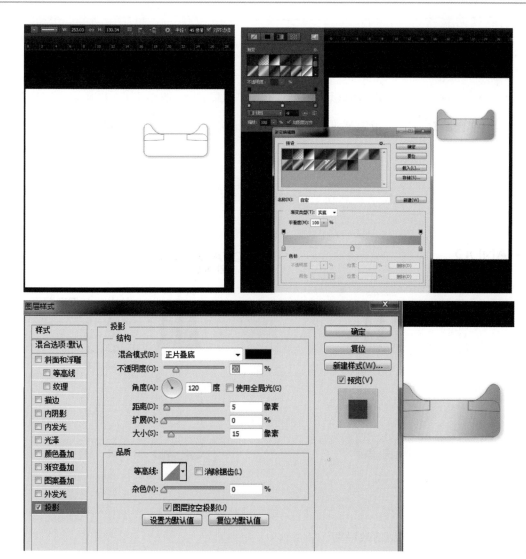

图 5-15　标题参数（七）

图 5-16　最终效果图

图 5-17　第二张主图效果图

3. 制作第三张主图

　　第三张主图（第二张辅图）用于更好地展示产品的不同角度，在制作的时候使用白底，搭配不同的元素，效果图如图 5-18 所示。

【版式】

左右结构,以图片为主,搭配一些其他的元素。

【制作步骤】

步骤 1 将主图 1 的抠图"冰肌水"和素材"自然堂(黑)"图层置入,调整大小,移动到适当位置。

步骤 2 将素材"包装盒"打开,用钢笔工具勾勒包装盒轮廓,按 Ctrl+Enter 组合键转为选区,将该选区拖入主图 2,移动到适当位置。

4. 制作第四张主图

第四张主图(第三张辅图)用于展示产品功效,在制作的时候使用白底,搭配浅色的背景,效果图如图 5-19 所示。

图 5-18 第三张主图效果图　　　　　　图 5-19 第四张主图效果图

【版式】

左右构图,分别放置图片和产品功效说明。

【文案】

补水锁水,保湿润泽,即时补水,持久水润,补水净化,水滑透亮。

【制作步骤】

步骤 1 置入"冰山素材 1",创建图层蒙版,涂抹露出冰山效果,如图 5-20 所示。

步骤 2 将主图 1 的抠图"冰肌水"和素材"自然堂(黑)"图层置入,调整大小,移动位置到如图 5-21 所示。

图 5-20 冰山效果图　　　　　　图 5-21 自然堂冰肌水文字图片效果图

步骤 3 用钢笔形状工具绘制彩带的左半部分,填充颜色 d12d24,复制该形状后水平翻转,移动位置到如图 5-22 所示,组成完整的彩带。

步骤 4 用文字工具添加文字"线上专柜",字体为微软雅黑,仿粗体,大小 22 点,行距 24 点,字距 50 像素,见图 5-23。

图 5-22　添亮颜色

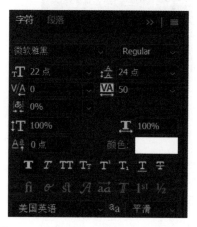

图 5-23　添加"线上专柜"文字参数设置

步骤 5 添加文字"补水锁水　保湿润泽",字体为微软雅黑,仿粗体,大小 40 点,字距－20 像素,黑色 000000,见图 5-24。

步骤 6 用自定义形状工具的形状"选中复选框"创建一个 27 像素×22 像素的形状,填充黑色 000000,复制 3 次,移动位置到如图 5-25 所示。

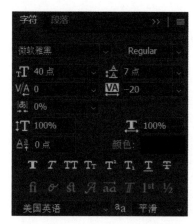

图 5-24　添加"补水锁水　保湿润泽"文字参数设置

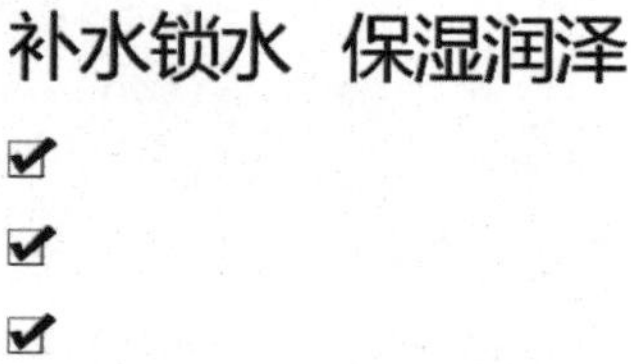

补水锁水　保湿润泽

☑

☑

☑

图 5-25　文字添加后的效果图

步骤 7 添加文字"即时补水""持久水润""补水净化""水滑透亮",字体为微软雅黑,仿粗体,大小 28 点,字距－20 像素,黑色 000000,见图 5-26。

5. 制作第五张主图

第五张主图(第四张辅图)用于展示产品参数,在制作的时候使用白底,搭配浅色的背景,效果图如图 5-27 所示。

【版式】

左右构图,分别放置图片和产品参数。

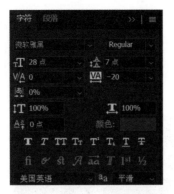

图 5-26　添加文字参数设置

图 5-27　展示产品参数效果图

【文案】

适用人群,功效,配方,有限期限,产地。

【制作步骤】

步骤 1　新建 799 像素×630 像素矩形,填充渐变 edeef3→透明 由下到上,如图 5-28 所示。

步骤 2　将主图 1 的抠图"冰肌水"置入,调整大小,移动到适当位置。复制一次后垂直翻转,创建剪贴蒙版,涂抹重合位置,形成倒影的效果,如图 5-29 所示。

图 5-28　版式和文案背景参数设置

图 5-29　倒影效果图

步骤 3　添加文字"产品参数",字体为微软雅黑,仿粗体,大小 47 点,字距 20 像素,黑色 000000,如图 5-30 所示。

步骤 4　新建 10 像素×10 像素矩形,填充黑色 000000,复制 5 次,移动位置到如图 5-31 所示。

步骤 5　添加文字"适用人群""功效""配方""有限期限""产地",字体为微软雅黑,仿粗体,大小 30 点,字距-20 像素,黑色 000000,如图 5-32 所示。

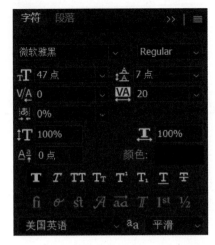

图 5-30　添加"产品参数"文字的设置　　　图 5-31　添加文字效果　　　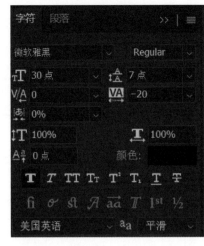

图 5-32　添加其他文字的参数设置

步骤 6　用直线工具画一条竖线，长 30 像素、粗 2 像素，填充颜色 434343，如图 5-33 所示。

步骤 7　添加文字"所有肤质""滋润保湿""雪域精粹""3 年""中国"，字体为微软雅黑，仿粗体，大小 30 点，字距 75 像素，黑色 434343，如图 5-34 所示。

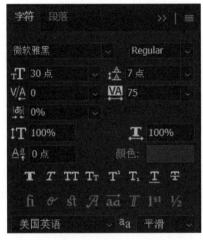

■ **适用人群**｜所有肤质

图 5-33　添加文字后效果　　　　　　　　　图 5-34　添加系列宣传文字参数设置

5.1.4　质量检查及验收

本次任务是了解美妆类产品主图的构成和设计要求；能够根据美妆类产品不同特点，做出吸引消费者眼球的主图设计，合理体现产品全貌、细节、促销、功效等卖点，吸引消费者继续浏览（见表 5-6 和表 5-7）。

表 5-6　主图制作质量检查表

检 验 内 容	要　　　求	合格/不合格
技术技能要求	掌握主图的前期准备：调查、收集文案、挖掘亮点、整理促销方案	
	掌握美妆类主图的模块组成	
	能运用 Photoshop 设计出一套完整的商品主图	
	能根据制作计划表优化主图，使主图达到标准	

续表

检验内容	要 求	合格/不合格
态度要求	能按时高质量完成任务中的操作步骤	
	能主动加入自己独特的意见与想法	
验收标准	根据任务工作情境进行解说,展示商品主图完成效果,逐项核对任务要求,完成交接验收,并填写验收表	

表 5-7 主图验收表

验收内容:美妆类产品主图

序号	验收项目	验 收 要 求	验 收 情 况	整 改 措 施
1	第一张主图	(1) 能清晰展示产品的品牌 (2) 能清晰展示产品的全貌 (3) 能清晰展示商品的促销信息 (4) 能清晰展示产品价格 (5) 用文案和图片素材渲染画面意境 (6) 产品修图处理过以后和实物一致 (7) 尺寸宽 800 像素,分辨率 72 像素/英寸	□通过 □不通过	
2	第一张辅图	(1) 能够清晰展示产品 (2) 色调必须与主图和产品图一致 (3) 处理素材时不能损坏原始素材 (4) 产品修图处理过以后和实物一致 (5) 尺寸宽 800 像素,分辨率 72 像素/英寸	□通过 □不通过	
3	第二张辅图	(1) 能够清晰展示产品 (2) 色调必须与主图和产品图一致 (3) 处理素材时不能损坏原始素材 (4) 产品修图处理过以后和实物一致 (5) 尺寸宽 800 像素,分辨率 72 像素/英寸	□通过 □不通过	
4	第三张辅图	(1) 能够清晰展示产品 (2) 能够清晰展示产品功效 (3) 色调必须与主图和产品图一致 (4) 处理素材时不能损坏原始素材 (5) 产品修图处理过以后和实物一致 (6) 尺寸宽 800 像素,分辨率 72 像素/英寸	□通过 □不通过	
5	第五张主图	(1) 能够清晰展示产品 (2) 能够清晰展示产品参数 (3) 色调必须与主图和产品图一致 (4) 处理素材时不能损坏原始素材 (5) 产品修图处理过以后和实物一致 (6) 尺寸宽 800 像素,分辨率 72 像素/英寸	□通过 □不通过	
6	客户检查情况	□合格 □较好,有待改进 □不合格	客户签字:	客户签字:

任务 5.1 小结

(1) 设计前需要做大量的调查,需要知道产品在市场上的目标定位和顾客群、同类型的竞争产品,明确顾客群对产品的依赖点和购买点,设计上应该考虑如何满足顾客群的需求。

（2）主图设计一定要简单、直观、有吸引力，目的在于促使消费者继续查看。

（3）主图各图颜色要统一，主图二～主图四要保持条理清晰。

同步训练

【情境描述】

完成冰肌水的主图制作后，小红又开始一个新的美妆类产品的主图制作，产品名称为雪域精粹纯粹滋润乳液，它的主要作用是补水保湿、提亮肤色、增强肌肤保湿屏障力。又该如何为这款产品设计一套详情合理并体现产品促销、功效的图片，来吸引消费者单击呢（见图5-35～图5-39）？

图 5-35　主图（第一张）

图 5-36　主图（第二张）

图 5-37　主图（第三张）

图 5-38　主图（第四张）

图 5-39　主图（第五张）

【实训内容】

根据已经采集过的保湿乳液信息填写商品信息表。

完成前期准备工作，包括产品定位调查、图片文案的整理、挖掘产品亮点、收集相关素材、完成主图计划表填写。

以团队为单位，根据商品的特点进行创意设计，以便更好吸引用户眼球；运用相关软件对拍摄的照片进行商品主图制作，展现商品功效、特性。

任务5.2　美妆类详情图制作

【学习目标】

了解美妆类产品详情的组成、设计要求；能根据美妆类产品不同特点，迎合消费者心理进行详情页的创意设计，合理体现产品功能、优点，促进产品销售。

【工作情景描述】

小红团队在美工工作室完成了几款化妆品的主图制作后，发现仅有主图的展示是不够的。主图只能吸引顾客到店，但最终促使顾客下单，完成流量的转换的关键在于详情图的设计，于是开始讨论详情图制作的模块设计、排版设计和色彩搭配，准备制作化妆品的详情图。

5.2.1　明确任务和知识准备

1. 前期准备

（1）产品的市场调查

通过各大电商平台查看同类别、同档次且销量排名在前五的产品详情图，如图5-40和图5-41所示。

（2）文案整理

收集市场上同类产品的文案，重点收集卖点表达句式和词语、细节特写文案描述、运输、包装、售后等信息的传达；总结不同品牌的页面颜色、风格、特点以及页面布局版式；分别挖掘销量排名在前五的产品商品赞扬的评价和批评的评价，进行分类总结。

（3）挖掘卖点

在产品信息采集表中根据产品自身的特点以及用户需求挖掘卖点；与收集的同类产品进行比较，将相较于同类产品更人性化的设计需要体现出来；将关于产品的文案信息整理记录，为后期的文案做准备。

（4）素材收集

将前期拍摄的商品白底图、场景图、包装图、细节图等进行分类收集；在网上收集产品成分、功效、环境等有关素材，个别流程图可能需要矢量图示的收集。

2. 页面风格定位

该冰肌水的品牌思想是倡导乐享自然、美丽生活的理念，产品成分取自喜马拉雅山脉5000m以上至纯至净的冰川水，与雪域高原珍稀植物——雪参、雪花莲、玛瑙石榴精粹，为了突出喜马拉雅冰川水的优势，包装均为通体透蓝的设计风格，并辅以冰川水珠等元素凸显出产品的珍惜与纯净，因此主色调应为冰川蓝，再用合适的辅色加以变化。字体选择微软雅黑和华文细黑两种无衬线字体更能体现冰肌水的高级感。

3. 内容框架

根据产品的市场调查，通过查看同类、同档次、销量排名前5的产品详情页，总结出内容模块主要由焦点海报图、产品科技、产品配方、产品卖点、产品口碑、售后保障这六个模块组成，见图5-42。

（1）焦点海报图

焦点海报图是用一张图说明本产品带给用户的感受，在文案、图片素材及画面意境的配合下打动买家的心，见图5-43。

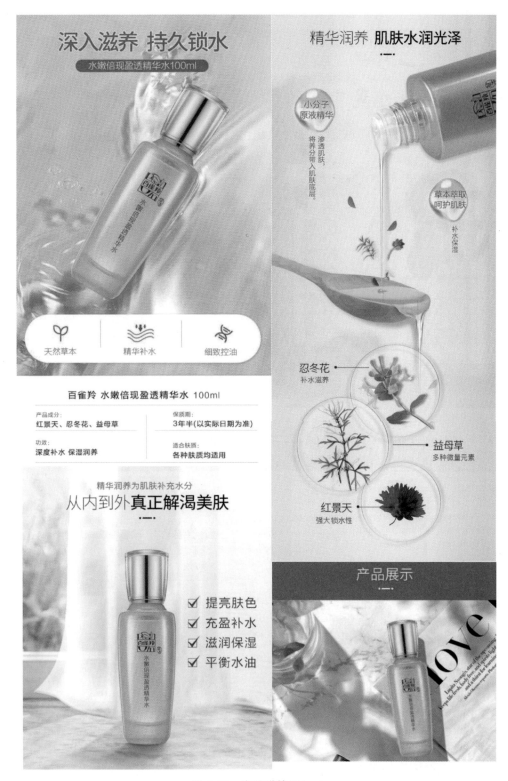

图 5-40 产品详情图（一）

（2）产品科技

通过品牌独创科技的表现，凸显品牌科研实力，提升产品价值，见图 5-44。

（3）产品配方

方便买家对产品成分配方有更深入的了解，也凸显产品的天然、纯净、无污染的属性和相比同类产品的优势，见图 5-45。

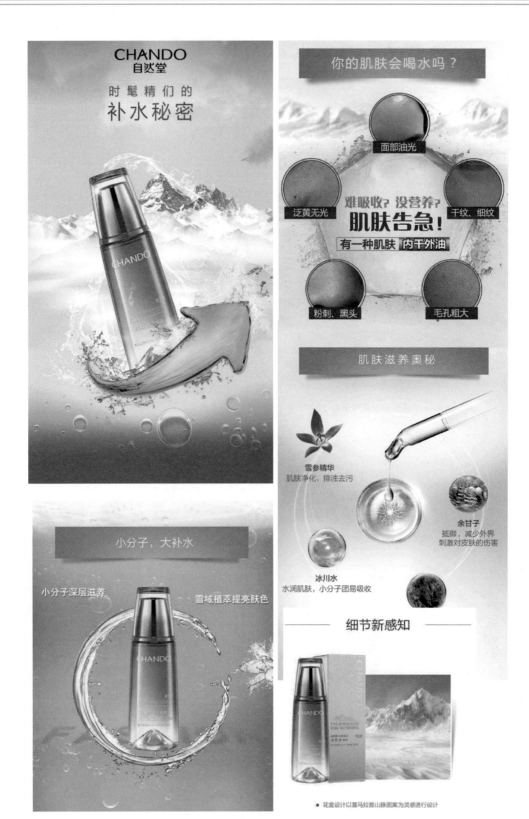

图 5-41 产品详情图(二)

（4）产品卖点

产品卖点是交易对象的需求点,因此满足目标受众的需求点是一个必要条件,而且卖点要优于竞品,见图 5-46。

焦点海报图

产品科技

产品配方

产品卖点

产品口碑

售后保障

图 5-42　美妆类产品的
详情图模块

图 5-43　某品牌美妆类产品
海报焦点图

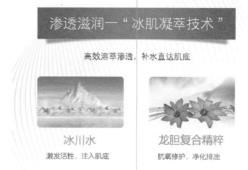

图 5-44　某品牌产品科技模块

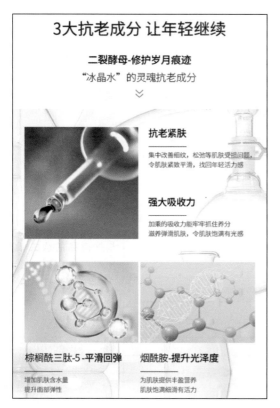

图 5-45　某品牌产品优势

图 5-46　某品牌产品卖点

（5）产品口碑

通过产品品牌介绍、产品评分、用户评价等让产品更有生命力，见图 5-47。

（6）售后保障

对售后、快递、邮费、商品质量等问题进行统一告知与提醒，避免售后和客户产生纠纷问题，见图 5-48。

万千堂粉 有口皆碑
渗透力 MAX，最重要的是能够持续补水，水润不油腻，皮肤也变细腻了，总体感受很好，会继续用下去的。
用了乳液以后皮肤变得柔软光滑了，特别喜欢与冰肌水一起用，肌肤细腻水嫩，光泽度也提升了。
CHANDO
我的皮肤总是干燥起皮，滋润霜用后皮肤细腻软糯，第二天的状态也非常好，是我抵抗干燥的法宝。

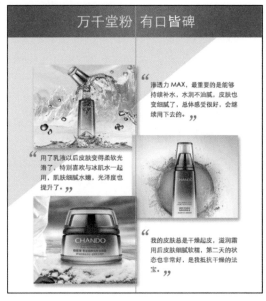

图 5-47　某品牌产品口碑图

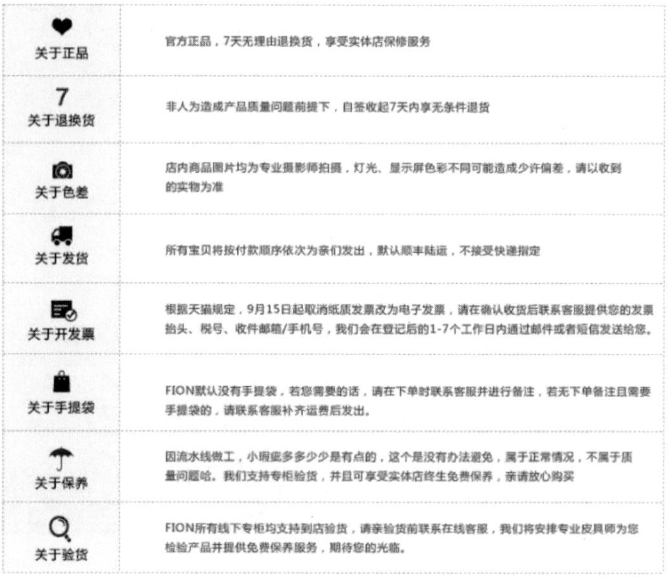

关于正品
官方正品，7天无理由退换货，享受实体店保修服务
7
关于退换货
非人为造成产品质量问题前提下，自签收起7天内享无条件退货
关于色差
店内商品图片均为专业摄影师拍摄，灯光、显示屏色彩不同可能造成少许偏差，请以收到的实物为准
关于发货
所有宝贝将按付款顺序依次为亲们发出，默认顺丰陆运，不接受快递指定
关于开发票
根据天猫规定，9月15日起取消纸质发票改为电子发票，请在确认收货后联系客服提供您的发票抬头、税号、收件邮箱/手机号，我们会在登记后的1-7个工作日内通过邮件或者短信发送给您。
关于手提袋
FION默认没有手提袋，若您需要的话，请在下单时联系客服并进行备注，若无下单备注且需要手提袋的，请联系客服补齐运费后发出。
关于保养
因流水线做工，小瑕疵多多少少是有点的，这个是没有办法避免，属于正常情况，不属于质量问题哈。我们支持专柜验货，并且可享受实体店终生免费保养，亲请放心购买
关于验货
FION所有线下专柜均支持到店验货，请亲验货前联系在线客服，我们将安排专业皮具师为您检验产品并提供免费保养服务，期待您的光临。

图 5-48　某品牌售后保障

5.2.2　制订计划

本任务要求完成冰肌水商品详情图的编辑工作。在教学做一体化的训练中，也是以冰肌水为例，通过相应的工作流程、操作步骤来更好地掌握美妆类商品类目编辑的方法。

在商品详情图的制作过程中，明确模块和设计构图尤为重要。首先要填写美妆类商品详情图制作计划表，计划好要用到哪些素材和编辑工具，见表 5-8～表 5-13。

表 5-8　美妆类商品详情图——焦点海报图计划表

序号	项　　目	项目属性值	备　　注
1	商品编号		
2	商品名称	冰肌水	焦点海报图模块
3	制作大致要求	(1) 能说明本产品带给用户的感受 (2) 用文案和图片素材渲染画面意境 (3) 产品本身要突出、清晰，不能模糊 (4) 产品修图处理过以后和实物一致 (5) 尺寸宽 800 像素，高度根据实际内容来定，分辨率 72 像素/英寸	根据商品的版式设计来给出制作的要求
4	作图环境	Photoshop 软件	
5	作图地点	美工工作室	
6	作图时间		格式：2020-01-01 8:30
7	制作数量	1 张	
8	制作人员		
9	使用拍摄素材		拍摄采集的图片
10	注意事项	(1) 素材应选择高清图片 (2) 作图中要创建一个新样式图形或者添加文字时都需要先新建图层 (3) 把抠好的图从一个图片移到另一个图片后，需要选择转化为智能对象，否则图像经过自由变化后像素会损失 (4) 设计颜色不要超过三种 (5) 文字字体不要超过三种 (6) 保存图片时需要保存两种格式，jpg 和 psd	

表 5-9　美妆类的商品详情图——产品科技计划表

序号	项　目	项目属性值	备　注
1	商品编号		
2	商品名称	冰肌水	产品参数模块
3	制作大致要求	（1）突出商品核心科技 （2）用文案、图片素材佐证科技实力 （3）可用逻辑图表排列版式 （4）色调必须与焦点海报图一致 （5）处理素材时不能损坏原始素材 （6）产品修图处理过以后和实物并且与详情页一致 （7）尺寸宽 800 像素，分辨率 72 像素/英寸	根据**商品**的**版式设计**来给出制作的要求
4	作图环境	Photoshop 软件	
5	作图地点	美工工作室	
6	作图时间		格式：2020-01-01 8：30
7	制作数量	1 张	
8	制作人员		
9	使用拍摄素材		拍摄采集的图片.
10	注意事项	同表 5-8	

表 5-10　美妆类的商品详情图——产品配方计划表

序号	项　目	项目属性值	备　注
1	商品编号		
2	商品名称	冰肌水	产品优势模块
3	制作大致要求	（1）通过纯天然配方的展示，说明产品成分和功效，提升客户信任度 （2）模拟萃取过程，包装天然配方 （3）模块标题必须与上一模块保持一致 （4）产品修图处理过以后和实物及详情页一致 （5）颜色与上一模块保持一致 （6）尺寸宽 800 像素，分辨率 72 像素/英寸	根据**商品**的**版式设计**来给出制作的要求
4	作图环境	Photoshop 软件	
5	作图地点	美工工作室	
6	作图时间		格式：2020-01-01 8：30
7	制作数量	1 张	
8	制作人员		
9	使用拍摄素材		拍摄采集的图片
10	注意事项	同表 5-8	

表 5-11　美妆类的商品详情图——产品卖点计划表

序号	项　目	项目属性值	备　注
1	商品编号		
2	商品名称	冰肌水	产品展示模块
3	制作大致要求	（1）通过文案和图片精确描述出用户的需求点 （2）渲染意境满足顾客需求点 （3）模块标题必须与上一模块保持一致 （4）产品修图处理过以后和实物及详情页一致 （5）颜色与上一模块保持一致 （6）尺寸宽 800 像素，分辨率 72 像素/英寸	根据**商品**的**版式设计**来给出制作的要求
4	作图环境	Photoshop 软件	

续表

序号	项　目	项目属性值	备　注
5	作图地点	美工工作室	
6	作图时间		格式：2020-01-01 8：30
7	制作数量	1 张	
8	制作人员		
9	使用拍摄素材		拍摄采集的图片
10	注意事项	同表 5-8	

表 5-12　美妆类的商品详情图——产品口碑计划表

序号	项　目	项目属性值	备　注
1	商品编号		
2	商品名称	冰肌水	产品细节模块
3	制作大致要求	（1）通过用户优质评价打消买家购买疑虑 （2）真实、精致的实景产品图，增加买家对产品好感 （3）模块标题必须与上一模块保持一致 （4）产品可与不同背景进行简单场景搭建 （5）颜色与上一模块保持一致 （6）尺寸宽 800 像素，分辨率 72 像素/英寸	根据**商品的版式设计**来给出制作的要求
4	作图环境	Photoshop 软件	
5	作图地点	美工工作室	
6	作图时间		格式：2020-01-01 8：30
7	制作数量	1 张	
8	制作人员		
9	使用拍摄素材		拍摄采集的图片
10	注意事项	同表 5-8	

表 5-13　美妆类的商品详情图——售后保障计划表

序号	项　目	项目属性值	备　注
1	商品编号		
2	商品名称	冰肌水	售后保障模块
3	制作大致要求	（1）对售后、快递、邮费、商品质量等问题进行统一告知与提醒，避免后期售后和客户产生纠纷问题 （2）尺寸宽 800 像素	分模块设计来给出制作的要求
4	作图环境	Photoshop 软件	
5	作图地点	美工工作室	
6	作图时间		格式：2020-01-01 8：30
7	制作数量	1 张	
8	制作人员		
9	使用拍摄素材		拍摄采集的图片
10	注意事项	同表 5-8	

5.2.3　教学做一体化训练

根据计划中的六个模块进行实际编辑，依次是海报焦点图、产品科技、产品配方、产品卖点、商品口碑、售后保障。

1. 制作海报焦点图模块

【排版】

上下构图,产品中置,见图 5-49。

【色彩】

主色调取自产品本身蓝色,凸显纯净冰山水,背景通过渐变富有层次。

【制作步骤】

步骤 1　新建 800 像素×6000 像素,分辨率 72 像素/英寸画布。

步骤 2　新建垂直参考线,两边各留 20 像素。

步骤 3　新建背景图层 1,选框工具创建 760 像素×1200 像素选区,填充渐变 f7fdfd→ebf6fa→e6f5fc 由上到下,见图 5-50。

图 5-49　海报焦点图模块

图 5-50　渐变效果参数

步骤 4　置入冰山素材 1,创建图层蒙版,涂抹露出冰山效果,见图 5-51。

步骤 5　置入冰山素材 2,创建图层蒙版,涂抹露出冰山效果,放在图层上方,复制冰山素材 2,用自由变换命令水平翻转,置于冰山素材 1 右侧,见图 5-52。

图 5-51　冰山效果图层

图 5-52　水平翻转后效果

步骤 6　用直线工具画一条横线,长 600 像素,填充颜色 0594ce,复制该直线,自由变换,向下移动 2 像素,按住 Ctrl＋Alt＋Shift＋T 重复上述步骤,形成直线阵列,合并所有直线图层。

步骤 7　对合并后的直线图层用自由变换工具,右键变形,拉伸直线如图 5-53 所示,对直线图层创建蒙版,对图层下方做渐隐效果,确定后将直线图层移动至背景图层 1 上方,对背景图层进行剪贴蒙版操作。

步骤 8　新建 600 像素×130 像素矩形 1,填充渐变色(338bcb→6bb1e2→338bcb)。

步骤 9　新建 550 像素×50 像素矩形 2,填充黑色 000000,再用自由变换的变形工具,拉伸矩形至图 5-54 所示,对矩形 2 添加高斯模糊滤镜,模糊 2 像素,不透明度更改为 25%。

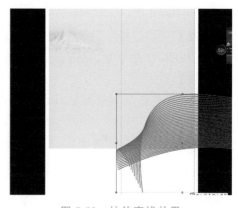

图 5-53　拉伸直线效果

步骤 10　新建直线 1 图层置于矩形 1 上方,填充白色 ffffff。

步骤 11　用文字工具添加文字"蜕变不是单一调理",字体为华文细黑,大小 10 点;添加文字"全面如首页,唤醒肌肤的水润力量",字体为华文细黑,大小 6 点。

步骤 12　用文字工具添加文字"外补水",字体为微软雅黑,大小 8 点,颜色 0869b8;用文字工具添加文字"肌肤爱喝水",字体为微软雅黑,大小 6 点,颜色 000000;用文字工具添加文字"溶萃渗透,水光充盈"字体为微软雅黑,大小 8 点,颜色 525252。两行字中间插入直线,颜色为 000000,如图 5-55 所示。

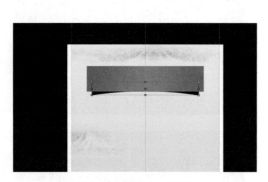

图 5-54　拉伸矩形效果

图 5-55　字符参数

步骤 13　用文字工具添加"内强韧""系统保湿屏障自我防护,抗氧修护",重复步骤 12。

步骤 14　将实拍商品冰肌水和乳液抠图后置入,调整为合适大小,居中对齐。

2. 产品科技模块

【版式】

左右构图,以图片对应主标题和副标题,见图 5-56。

【文案】

渗透滋润,冰肌凝萃技术,冰川水,激发活性,注入肌底,龙胆复合精粹,抗氧修护,净化排浊。

【制作步骤】

步骤 1　用直线工具画一条横线,长 600 像素,填充颜色 0594ce,复制该直线,自由变换,向下移动 2 像素,按住 Ctrl+Alt+Shift+T 重复上述步骤,形成直线阵列,合并所有直线图层。

步骤 2　对合并后的直线图层用自由变换工具,右键变形,拉伸直线如图 5-57 所示,对直线图层创建蒙版,对图层下方做渐隐效果,确定后将直线图层移动至背景图层 1 上方,对背景图层进行剪贴蒙版操作。

图 5-56　商品优势模块图

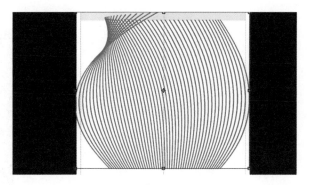

图 5-57　拉伸直线效果

步骤 3　制作标题效果"渗透滋润—冰肌凝萃技术"同模块一标题制作步骤，渐变矩形参数为 600 像素×95 像素，如图 5-58 所示。

步骤 4　插入文字"高效溶粹渗透，补水直达肌底"，字体为微软雅黑，颜色 606060，大小 6 点，如图 5-59 所示。

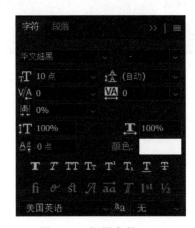

图 5-58　标题参数（一）

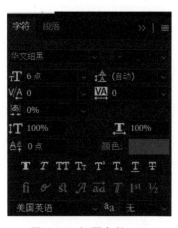

图 5-59　标题参数（二）

步骤 5　创建两个圆角矩形为 260 像素×155 像素，将素材"冰山"和"龙胆花"图层置入，创建剪贴蒙版，移动位置。将两个圆角矩形水平对齐，并与标题的页边距保持一致。

3. 制作产品配方模块

【版式】

中心环绕构图，让产品配方环绕冰川水，营造萃取氛围，如图 5-60 所示。

【文案】

根据商品收集信息表填入。

【操作步骤】

步骤 1　新建背景图层，选框工具创建 760 像素×1289 像素的选区，填充径向渐变 d8e8f5→adcaea（40%）→e9f0fa 由上到下，用白色 ffffff 柔边缘画笔在该选区 3/4 处涂抹一次。

步骤 2　用椭圆工具画一个尺寸为 564 像素×564 像素的形状，描边大小 0.5 点，颜色 ffffff。复制两次该椭圆，依次自由变换旋转−6.5°，第三个椭圆透明度调为 50%，如图 5-62 所示。

步骤 3　制作标题效果"修护抗氧—精粹露"和"修护幼嫩脂质屏障，强化自身保湿功能"。

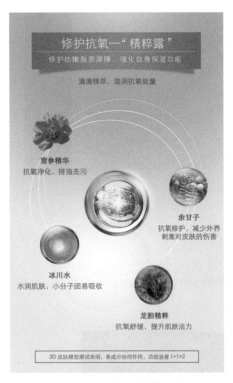

图 5-60　配方详情图

图 5-61　背景参数

步骤 4　制作小标题效果"滴滴精萃,滋润抗氧能量"同模块二小标题制作步骤。

步骤 5　将素材"蓝水珠"和"蓝水珠里面"图层置入,调整大小,移动位置到如图 5-63 所示。用柔边缘画笔绘制相应高光,用自由变换工具将其变形至弧形。

图 5-62　背景图制作(一)

图 5-63　背景图制作(二)

步骤 6　复制两次蓝水珠,调整大小,将"绿水珠"图层置入,移动位置。将素材"冰川水"(透明度调至80%)"余甘子""龙胆花"图层置入,创建剪贴蒙版,移动位置,用橡皮擦涂抹周边使其达到渐隐效果。再将素材"雪参花"图层置入,移动位置。

步骤 7　用文字工具添加文字"雪参精华""余甘子""冰川水""龙胆精粹",字体为华文细黑,仿粗体,大小6 点,居中,颜色 606060;添加文字"抗氧净化,排浊去污""抗氧修护,减少外界刺激对皮肤的伤害""水润肌肤,小分子团易吸收""抗氧舒缓,提升肌肤活力",字体为华文细黑,大小 6 点,行距 7 点,居中,颜色 606060。

步骤 8 用文字工具添加文字"3D 皮肤模型测试表明,各成分协同作用,功效显著 1+1＞2",字体为华文细黑,大小 4.5 点,居中,颜色 606060,如图 5-65 所示。

图 5-64 详情图文字参数(一)　　　　　　图 5-65 详情图文字参数(二)

步骤 9 新建 582 像素×43 像素形状矩形,描边颜色 7f7f7f,如图 5-66 所示。

图 5-66 矩形参数

4. 制作产品卖点模块

【构图】

左右段落式框架构图,如图 5-67 和图 5-68 所示。

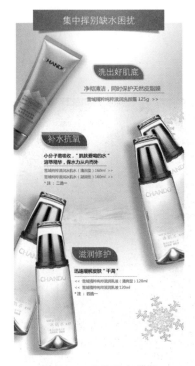

图 5-67 产品卖点模块

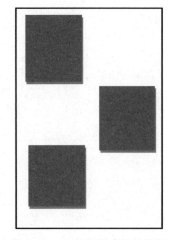

图 5-68 左右段落式框架构图

【文案】

洗出好肌底:净彻清洁,同时保护天然皮脂膜。

补水抗氧:小分子易吸收,"肌肤爱喝的水",溶萃精华,保水力由内而外。

滋润修护：迅速缓解皮肤"干渴"。

【操作步骤】

步骤 1　新建背景图层，选框工具创建 760 像素×1422 像素选区，填充渐变 bfceeb→dceefa（70％）→f4f9fd 由上到下，用白色 ffffff 柔边缘画笔在该选区涂抹。

步骤 2　置入"冰山素材 1"，创建图层蒙版，涂抹露出冰山效果。

步骤 3　将素材"雪花"图层置入，复制一次，调整大小，移动位置。

步骤 4　制作标题效果"集中挥别缺水困扰"。

步骤 5　新建 334 像素×171 像素（半径 60）圆角矩形形状，填充颜色 398dcb，选择"与形状区域相交"，如图 5-69 所示，并新建同样大小的圆角矩形至合适位置，最终效果如图 5-70 所示。

图 5-69　标题背景选项

图 5-70　标题背景位置

步骤 6　用文字工具添加文字"洗出好肌底"，字体为华文细黑，大小 9 点；添加文字"净彻清洁，同时保护天然皮脂膜"，字体为微软雅黑，大小 6 点，居中，颜色 7f7f7f；添加文字"雪域精粹纯粹滋润洗颜霜 125g　>>"，字体为微软雅黑，大小 5 点，居中，颜色 7f7f7f。

步骤 7　将步骤 5 制作的形状填充渐变 7db7dc（25％）→1d66b2（30％）由上到下，混合选项为描边（2 像素，白色 ffffff），投影（不透明度 18％，角度 90°，距离 13 像素，大小 10 像素），如图 5-71 和图 5-72 所示。

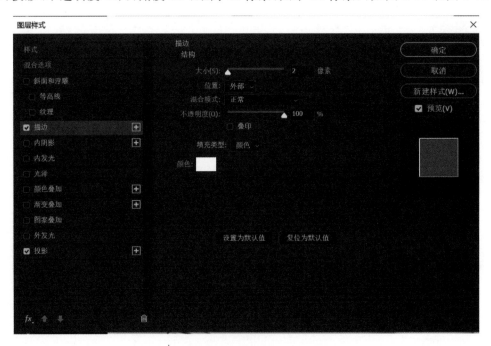

图 5-71　图层样式（一）

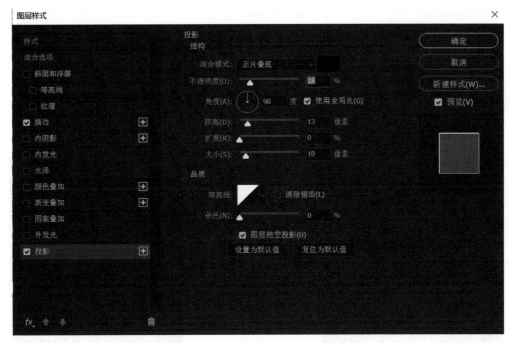

图 5-72 图层样式(二)

步骤 8 用文字工具添加文字"补水抗氧",字体为华文细黑,大小 9 点;添加文字"小分子易吸收,'肌肤爱喝的水'溶萃精华,保水力从内而外",字体为微软雅黑,大小 5 点,行距 7 点,颜色 000000;添加文字"雪域纯粹滋润冰肌水(清润型)160mL　>>雪域纯粹滋润冰肌水(凝润性)160mL　>>",字体为微软雅黑,大小 4 点,行距 7 点,颜色 7f7f7f;添加文字"＊注:二选一",字体为华文细黑,仿粗体,大小 4 点,颜色 148dc3。

步骤 9 用文字工具添加"滋润修护""迅速缓解皮肤'干渴'""<< 雪域精粹纯粹滋润乳液(清爽型)120mL << 雪域精粹纯粹滋润乳液 120mL""＊注:四选一",重复步骤 8。

步骤 10 将素材"洗颜霜""冰肌水"和"冰肌水 2"图层置入,调整大小,移动位置。

5. 制作产品口碑模块

【构图】

左图右文结合,变为左图、右小框＋文字,如图 5-73 所示。

【文案】

渗透力 MAX,最重要的是能够持续补水,水润不油腻,皮肤也变细腻了,总体感受很好,会继续用下去的。

用了乳液以后皮肤变得柔软光滑了,特别喜欢与冰肌水一起用,肌肤细腻水嫩,光泽度也提升了。

我的皮肤总是干燥起皮,滋润霜用后皮肤细腻软糯,第二天的状态也非常好,是我抵抗干燥的法宝。

【操作步骤】

步骤 1 用钢笔形状工具绘制一个三角形。

步骤 2 新建 750 像素×95 像素矩形,填充渐变色(338bcb→6bb1e2→338bcb)。

步骤 3 用文字工具添加文字"万千堂粉 有口皆碑",字体

图 5-73 口碑模块图

为华文细黑，大小 10 点。

步骤 4 创建三个矩形，尺寸分别为 305×246、318×246、305×260，混合选项为投影(不透明度 20%，角度 120°，距离 8 像素，大小 10 像素)，将素材“5-1”“5-2”“5-3”图层置入，创建剪贴蒙版，如图 5-74 所示。

步骤 5 用文字工具添加文字“渗透力 MAX，最重要的是能够……”“用了乳液以后皮肤变得柔软光……”“我的皮肤总是干燥起皮，滋润霜……”，字体为华文细黑，大小 4.5，行距 7 点，颜色 252525，如图 5-75 所示。

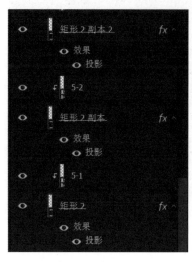

矩形 2 副本 2
效果
投影
5-2
矩形 2 副本
效果
投影
5-1
矩形 2
效果
投影

图 5-74 创建矩形

字符 段落
华文细黑
4.5 点
7 点
0
0
0%
100%
100%
0 点
颜色:
美国英语
平滑

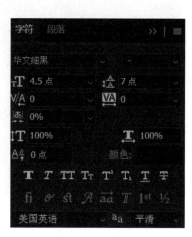

图 5-75 添加文字

6. 制作售后保障模块

保养与售后模块效果如图 5-76 和 5-77 所示。

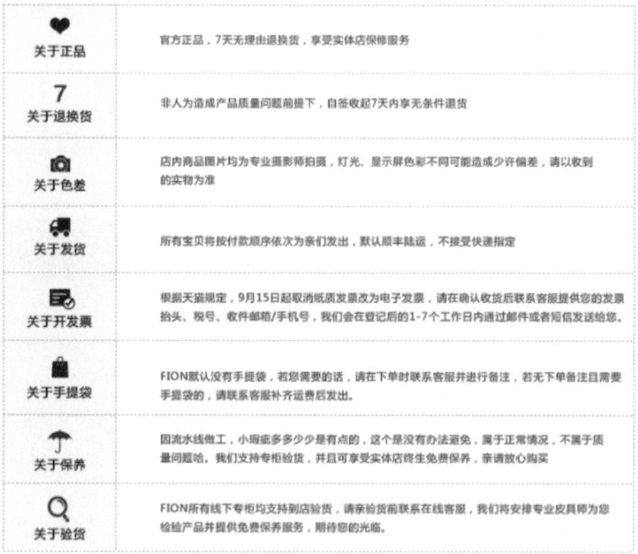

关于正品
官方正品，7天无理由退换货，享受实体店保修服务
7
关于退换货
非人为造成产品质量问题前提下，自签收起7天内享无条件退货
关于色差
店内商品图片均为专业摄影师拍摄，灯光、显示屏色彩不同可能造成少许偏差，请以收到的实物为准
关于发货
所有宝贝将按付款顺序依次为亲们发出，默认顺丰陆运，不接受快递指定
关于开发票
根据天猫规定，9月15日起取消纸质发票改为电子发票，请在确认收货后联系客服提供您的发票抬头、税号、收件邮箱/手机号，我们会在登记后的1-7个工作日内通过邮件或者短信发送给您。
关于手提袋
FION默认没有手提袋，若您需要的话，请在下单时联系客服并进行备注，若无下单备注且需要手提袋的，请联系客服补齐运费后发出。
关于保养
因流水线做工，小瑕疵多多少少是有点的，这个是没有办法避免，属于正常情况，不属于质量问题哈。我们支持专柜验货，并且可享受实体店终生免费保养，亲请放心购买
关于验货
FION所有线下专柜均支持到店验货，请亲验货前联系在线客服，我们将安排专业皮具师为您检验产品并提供免费保养服务，期待您的光临。

图 5-76 保养与售后模块

关于正品	正品，7 天无理由退换货。
关于退换货	非人为造成产品质量问题的前提下。
关于色差	店内商品图片均为专业摄影师拍摄，灯光和显示屏色彩不同可能会产生色彩差异，请以收到的实物为准。
关于发货	所有宝贝将按付款顺序寄出，默认顺丰陆运。若是偏远区域，请联系客服咨询。
关于开发票	若需开具发票，请在购买时和客服说明，确认收货后联系客服提供您的发票抬头、税号、收件邮箱/手机号，我们会在登记后的7 个工作日内通过邮件或短信发送给您。
关于验货	因流水线做工，小瑕疵或许存在，这个没有办法避免的，属于正常情况，不属于质量问题

图 5-77 售后版块

【构图】

常见的售后模块构图采用的是表格或列表，方便消费者阅读。

【文案】

关于正品：正品，7 天无理由退换货。

关于退换货：非人为造成产品质量问题的前提下。

关于色差：店内商品图片均为专业摄影师拍摄,灯光和显示屏色彩不同可能会产生色彩差异,请以收到的实物为准。

关于发货：所有宝贝将按付款顺序寄出,默认顺丰陆运。若是偏远区域,请联系客服咨询。

关于开发票：若需开具发票,请在购买时和客服说明,确认收货后联系客服提供您的发票抬头、税号、收件邮箱/手机号,我们会在登记后的 7 个工作日内通过邮件或短信发送给您。

关于验货：因流水线做工,小瑕疵或许存在,这个没有办法避免的,属于正常情况,不属于质量问题。

【操作步骤】

步骤 1　移动模块栏目,使其与上部分模块存在恰当的间距。

步骤 2　用直线工具绘制表格,按照表格布局摆放整齐。

步骤 3　用文字工具设置字体字号,输入"关于正品"和"正品,7 天无理由退换货",用移动工具将文字在表格框内整齐布局。

步骤 4　用文字工具设置字体字号,输入"关于退换货"和"非人为造成产品质量问题的前提下",用移动工具将文字在表格框内整齐布局。

步骤 5　用文字工具设置字体字号,输入"关于色差"和"店内商品图片均为专业摄影师拍摄,灯光和显示屏色彩不同可能会产生色彩差异,请以收到的实物为准",用移动工具将文字在表格框内整齐布局。

步骤 6　用文字工具设置字体字号,输入"关于发货"和"所有宝贝将按付款顺序寄出,默认顺丰陆运。若是偏远区域,请联系客服咨询",用移动工具将文字在表格框内整齐布局。

步骤 7　用文字工具设置字体字号,输入"关于开发票"和"若需开具发票,请在购买时和客服说明,确认收货后联系客服提供您的发票抬头、税号、收件邮箱/手机号,我们会在登记后的 7 个工作日内通过邮件或短信发送给您",用移动工具将文字在表格框内整齐布局。

步骤 8　用文字工具设置字体字号,输入"关于验货"和"因流水线做工,小瑕疵或许存在,这个没有办法避免的,属于正常情况,不属于质量问题",用移动工具将文字在表格框内整齐布局。

5.2.4　质量检查及验收

本次任务是了解美妆类产品详情的组成、设计要求;能根据美妆类产品不同特点,迎合消费者心理进行详情页的创意设计,合理体现产品功能、卖点,促进产品销售,见表 5-14 和表 5-15。

表 5-14　详情图制作质量检查表

检 验 内 容	要 求	合格/不合格
技术技能要求	掌握详情页的前期准备,包括调查、整理文案、挖掘、收集素材	
	掌握美妆类详情页的模块组成	
	能运用 Photoshop 设计出一套完整的商品详情图	
	能根据制作计划表优化详情页,使详情页达到标准	
态度要求	能按时高质量完成任务中的操作步骤	
	能主动加入自己独特的意见与想法	
验收标准	根据任务工作情境进行解说,展示商品详情图完成效果,逐项核对任务要求,完成交接验收,并填写验收表	

表 5-15　详情图验收表

验收内容：美妆类产品详情图

序号	验 收 项 目	验 收 要 求	验 收 情 况	整 改 措 施
1	焦点海报	（1）能说明本产品带给用户的感受 （2）用文案和图片素材渲染画面意境 （3）产品本身要突出、清晰，不能模糊 （4）产品修图处理过以后和实物一致 （5）尺寸宽 800 像素，高度根据实际内容来定，分辨率 72 像素/英寸	□通过 □不通过	
2	产品科技	（1）突出商品核心科技 （2）用文案、图片素材佐证科技实力 （3）可用逻辑图表排列版式 （4）色调必须与焦点海报图一致 （5）处理素材时不能损坏原始素材 （6）产品修图处理过以后和实物及详情页一致 （7）尺寸宽 800 像素，分辨率 72 像素/英寸	□通过 □不通过	
3	产品配方	（1）通过纯天然配方的展示，说明产品成分和功效，提升客户信任度 （2）模拟萃取过程，包装天然配方 （3）模块标题必须与上一模块保持一致 （4）产品修图处理过以后和实物及详情页一致 （5）颜色与上一模块保持一致 （6）尺寸宽 800 像素，分辨率 72 像素/英寸	□通过 □不通过	
4	产品卖点	（1）通过文案和图片精确描述出用户的需求点 （2）渲染意境满足顾客需求点 （3）模块标题必须与上一模块保持一致 （4）产品修图处理过以后和实物及详情页一致 （5）颜色与上一模块保持一致 （6）尺寸宽 800 像素，分辨率 72 像素/英寸	□通过 □不通过	
5	产品口碑	（1）通过用户优质评价打消买家购买疑虑 （2）真实、精致的实景产品图，增加买家对产品好感 （3）模块标题必须与上一模块保持一致 （4）产品可与不同背景进行简单场景搭建 （5）颜色与上一模块保持一致 （6）尺寸宽 800 像素，分辨率 72 像素/英寸	□通过 □不通过	
6	售后保障	（1）对售后、快递、邮费、商品质量等问题进行统一告知与提醒，避免后期售后和客户产生纠纷问题 （2）尺寸宽 800 像素		
7	客户检查情况	□合格 □较好，有待改进 □不合格	客户签字	客户签字

任务 5.2 小结

（1）设计前需要做详细的市场调查，需要知道产品在整个市场的目标群体、竞争商品，明确目标群体的真实需求，设计上应考虑如何满足目标群体的需求。

（2）详情设计一定要符合模块主题，一个不符合主题的设计无法说服消费者。

（3）详情图各个模块的字体与配色需要统一，版式要条理分明，环环相扣。

同步实训

【情景描述】

完成冰肌水的详情图制作后,小红又开始了一个新的美妆类产品的详情图制作,产品名称为雪域精粹纯粹滋润乳液,它的主要作用是补水保湿、提亮肤色、增强肌肤保湿屏障力。又该如何为这一款产品设计一套详情合理、体现产品功能、优点的详情图,促进产品销售呢?见图5-78至图5-80。

图 5-78 产品图

图 5-79 详情图案例(一)

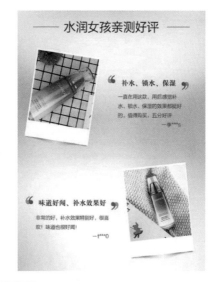

图 5-80 详情图案例(二)

【实训内容】

根据已经采集过的保湿乳液信息,填写商品信息表。

完成前期准备工作,包括产品的市场调查、文案的整理、挖掘卖点、收集相关素材;

完成详情图计划表填写。

以团队为单位,根据商品的特点进行创意设计,提高用户关注度;运用相关软件对拍摄的照片进行商品详情图制作,展现商品特性,突出商品卖点。

学生自我总结表(Word格式)5-2

眼镜类商品拍摄

本项目重点和难点

根据眼镜类商品特征,选取眼镜架为样例,进行摄影色彩、构图策略构思,拍摄出曝光合理、主题突出的商品照片。

内容架构

引例

林总是做眼镜批发零售的老板,公司位于武汉的眼镜批发市场。由于电子商务的迅速发展,眼镜批发零售要积极转变经营思路。看到淘宝网平台上的眼镜网络销售火爆,林总也想尝试一下,于是准备开一家眼镜架零售网店。在着手开设网店时,他碰到了几个问题:这么多的眼镜架信息怎么采集?怎么才能拍摄出有销量的眼镜架图片?

任务 6.1 眼镜架拍摄准备

【学习目标】

根据眼镜类商品特征,进行摄影色彩、构图策略构思,做好眼镜架拍摄前的准备工作。

【工作情景描述】

小红团队与王总进行沟通交流后,根据网上眼镜架火爆的款式,选取了几款眼镜架,开始讨论摄影器材的准备、商品的陈列与摆放和眼镜架信息的采集要求,做好眼镜架拍摄前的准备工作。

6.1.1 明确任务和知识准备

眼镜架信息采集在室内摄影工作室进行,摄影工作室基本设备包括静物台、影室灯、相机、三脚架、某品牌眼镜架一件、若干背景布、柔光棚。

眼镜架的拍摄采用柔光棚。将柔光棚内灯光设置好,将眼镜架放入棚内,用相机即可进行试拍。

1. 眼镜架商品信息认知

眼镜架在淘宝平台上的所属类目为"ZIPPO/瑞士军刀/眼镜—光学眼镜—眼镜架"。眼镜架的基本信息有品牌、眼镜形状、风格、产地、镜架材质、重量、功能、尺寸等,如图 6-1 所示。

图 6-1　淘宝后台眼镜架商品发布信息表格

根据眼镜架商品的形、色、质原则,填写相应的商品信息表,见表 6-1。

表 6-1　该款眼镜架的商品信息表

序号	项　　目	项目属性值	备　　注
1	商品编号		店铺内商品的编号
2	商品名称		
3	所属商品分类		
4	货号		商品代码
5	品牌		必填项
6	眼镜形状		必填项
7	风格		
8	镜架材质		
9	镜架尺寸		
10	生产厂家		
11	适用性别		

本任务商品采集对象为眼镜架。眼镜架主要起到支撑眼镜片的作用,外观漂亮的眼镜架还可起到使面部美观的作用。材质主要有金属、塑料或树脂、天然材料等。按样式,它可以分为全框、半框、无框等类型。

（1）分析商品的形

一副眼镜架通常由镜圈、鼻托、桩头和镜脚等主要部分构成,见图 6-2。除上述部件外,还有脚套、托叶螺丝、铰链螺丝等。

眼镜架的规格尺寸由镜框、鼻梁和镜腿三部分组成,每部分的规格尺寸为单数和双数两种。镜框尺寸单数为 33～59mm,双数为 34～60mm。鼻梁尺寸单数为 13～21mm,双数为 14～22mm。镜腿尺寸单数为 125～155mm,双数为 126～156mm。

眼镜架规格尺寸的表示方法一般采用方框法和基准线法。

① 方框法。方框法是在镜框内缘的水平方向和垂直方向最外缘处分别作水平和垂直方向的切线,由水平和垂直切线围成方框。左右镜片在水平方向的最大尺寸为镜框尺寸,左右镜片之间的最短距离为鼻梁尺寸。

眼镜架的规格尺寸通常在镜腿的内侧,标有"□"记号时表示采用方框法。如图 6-3 所示,"53□20-144"表示镜框宽为 53mm、鼻梁尺寸为 20mm、镜腿长为 144mm。

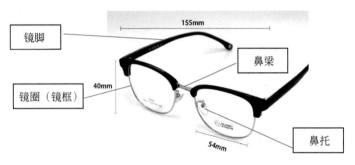

图 6-2　眼镜架外形构成

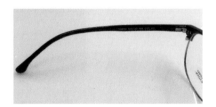

图 6-3　眼镜架尺寸的方框法表示

② 基准线法。基准线法指在镜框内缘的最高点和最低点作水平切线,取其垂直方向上的等分线为中心点再作水平切线的平行连线作为基准线。

进口镜架或一些高档镜架多采用基准线法来表示,标记在镜腿的内侧,如"56-16-135"的标识表示镜框尺寸 56mm、鼻梁尺寸为 16mm、镜腿长度为 135mm。

(2)分析商品的色

眼镜架的色彩还原一定要真实,采集眼镜架图片时要对眼镜架的色彩干扰降到最低。在眼镜架拍摄过程中,由于镜片反光,很容易产生偏色现象。在采集这些颜色时,一定要保证颜色的偏差范围。

(3)分析商品的质

商品的质,即商品的材质、质量等。眼镜架的材质主要有金属、塑料或树脂等。

① 金属材质。眼镜架的金属材料有铜合金、镍合金和贵金属三大类。具体金属材料类别如下。

白铜镜架(铜锌合金)。主要成分为铜 64%、锌 18%、镍 18%,这种镜架材料最便宜,且易加工电镀,主要用于制造合页托丝等细小零件及低档镜架。

高镍合金镜架。镍含量高达 80%以上,主要有镍铬合金、锰镍合金等,高镍合金的抗蚀性更好,材质的弹性好。

蒙耐尔镜架。镍铜合金,镍含量达到 63%,铜含量为 28%左右,另外还有铁、锰等少量其他金属,其特点是抗腐蚀、高强度、焊接牢固,是中档眼镜架采用最多的材料。

纯钛镜架。钛非常耐腐蚀,强度是钢的 2 倍,常用于制造航天飞机表壳等,被称为"太空金属",而且不易造成金属过敏。纯钛镜架一般表示成 Ti-P 或 TiTAN,除了托丝、合页、螺丝以外基本上由钛制造。

记忆钛合金镜架。镍、钛按原子比 1:1 组成的一种新合金,比一般合金轻 25%,而耐蚀性和纯钛几乎一样,并且它的弹性非常好。记忆钛合金在 0℃以下表现为形状记忆的特性,在 0～40℃表现为高弹性。记忆钛材质耐腐蚀型高于蒙耐尔合金及高镍合金,不过比纯钛和 β-钛要稍逊一等。

钛合金架。纯钛(占 70%)和钴、铬等稀有金属(占 30%)混合后形成的一种特殊合金,具有超轻、超弹性的特点,镜架可以做得很细。钛、钴和铬等稀有金属的合金稳定型很好,不会产生皮肤过敏现象。

包金架。其工艺是在表层金属和基体间加入钎料或直接机械结合,与电镀相比,包覆材料的表面金属层较厚。这种镜架同样具有亮丽的外观,具有良好的耐久性和耐腐蚀性。

K金架。一般为18K金,即镜架中纯金24K的含量为18/24。

② 塑料或树脂材质。制造眼镜架的常用非金属材料,主要采用合成树脂为原材料,包括注塑架和板材架。

注塑架。注塑架的造价低,但是有接缝、粗糙,一般用于低档太阳镜架。

板材架。板材架用冷加工制造,精细、质量好、经久耐用,绝大部分的非金属架都是由板材材质加工的碳晶架。板材架的特点是高强度、结实,但是材质较脆,在冬季受到冲击碰撞后易脆裂。

2. 器材准备

本次拍摄使用的单反相机,型号是佳能EOS 750D,如图6-4所示。这是一款入门级的单反相机,价格适中。本次拍摄同样要使用三脚架和柔光箱。

3. 商品的陈列与摆放

眼镜架拍摄的采集要点是整体造型、局部细节和光泽质感。镜架要体现空间感和立体感,通常采用人物模特或展开镜架来呈现。将眼镜架放置在摄影台上时,要注意角度体现眼镜架的美感。

根据眼镜架的商品信息表,需要对镜架进行360°的展示,镜架的五金细节是需要展现的重点。

对眼镜架的采集角度主要包括以下几个方面,见图6-5～图6-12。

① 正面放置眼镜架。

图6-4 佳能750D相机

图6-5 眼镜架正面图

图6-6 眼镜架立图

图6-7 眼镜架侧面图

图6-8 眼镜架背面图

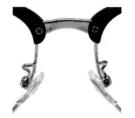

图6-9 眼镜架鼻梁图

图6-10 眼镜架镜腿图

图6-11 眼镜架Logo

图6-12 眼镜架铰链细节

② 正面立眼镜架。

③ 眼镜架侧面图。

④ 眼镜架背面图。

⑤ 眼镜架鼻梁细节。

⑥ 眼镜架镜腿。

⑦ 眼镜 Logo。

⑧ 眼镜架铰链细节。

6.1.2　制订计划

本任务以眼镜架的拍摄为例,通过相应的工作流程、操作步骤来更好地掌握眼镜架采集的方法和内容。

在商品采集过程中,拍摄环境搭建尤为重要。首先要填写眼镜架商品拍摄计划表,计划好要用到哪些拍摄工具和辅助工具,见表 6-2。

表 6-2　眼镜架的商品拍摄计划表

序号	项　　目	项目属性值	备　　注
1	商品编号		
2	商品名称	太子保罗 T6596	
3	采集大致要求		根据**商品的陈列与摆放**给出拍摄的要求
4	采集环境		布光
5	采集地点		室内,室外
6	采集时间		格式:2020-01-01 8:30
7	采集数量		所需拍摄商品照片的数量
8	采集人员		
9	相机设备		相机型号
10	辅助设备		

任务 6.1 小结

【知识目标】

本任务要求学生以团队为单位,根据眼镜架商品的特征,进行器材准备,完成商品拍摄计划表。

【能力目标】

能够分析常见眼镜架商品的特性,进行商品信息收集

同步实训

【情景描述】

小组开始一个新的眼镜架进行商品信息采集,准备器材,并完成商品拍摄计划表。

【实训内容】

根据眼镜架商品的特性,完成商品信息表。

整理和讨论眼镜架的卖点,进行摄影色彩、构图策略构思,完成商品拍摄计划表。

任务 6.2　眼镜架拍摄

【学习目标】

能够根据商品特征,拍摄出曝光合理、主题突出的商品照片。

【工作情景描述】

小红团队完成了眼镜架商品信息采集工作,开始准备拍摄场景,拍摄商品照片。

6.2.1　教学做一体化训练

【拍摄设备】

佳能 EOS 750D、柔光箱。

【拍摄环境】

摄影工作室。

【拍摄流程】

1. 布置采集环境

步骤 1　布置柔光箱。

将柔光箱放置于水平工作台,内面布置为全白,方便后期抠图,见图 6-13。

步骤 2　设置光源。

顶光来自柔光箱内的两排灯管,一根灯管移动到拍摄物体的正上方,保证光源充足,阴影清晰,另一根灯管应移动到镜架的后面顺光拍摄,避免出现逆光使物品太暗的情况,见图 6-14。

图 6-13　柔光箱摆放

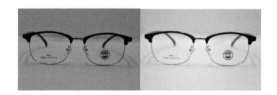

图 6-14　灯管位置不同时拍摄效果

【拍摄步骤】

步骤 1　相机设置。

将相机挡位设置为手动 M 挡,设置快门时间和感光度 ISO,使用多点单次对焦模式。在灯箱内进行拍摄,光源本身就很充足,快门时间稍快一些也能满足正常曝光,具体参数根据现场具体情况来调整,以下步骤统一设置快门时间为 1/200。

测白平衡。用灰卡的白色面放置在镜框前面,使灰卡处于与镜框相同的曝光环境中,并使用相机的"自动白平衡 AWB"模式,设置成"MF 手动对焦",构图使灰卡白面充斥整个取景框,使用与镜框相同的曝光数值拍摄一张,进入相机设置界面,设定"自定义白平衡",选择这张白色照片,如成功就返回并把相机白平衡设定成"自定义白平衡",如果出现"这张照片可能无法准确设定白平衡"此类对话框,则调整光圈重新拍摄。

 小贴士

感光度 ISO 尽量控制在 800 以下,画面稍微暗一点都可以,一定不要太亮,太亮会失去细节,不利于后期编辑。快门时间尽量控制在 1/125s 左右,尽量满足正常曝光。因为时间太短会曝光不足,而时间太长可能会因手抖产生虚影。

步骤 2　眼镜架的正面摆拍。

① 拍摄角度。眼镜架正面摆拍。

② 相机参数设置。感光度 ISO 200-400,光圈优先 AV 挡,光圈 F5.6,焦距 50mm 以上,白平衡自动,对焦模式单次对焦 one shot。

③ 拍摄要点。设置偏小的光圈。大光圈会拍出前景清晰、后景模糊的虚化效果,而小光圈则是前后都清晰,大部分拍摄环境下主要会开大光圈拍摄,曝光充足且能够突出主题,照片美观。但是在拍摄视角图时一定要保证轮廓清晰,如果用大光圈就会造成对焦点是清晰的而其他地方都虚掉的情况,而视角图又是一定会被拿出来抠图单独摆放的,脱离背景后如果边缘虚掉,效果就会大打折扣。但是为避免光圈太小导致快门时间增加或者 ISO 提高等各种负面影响,设置在 7 左右是比较合理的。

④ 拍摄初体验。第一张正面拍摄出的图片效果见图 6-15。

⑤ 拍摄效果评价。拍摄曝光不够。

⑥ 原因分析。曝光参数不合理。

⑦ 拍摄纠正。见图 6-16。

图 6-15　第一张眼镜架正面图　　　　图 6-16　拍摄纠正后的眼镜架正面

步骤 3　眼镜架背面摆拍。

拍摄眼镜架背面的方法与拍摄正面类似,但是要注意尽量避免反光现象。

第一张背面拍摄效果见图 6-17。

① 拍摄效果评价。拍摄主体不居中,细节模糊。

② 原因分析。拍摄时主要关注了眼镜架的背面主要部分,但是没有注意摆放方式和拍摄角度,这样呈现给客户看的眼镜架,完全没有美感。

在拍摄商品时,要给后期编辑留有裁剪、排版的余地,即二次构图的空间。这时的解决方法就是重新拍摄,尽量将所有内容包含进画面,还可以增加拍摄数量,通过不同角度的拍摄来体现眼镜架的背面细节。

③ 拍摄纠正。纠正后见图 6-18。

图 6-17　第一张眼镜架背面图　　　　图 6-18　拍摄纠正后的眼镜架后面

步骤 4　眼镜架侧面摆拍。

① 拍摄角度。眼镜架侧面摆拍。

② 相机参数设置。感光度 ISO 200-400,光圈优先 AV 挡,光圈 F5.6,焦距 50mm 以上,白平衡自动,对焦模式单次对焦 one shot。

③ 拍摄要点。侧面眼镜架拍摄要让买家能够全方位看清楚眼镜架的整体,斜侧面拍摄的眼镜架会更有立体感。摄影是一种平面造型艺术,只表现长宽两度空间,容易使画面呆板,要使画面表现有生气,必须运用摄影技巧,使景物的立体形象在画面上表现出来。

体现画面立体感的技巧有以下七点。

第一,调整拍摄位置表现景物的立体感。从正面拍摄时,看不到景物深度,立体感不强。从侧面拍摄时,可以表现景物的正侧两面,立体感强。

第二,调整拍摄距离表现景物的立体感。拍摄距离近时,画面上的景物远小近大的对比强烈,空间感立体感强。拍摄距离远时,前后景物大小对比弱,空间感立体感会减弱。

第三,调整拍摄角度表现立体感。高角度拍摄时,镜头摄取范围广,画面上包括景物多,近大远小,画面立体感增强。低角度拍摄时,前景高大突出,后景相对缩小或被遮住,对比不显著,立体效果也会减弱。

第四,调整影调对比表现立体感。影调缺少变化时,感觉会平淡。影调反差大时,立体感就突出。被摄主体影调明亮时,背景深暗,立体感就强。主体深暗,背景明亮也会增加立体感。顺光照射时,被摄对象获得相等的照明,就缺乏立体感。逆光或侧光照射时,会出现鲜明的轮廓线条,立体感就增强。

第五,调整光圈大小表现主体感。光圈小时,景深范围大,使得远近不一的景物都十分清晰,照片就缺乏立体感。如果光圈适当开大,控制景深范围,使主体物的轮廓细节清晰,而背景远景虚糊,就有助于表现景物的立体感。

第六,调整焦距镜头表现景物立体感。使用短焦距镜头时,画面包括了前景也包括了广阔的后景,形成了强烈的影像大小对比,立体感强烈。使用长焦距镜头时,压缩了前后景之间的距离,画面不能形成强烈对比,就会失去立体感。

第七,使用不同的滤光镜表现景物立体感。不同的滤光镜可以增强或减弱透视效果。如蓝滤光镜可以加速透视感,有助于形成立体效果。浓雾天使用黄滤光镜,晴天使用青滤光镜,都能巧妙地减薄底片,使一部分影调突出,一部分影调减弱,从而加强照片景物的透视效果与立体感。

④ 拍摄初体验。第一张侧面拍摄出的图片效果见图 6-19。

⑤ 拍摄效果评价。拍摄视角问题,眼镜架镜腿上细节不清晰。

⑥ 原因分析。调整拍摄角度。

⑦ 拍摄纠正。纠正后如图 6-20 所示。

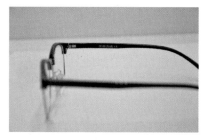 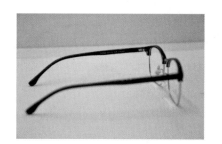

图 6-19　第一张眼镜架侧面图　　　　　　图 6-20　拍摄纠正后的眼镜架侧面图

步骤 5　眼镜架细节——铰链拍摄。

① 拍摄角度。眼镜架细节——铰链。

② 相机参数设置。感光度 ISO 200-400,光圈优先 AV 挡,光圈 F5.6,焦距 50mm 以上,白平衡自动,对焦模式单次对焦 one shot。

③ 拍摄要点。眼镜架的铰链细节是客户关注的重点,体现眼镜架的质量。镜腿的材质和舒适性,直接影响顾客的购买决策。如果想充分表现镜腿的材质,拍摄时最好将特定部分放大。拍摄的细节图是为后期制作商品详情图服务的。

拍摄的具体操作可以从主光源、纹理、金属部分三个方面进行。

第一,主光源。

主光源是顶光,光源面积比较大。如果光源的面积小,产品上高光条则会为渐变形式。

第二,纹理。

纹理不突出大多是因为使用的是顺光,产品会显得很平、不立体。镜框摆放的方式和角度不同,要随时移动光源,去寻找纹理最清晰的位置,这样产品的细节就会显得有质感。

第三,金属镜腿。

金属部分容易被拍摄成黑色。金属就和小镜子一样,前面有什么物体就会反射什么光线,所以金属反射的方向肯定有黑色或者很暗的东西。镜框的金属件是金色的,就需要使用金色的卡纸来遮挡,使其呈现原来的金色效果。

对金属部分的拍摄,最关键的是布光,布光时如何处理金属表面的反光很大程度上决定了拍摄的成功与否。金属物品拍摄根据金属材质的不同,可以使用不同的布光方法。

金属五金件是哑光的,主光可直接由聚光灯照射,辅光由柔光灯补光,聚光灯可产生一定的高光点,柔光灯柔化阴影。

金属五金件是半光亮的,需要用反光板或大面积散射屏进行照明,并用一只低功率的聚光灯以很小比例的直射光照射主体,产生金属表面不可缺少的高光点。

金属五金件是中表面光亮的,布光难度最大。对此类五金件的照明原则是让五金件所有的可见光亮表面都反射被照明的白色反光板或散射屏的影像。白色反光板的照明可以是不均匀的,但必须是渐变的,这样才能显得画面真实,表面光亮物体上的高光,则可使用很弱的直射光源获得。

在给金属物品拍摄布光时,还容易存在同背景相混淆的情况,就是光亮或半光亮物体大多会带上背景的色彩。对于这种情况可以用隐蔽的垫块或支架,使被摄物体远离背景;或把被摄物体放在一块干净的大玻璃上,使用浅色背景时,用强光照明,避免物体在玻璃上产生倒影,使用深暗背景时,用偏振镜来减弱乃至消除倒影。

④ 拍摄初体验。第一张细节拍摄出的图片效果如图 6-21 所示。

⑤ 拍摄效果评价。拍摄角度有问题,照片画面太大,铰链的细节完全没有体现。

⑥ 原因分析。主光源设置上换成柔光线。要把镜架拍出立体感,需要随时移动光源,寻找最清晰的位置拍摄。金属五金可以采用金色卡纸挡一下,这样金属上就会反射金色,彰显产品五金件的质量。

⑦ 拍摄纠正。纠正后效果见图 6-22。

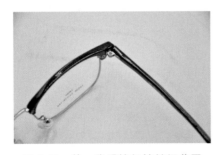　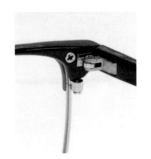

图 6-21　第一张眼镜架铰链细节图　　　　　图 6-22　拍摄纠正后的铰链细节图

步骤6　眼镜架细节——鼻梁拍摄。

① 拍摄角度。鼻梁拍摄。

② 相机参数设置。感光度 ISO 200～400,光圈优先 AV 挡,光圈 F5.6,焦距 50mm 以上,白平衡自动,对焦模式单次自动对焦。

③ 拍摄要点。眼镜架的鼻梁连接左右镜圈或直接与镜片固定连接。鼻梁有的直接置于鼻子上,也有的通过托叶支撑于鼻子。本板材镜架的鼻托是浇铸成型的塑料架,直接置于鼻子上。需要向客户展现鼻托的结构,这是拍摄的重点。

④ 拍摄初体验。第一张细节拍摄出的图片效果见图 6-23。

⑤ 拍摄效果评价。鼻梁细节图拍摄的效果一般，客户不能清楚地看到鼻梁的细节。

⑥ 原因分析。主光源设置上换成柔光线来拍摄。纹理感不强是因为顺光，鼻梁的材质显得不立体，需要随时移动光源，寻找最清晰的位置拍摄。

⑦ 拍摄纠正。纠正后效果见图 6-24。

步骤 7　整体效果细节——人物模特拍摄。

① 拍摄角度。人物佩戴眼镜架拍摄。

② 相机参数设置。感光度 ISO 200～400，光圈优先 AV 挡，尽量使用大光圈，焦距 50mm，白平衡自动，对焦模式人工智能伺服自动对焦。

③ 拍摄要点。对人物进行近景拍摄，体现人物佩戴的效果，这是拍摄的重点。

④ 拍摄效果。效果如图 6-25 所示。

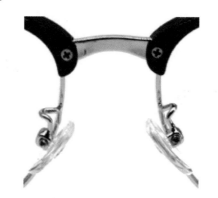

图 6-23　第一张鼻梁细节图　　　图 6-24　拍摄纠正的鼻梁细节效果图　　　图 6-25　人物佩戴眼镜拍摄

6.2.2　质量检查及验收

本次任务是根据需求对"某品牌眼镜架"的商品样品进行信息采集工作。在采集工作中，熟练掌握根据商品特性来设计拍摄环境，根据拍摄镜面反射类物体的特点，熟练运用道具营造不同效果，完成对该商品的采集拍摄，见表 6-3。

表 6-3　质量检查及验收表

检验内容	要　求	合格/不合格
技术技能要求	能正确录入眼镜架的商品信息	
	能使用单反相机对镜面反射物品进行拍摄	
	掌握表现镜面反光商品的布光方式	
	能使用黑卡纸、硫酸纸等道具增加物体的质感	
仪器设备操作方法与规范	掌握影视闪光灯，电子引闪器的使用方法	
	遵守摄影实训室的规章制度，器材使用必须轻拿轻放，使用完毕需关闭电源	
	任务完成后，实训器材需归位或交还实训室管理老师	
拍摄成果验收标准	所有步骤均顺利完成，并且能够表现出产品的特性与质感	
	在任务过程中遇到问题能思考并解决问题	

任务 6.2 小结

【知识目标】

本任务要求学生以团队为单位，根据眼镜架商品特征，进行摄影色彩、构图策略构思，拍摄出曝光合理、主题突出的商品照片。

【能力目标】

(1) 能够分析常见眼镜架商品的特性,进行商品信息收集。

(2) 能够根据眼镜架商品特性进行拍摄设计。

(3) 能够根据具体商品特性进行拍摄环境调整。

(4) 掌握单反相机的使用。

(5) 掌握不同材质的眼镜架拍摄技巧。

同步实训

【情景描述】

完成板材眼镜架的信息采集后,小组又开始一个新的眼镜架的拍摄,眼镜架材质为金属。金属眼镜架的正面图见图 6-26。该镜架材质是金属,需要表现其纹理和光泽,需要对主光源进行调整,使用大面积柔光源。拍摄整个眼镜架,还是和板材眼镜架一样,需要从正面、反面、不同角度的侧面、鼻梁、铰链、材质等视角全面展示其信息。在细节拍摄上需要重点拍摄鼻梁、铰链、镜腿等以彰显其做工精细,见图 6-27。

图 6-26　金属材质眼镜架　　　　　　图 6-27　金属材质眼镜架拍摄样图

【实训内容】

以团队为单位,拍摄一组金属眼镜架商品照片,要求曝光合理,主题突出。

学生自我总结表(Word 格式)6-1

眼镜类商品编辑

本项目重点和难点

根据眼镜类商品特征,选取眼镜架为样例进行创意设计,提高用户关注度;运用相关图形图像处理软件对图片进行处理和制作,展现出商品特性,突出商品卖点。

内容架构

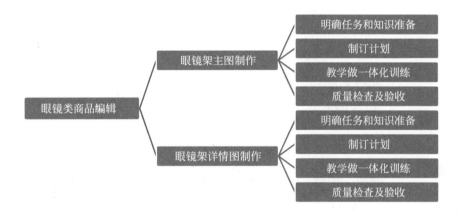

引例

林总是做眼镜批发零售的老板,公司位于武汉的眼镜批发市场。由于电子商务的迅速发展,眼镜批发零售要积极转变经营思路。看到淘宝网平台上的眼镜网络销售火爆,林总也想尝试一下,于是准备开一家眼镜架零售网店。在采集完眼镜架商品照片后,他碰到了几个问题:这么多的眼镜架照片如何制作才能在网店平台上展示?怎么才能制作出有转化率的眼镜架主图和详情图?

任务7.1　眼镜架主图制作

【学习目标】

根据商品的特点进行创意设计,提高用户关注度;运用相关软件对拍摄的照片进行商品主图制作,展现商品特性,突出商品卖点。

【工作情景描述】

小红团队在摄影工作室完成了该款眼镜架的拍摄工作,开始讨论该款眼镜架主图的构图设计、色彩搭配和卖点文案的提炼,准备制作主图。

7.1.1　明确任务和知识准备

1. 眼镜架商品主图构图设计

（1）主图设计的主要目的

对于眼镜架主图来说,合理的商品展现角度不仅能够增强商品的立体感,而且可以让买家更加清晰地看到商品的全貌,并且一个好的商品角度可以让商品更加灵动。眼镜架商品主图设计的主要目的,即抓住客户眼球、醒目美观;激发客户兴趣,提高辨识度;促进商品点击率,提高销售量。

① 抓住客户眼球、醒目美观。眼镜架对于近视、远视人群是必需品,而对视力正常的人群是装饰品。因此在吸引消费者眼球的方面,卖点醒目、视觉美观,非常重要。

② 激发客户兴趣,提高辨识度。提高自己店铺的辨识度,提高客户认知,从小慢慢做起。

③ 促进商品点击率,提高销售量。提高点击率,在排名靠前的情况下,利用突出的主图,吸引客户单击产品。

（2）主图构图方式

一个主图通常由三个部分组成,即构图方式、背景和文字排版。

① 构图。不同的构图方法会有不同的视觉关注点,同时也能够营造出不同的商品氛围,在构图上常用的有三种构图方法,分别是直线式构图、对角式构图、渐次式构图。

对于眼镜系列商品,商品外观可以通过直线式排列整齐美观地展现出商品,这样的构图方式可以将不同的镜架颜色、镜片颜色和镜架形状等规格通过并列对比展示给消费者。图 7-1 中的某品牌太阳镜的直线式构图为消费者增加商品的选择性,通过多色以及多规格展示,可以提高商品的竞争力。

对角式构图是将眼镜架商品摆放在对角线上,突出该商品的立体感、延伸感和动感。对角线构图形成纵深,能够带给消费者更强的视觉冲击力,如图 7-2 所示。

图 7-1　直线式构图

图 7-2　对角式构图

渐次式构图是将多个商品渐次式排列,能够增强商品的空间感。将眼镜类商品的配件由小到大、由主到次地摆放,增加画面的纵深感,这种透视景深效果能够体现出眼镜类商品配件的多样性。但是在电商平台上,关于眼镜架的渐次式构图不多见,图 7-3 是眼镜架配件的渐次式构图。

② 背景。设计主图时应以体现商品特征来选择背景,因此背景的选择需要根据产品和活动本身来决定。眼镜类商品的背景通常分为四种类型,即纯色背景、场景背景、渐变背景及图形背景。

其中,纯颜色背景不是指单一的颜色,而是单纯以颜色为背景,可以是两种不同颜色的拼贴,或者是同一色系的颜色拼贴,如图 7-4 所示。而很多时候,单纯地展示商品会显得单调乏味,只展示一副眼镜的平铺情况,很难让消费者感受到佩戴的样子或实际作用,场景背景可以让消费者将其与自身需求联系起来,如图 7-5 所示。

图 7-3　渐次式构图　　　　　图 7-4　纯颜色背景　　　　　图 7-5　场景主图

　　渐变的种类较多,有一种色相的渐变,也有不同色相的渐变。渐变都具有指向性特点,所以有明显方向性的图案背景,也算是渐变,如图 7-6 所示。

　　根据平面构成方法的重复、特异、渐变、发射、空间和对比,运用重复、变异、交叉等手法都可以形成图形图案的背景,如图 7-7 所示。

　　(3) 文字排版

　　文字的版式就好比一个生物的骨骼,有了好的骨骼造型才会在添上血肉的时候够丰富。文字排版是对于画面来说有重要的作用,常见的眼镜类排版格式有二级排版和三级排版。二级排版字体以一大一小出现,大字体体现营销元素或卖点,如图 7-8 所示。三级文字排版字体大小是错落排列,最大的字体体现商品卖点,如图 7-9 所示。

图 7-6　渐变主图　　　　　图 7-7　图形背景主图　　　　　图 7-8　二级文字排版

　　2. 商品主图卖点文字提炼

　　一张优秀的眼镜架主图,虽然不可能有 100% 的点击率,但是超过同行平均水平、达到优秀水平是不难的,关键要掌握技巧和方法。主要应综合以下各种营销因素。

　　(1) 体现性价比

　　眼镜架主图可帮助消费者建立心理价位。心理价位越高,实际价位越低,中间的落差就越大,消费者就越容易购买。

　　(2) 多重卖点

　　多重卖点可以刺激购买。可以从信任策略上设置卖点,使用气场十足的 Logo、原单、精品、专柜、正品、大牌、代购;也可以从急迫策略上设置卖点,如新品抢鲜、限时抢购、限量抢购、尾货清仓等;还可以使用促销策略设置卖点,如(中秋)钜惠、限时折扣、今日特价、秒杀、满减、满送、买赠等。

图 7-9　三级文字排版

（3）视觉冲击力

要达到眼镜架的视觉冲击力，可以从以下几个方面设计。

第一，从产品本身寻找卖点。从眼镜架的形状、原材料、大小、颜色、功能组合、重量、独特风格提炼卖点。

第二，从眼镜架的服务层面寻找卖点。从最优质的送货服务、最专业化的服务、产品在安装方面的服务、免费咨询服务彰显卖点。

第三，从眼镜类的文化概念层面寻找卖点。从新品类创新卖点、独特目标市场区隔卖点、核心产地卖点、有个好故事卖点出发提炼。

第四，从其他层面寻找卖点，如高质高价卖点、低价热卖卖点、渠道优势卖点、客服卖点等。

3. 商品主图色彩搭配

要想做好眼镜架商品主图的色彩搭配，必须了解色相的概念，结合眼镜架的颜色，利用色相环合理地进行色彩搭配。

（1）色相

色相就是颜色，调整色相就是调整景物的颜色，例如，彩虹由红、橙、黄、绿、青、蓝、紫七色组成，那么它就有七种色相。通过色相对比，将色彩分为邻近色、同类色、对比色和互补色四类，色相之间通过角度不同来定义四类色彩，见图7-10。

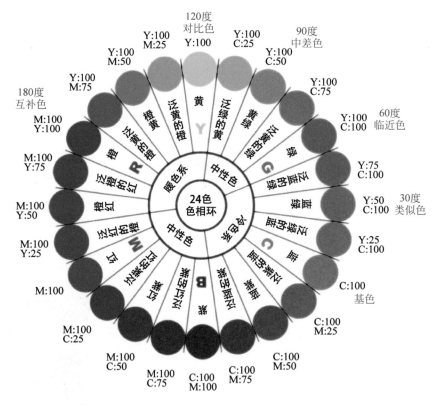

基色　30度类似色　60度临近色　90度中差色　120度对比色　180度互补色

图7-10　色相搭配

（2）色彩饱和度

色彩饱和度指颜色的强度或纯度。饱和度表示色相中灰色分量所占的比例，使用从0%（灰色）至100%（完全饱和）的百分比来度量。不同的饱和度，给人视觉感受不一样。图7-11是一个低饱和度的背景，和眼镜架主体颜色搭配和谐。

（3）色彩冷暖

冷暖色指的是色彩心理上的冷热感觉。心理学上根据心理感觉,把颜色分为暖色调(红、橙、黄、棕)、冷色调(绿、青、蓝、紫)和中性色调(黑、灰、白),如图 7-12 所示。在绘画设计中,暖色调给人亲密、温暖、柔和之感,冷色调给人距离、凉爽、通透之感。成分复杂的颜色要根据具体组成和外观来决定。

图 7-11　色彩饱和度

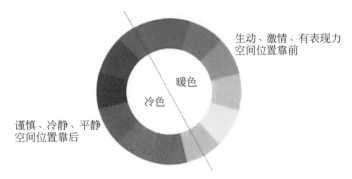

图 7-12　冷暖色

色彩的冷暖感觉也强烈地受光线和邻近颜色的影响。红、橙、黄、棕色往往使人联想到橘黄的火焰和太阳、棕黄的大地,因此有温暖的感觉,将其称为"暖色"。图 7-13 是某品牌眼镜架主图的暖色调应用。

绿、蓝、紫色则往往使人联想到森林、天空和冰雪,因此有凉爽的感觉,将其称为"冷色"。图 7-14 是太阳偏光眼镜主图的冷色调应用,给消费者一种戴上这款眼镜就凉爽的感觉。

图 7-13　眼镜背景暖色调

（4）明度

明度指颜色的明暗程度。明度对比是色彩的明暗程度的对比,也称色彩的黑白度对比。明亮的颜色使人感觉轻快、活泼,见图 7-15,而暗色系的颜色显得厚重、沉稳。眼镜类商品大多采用亮色系。

图 7-14　眼镜背景冷色调

图 7-15　明度

（5）色彩渐变

色彩的渐变就是由一种颜色渐渐过渡到另一种颜色。色彩渐变能给人很强的节奏感和审美情趣。常见的眼镜架类的商品色彩渐变为浅色渐变。图 7-16 中偏光眼镜的浅色渐变,增加光影效果,凸显商品的质感。

（6）色彩情感

色彩可以利用视觉起到辅助认知的作用。色彩可以使人对其本身产生联想功能,让需要表达的物能够引起视觉共鸣和情感共鸣。比如,眼镜架的主图大多使用白色系,白色代表着明快、无瑕、冰雪、圣洁、轻松、愉悦。图 7-17 中的眼镜架采用白色背景搭配,彰显自然。

图 7-16　浅色渐变　　　　　　　　　　　图 7-17　色彩情感

4. Photoshop 软件的使用

Photoshop 软件具有强大的图片处理功能。在这里主要针对眼镜架这个商品,介绍一下常用修图方法和几个修图工具间的比较。

(1) Photoshop 图像调整参数——曲线

曲线适合调整图像中指定部分的色调的范围,从而使图像的整体影调发生变化,如图 7-18 所示,可以调整图像中任意指定位置的亮度和对比度,也可以调整图像的整体色调。

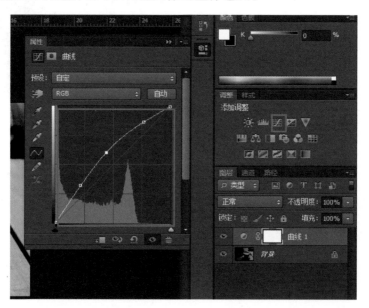

图 7-18　使用曲线

(2) Photoshop 图像调整参数——亮度/对比度

"亮度/对比度"中的"亮度"用于设置图像的亮度,单击并向左拖拽滑块可降低图像的亮度,向右可增加图像的亮度。"对比度"用于设置图像的对比度,单击并向左拖拽滑块可降低图像的对比度,向右可增加图像的对比度。二者也都可以直接输入数值。应用亮度/对比度具有一定局限性,改变亮度会造成整幅图像变亮或变暗;调整对比度会减少细节,但可以使用该命令对颜色和色调范围进行处理,如图 7-19 所示。

(3) Photoshop 图像调整参数——色相/饱和度

色相/饱和度可以调整单个颜色的色相、饱和度和亮度,也可以调整图像的所有颜色。着色勾选后,图像就会变成单一的颜色。着色中两个色相色谱条,上面是输入,色谱固定,下面是输出,色谱会随着色相滑杆的移动而改变,如图 7-20 所示。这两个色谱的状态可以显示色相改变的结果。

图 7-19　亮度/对比度设置

图 7-20　色相饱和度设置

（4）Photoshop 图像调整参数——曝光度

曝光度是调整图片的光影效果，见图 7-21。曝光度滑杆向右是增加曝光，向左是减少曝光。曝光位移是针对曝光不合适做的调节，向左是增加暗调，向右是增加亮调。一般情况是曝光度增加，就减少曝光位移，曝光度减少，就增加曝光位移，使图片通透。灰度矫正是针对曝光不准进行调节，调整灰度，可以弥补曝光问题，让图片更通透。向右增加灰度就是加大对比度，减少灰度就是减少对比度。

（5）Photoshop 图像调整参数——色阶

色阶是图像亮度的指标标准，即颜色指标，表示图形的明暗关系。用"色阶"调整图像的阴影、中间调和高光的强度级别，以校正图像的色调范围和颜色平衡，见图 7-22。

图 7-21　曝光度设置

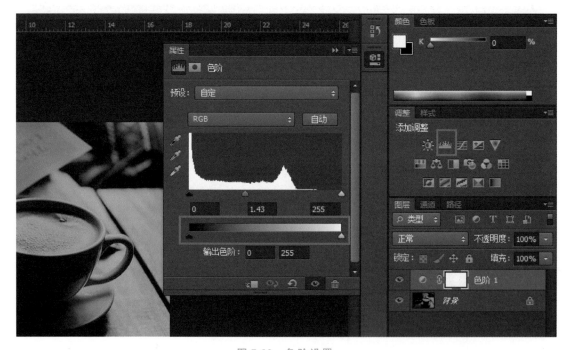

图 7-22　色阶设置

7.1.2　制订计划

　　本任务需要完成某品牌眼镜架的商品图片素材的编辑工作。在教学做一体化训练中,通过相应的工作流程、操作步骤更好地掌握眼镜架采集的方法和内容。在商品主图编辑过程中,构图设计尤为重要。

　　淘宝平台上的眼镜架类商品要求上传 5 张主图,见图 7-23。

　　其中淘宝平台上白底图规范注意事项如下。

　　(1) 图片形状为正方形,图片大小必须 800 像素×800 像素。

图 7-23 淘宝商品主图上传界面

（2）图片格式为 JPG 格式，存储大小为 300k 以内，38k 以上。

（3）背景必须是纯白底，最好将素材抠图、边缘处理干净，无阴影，不能有多余的背景、线条等未处理干净的元素。

（4）无 Logo、无水印、无文字、无拼接、无牛皮癣。

（5）不可模特拍摄，不能出现人体任何部位，如手、脚、腿、头等。

（6）必须是正面拍摄，不可出现拍摄道具、假模、商品吊牌等。

（7）商品需要正面展现，不要背面展现，主体不要左右倾斜。

（8）图片像素高，美观度高，品质感强。

（9）构图明快简洁，商品主体清晰、明确、突出，居中放置。

（10）每张图片中只能出现一个主体，不可出现多个相同主体。

（11）若是组合套装产品，组合套餐最多不超过 5 个商品。

（12）为保证商品在手机端展现得更加清晰，商品在保持美观的情况下，尽量减少留白。

本任务中主图制作以某品牌眼镜架的五张图片的计划展开。首先要填写眼镜架商品主图制作计划表，见表 7-1～表 7-5。

表 7-1　眼镜架的商品主图制作计划表（第一张）

序号	项　目	项目属性值	备　注
1	商品编号		
2	商品名称	太子保罗 T6596	第一张主图
3	制作大致要求	（1）商品主图产品＋卖点 （2）主图背景一定要符合产品风格和产品相互辉映，做到主次分明，画面有美感 （3）产品 Logo 在左上角位置 （4）产品本身要突出、清晰，不能模糊 （5）产品修图处理过以后和实物、详情页一致 （6）尺寸 800 像素×800 像素	根据**商品的构图设计**来给出制作的要求
4	作图环境	Photoshop 软件	
5	作图地点	美工工作室	
6	作图时间		格式：2020-01-01 8:30
7	制作数量	1 张	
8	制作人员		
9	使用拍摄素材		拍摄采集的图片
10	注意事项	（1）作图尽量选择高清大图，大小不超过 3M （2）作图中要创建一个新样式图形或者添加文字时都需要先新建图层 （3）把抠好的图从一个图片移到另一个图片后，需要选择转化为智能对象，如果不转化，像素就会变，像素变了图片就会模糊 （4）主图设计颜色不要超过三种 （5）文字字体不要超过三种 （6）保存图片时需要保存两种格式，即 jpg 和 psd	

表 7-2　女包的商品主图制作计划表（第二张）

序号	项　目	项目属性值	备　注
1	商品编号		
2	商品名称	太子保罗 T6596	第二张主图
3	制作大致要求	（1）主图第二张，文字＋产品＋场景（突出卖点） （2）尺寸 800 像素×800 像素	根据商品的构图设计来给出制作的要求
4	作图环境	Photoshop 软件	
5	作图地点	美工工作室	
6	作图时间		格式：2020-01-01 8：30
7	制作数量	1 张	
8	制作人员		
9	使用拍摄素材		拍摄采集的图片
10	注意事项	同表 7-1	

表 7-3　女包的商品主图制作计划表（第三张）

序号	项　目	项目属性值	备　注
1	商品编号		
2	商品名称	太子保罗 T6596	第三张主图
3	制作大致要求	（1）产品细节图展示 （2）尺寸 800 像素×800 像素	根据商品的构图设计来给出制作的要求
4	作图环境	Photoshop 软件	
5	作图地点	美工工作室	室内，室外
6	作图时间		格式：2020-01-01 8：30
7	制作数量	1 张	
8	制作人员		
9	使用拍摄素材		拍摄采集的图片
10	注意事项	同表 7-1	

表 7-4　女包的商品主图制作计划表（第四张）

序号	项　目	项目属性值	备　注
1	商品编号		
2	商品名称	太子保罗 T6596	第四张主图
3	制作大致要求	（1）产品细节图展示 （2）尺寸 800 像素×800 像素	根据商品的构图设计来给出制作的要求
4	作图环境	Photoshop 软件	
5	作图地点	美工工作室	室内，室外
6	作图时间		格式：2020-01-01 8：30
7	制作数量	1 张	
8	制作人员		
9	使用拍摄素材		拍摄采集的图片
10	注意事项	同表 7-1	

表 7-5　女包的商品主图制作计划表(第五张)

序号	项　目	项目属性值	备　注
1	商品编号		
2	商品名称	太子保罗 T6596	第五张主图
3	制作大致要求	(1) 白底 (2) 尺寸 800 像素×800 像素 (3) 分辨率 72 像素/英寸 (4) 居中对齐,尽量画布撑满	**根据淘宝网平台白底图** **规范来给出制作的要求**
4	作图环境	Photoshop 软件	
5	作图地点		室内,室外
6	作图时间		格式:2020-01-01 8:30
7	制作数量	1 张	
8	制作人员		
9	使用拍摄素材		拍摄采集的图片
10	注意事项	同表 7-1	

7.1.3　教学做一体化训练

【制作环境】

美工工作室。

【制作流程】

1. 第一张主图

主图的第一张需要清晰展示商品,并配有相应的活动介绍、产品定价等信息,让顾客一目了然,效果图如图 7-24 所示。

【排版】

上中下结构,上下分别是卖点和定价,产品在中间,下侧配有活动内容。

【色彩】

以白色为主,让背景更加清晰,配上浅橘色,使图片更有层次感。

【文案】

时尚外观,穿搭必配,必不可少的通勤款,限时活动 199 元,全店叠加满 300 减 50。

【制作步骤】

图 7-24　第一张主图效果图

步骤 1　新建画布大小为 800 像素×800 像素,分辨率为 300 像素/英寸,背景为白色,颜色模式为 RGB 模式。因为淘宝规定的主图大小在大于 700 像素×700 像素时会有一个放大镜功能,一般设为 800 像素×800 像素,如图 7-25 所示。

步骤 2　新建垂直参考线,两边各留 30 像素;新建横向参考线,上边留 97 像素,下边留 95 像素,如图 7-26 所示。

步骤 3　将拍摄好的眼镜照片拖进画布,用自由变换快捷键 Ctrl+T 调整眼镜架大小,转换为智能对象,居中摆放,如图 7-27 所示。

步骤 4　快捷键 Ctrl+M 调出曲线,调整参数如图 7-28 所示,调整眼镜架的明暗度。

步骤 5　用文字工具绘制文字"时尚外观",设置文字的字体和大小,字体为微软雅黑,大小 58 点,颜色黑色,如图 7-29 所示。

图 7-25　新建文件

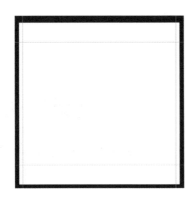

图 7-26　新建参考线

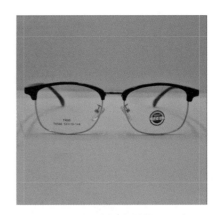

图 7-27　将拍摄素材拖进画布

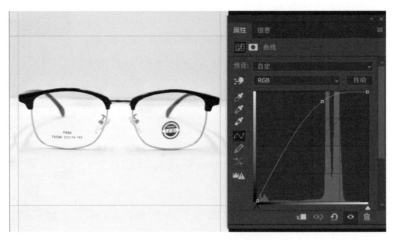

图 7-28　应用曲线调整

图 7-29　输入文字

步骤 6　用工具栏的矩形框工具绘制圆角矩形，填充颜色浅橘色，如图 7-30 和图 7-31 所示。

图 7-30　矩形框设置参数

步骤 7　用文字工具绘制文字"穿搭必配"，设置文字的字体和大小，字体为微软雅黑，大小 38 点，加粗，移至刚才绘制的圆角矩形图层上，如图 7-32 所示。

图 7-31　橘色矩形框效果

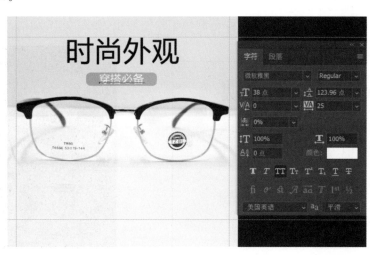

图 7-32　输入文字

步骤 8　用矩形框工具再次绘制圆角矩形，填充颜色浅橘色，如图 7-33 所示。

图 7-33　矩形框设置参数

步骤 9　用文字工具添加文字"必不可少的通勤款"，字体为微软雅黑，大小 38 点，加粗，颜色白色，如图 7-34 所示。

图 7-34　输入文字

步骤 10　用圆角矩形工具绘制一个圆角矩形框,填充颜色红色,如图 7-35 所示；摆放画布在左下角,将其一部分留在画布内,见图 7-36 效果。

图 7-35　矩形框设置参数

步骤 11　用文字工具绘制文字"限时活动""199 元",设置文字的字体和大小,字体为微软雅黑,大小 38 点,加粗,移至刚才绘制的红色圆角矩形图层上,如图 7-37 和图 7-38 所示。

图 7-36　圆角矩形框　　　　图 7-37　"限时活动"字体设置参数　　　　图 7-38　"199 元"设置参数

步骤 12　用矩形工具绘制红色矩形框,不填充,边框为红色,如图 7-39 和图 7-40 所示。

图 7-39　矩形框设置

步骤 13　用文字工具添加文字"全店叠加满 300 减 50",字体为微软雅黑,大小 40 点,加粗,制作完成,如图 7-41 所示。

图 7-40　矩形框效果图
　　　　　　　　　　　　　　　　图 7-41　文字参数设置

小贴士

　　因为单反相机拍出来的商品照片存储空间大，拖进主图编辑前需要压缩。如果直接压缩，再放大后就会出现模糊的现象。因此正确的操作步骤应该是将图片素材拖进来后，先右键转换为智能对象，再使用快捷键 Ctrl＋T 进行调整，这样就可以随意调整大小。

　　但要注意的是，转换为智能对象的图片不能直接编辑，需要先新建一个图层，然后创建剪贴蒙版至目标图层，再进行编辑。

2. 第二张主图

　　眼镜架需要人物模特来烘托，第二张主图以人物佩戴眼镜，给顾客体验感和比较的依据，如图 7-42 所示。

　　步骤 1　　新建画布大小为 800 像素×800 像素，分辨率为 300 像素/英寸，背景为白色，颜色模式为 RGB 模式。淘宝规定的主图大小在大于 700 像素×700 像素时会有一个放大镜功能，因此一般设为 800 像素×800 像素，见图 7-43。

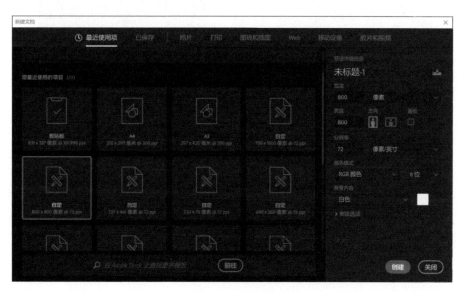

图 7-42　眼镜架第二张主图
　　　　　　　　　　　　　　图 7-43　新建文件

步骤2 将拍摄好的人物图片添加到画布中,如图 7-44 所示,转换为智能对象后,Ctrl＋T 进行大小调整。

步骤3 快捷键 Ctrl＋M 调出曲线,调整参数如图 7-45 所示,调整画面效果。

图 7-44　人物照片拖进画布　　　　　　　　　　　　　图 7-45　曲线调整

步骤4 快捷键 Ctrl＋U 调出色相饱和度,调整参数如下,调整最佳画面效果,如图 7-46 所示。

3. 第三张主图

主图第三张是细节展示图,如图 7-47 所示。在拍摄的细节图中选取清晰、完整的细节图片进行制作。细节展示主要是给客户提供眼镜架桩头坚固的卖点。

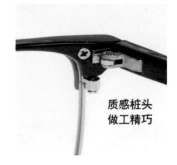

图 7-46　色相饱和度调整　　　　　　　　　　　　图 7-47　眼镜架的第三张主图

【排版】

产品在中间,下侧配有卖点介绍。

【色彩】

以白色背景为主,让主体更加清晰。

【文案】

质感桩头,精巧做工。

步骤1 新建大小 800 像素×800 像素,分辨率为 300 像素/英寸的白色画布。

步骤2　把选好的素材图拖到画布上，转换为智能对象后，按快捷键 Ctrl＋T 进行大小方面等处理，如图 7-48 所示。

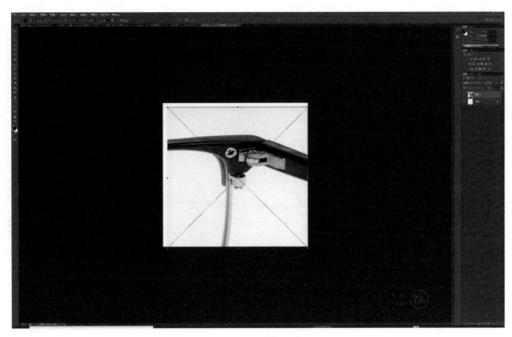

图 7-48　拖入画布

步骤3　用文字工具绘制文字"质感桩头"，设置文字的字体和大小，字体为微软雅黑，大小 55 点，颜色黑色，如图 7-49 所示。

步骤4　用文字工具绘制文字"做工精巧"，设置文字的字体和大小，字体为微软雅黑，大小 55 点，颜色黑色，如图 7-50 所示。

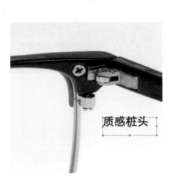

图 7-49　输入文字

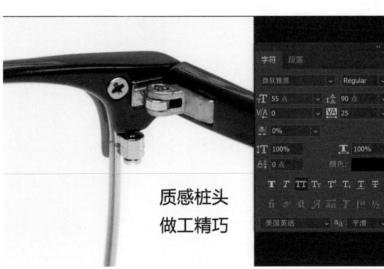

图 7-50　输入文字

4. 第四张主图

主图第四张也是细节展示图。在拍摄的细节图中选取清晰、大气、相对完整的图片进行制作。细节展示主要是给客户提供眼镜架的鼻梁细节，体现质感，如图 7-51 所示。

步骤 1 新建画布大小为 800 像素×800 像素,分辨率为 300 像素/英寸,背景为白色,颜色模式为 RGB 模式,如图 7-52 所示。

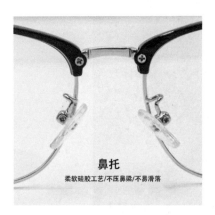

图 7-51 眼镜架第四张主图

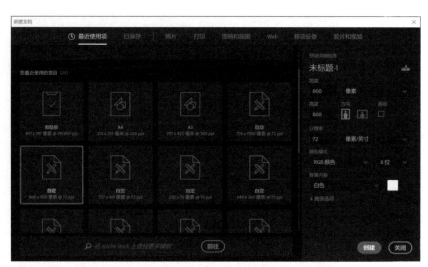

图 7-52 新建文件

步骤 2 把选好的素材图拖到画布上,转换为智能对象后,按快捷键 Ctrl＋T 进行大小方面等处理,如图 7-53 所示。

步骤 3 快捷键 Ctrl＋M 调出曲线,调整参数如下,调整画面效果,如图 7-54 所示。

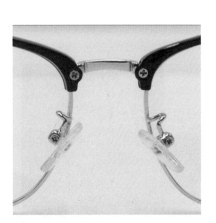

图 7-53 拖进画布调整大小

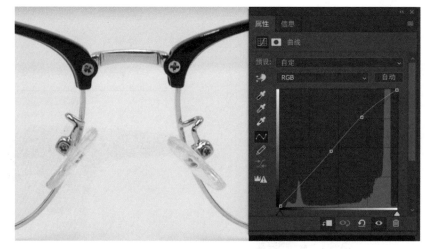

图 7-54 曲线调整

步骤 4 用文字工具绘制文字"鼻托",设置文字的字体和大小,字体为微软雅黑,大小 60 点,颜色黑色,如图 7-55 所示。

步骤 5 用文字工具绘制文字"柔软硅胶工艺/不压鼻梁/不易滑落",设置文字的字体和大小,字体微软雅黑,大小 30 点,颜色黑色,如图 7-56 所示。

5. 第五张主图

第五张主图是白底的,要遵循淘宝平台的规则要求,如图 7-57 所示。各项指标一定要符合,淘宝平台审核很严格,一旦条件不符合,就不能成功发布商品。

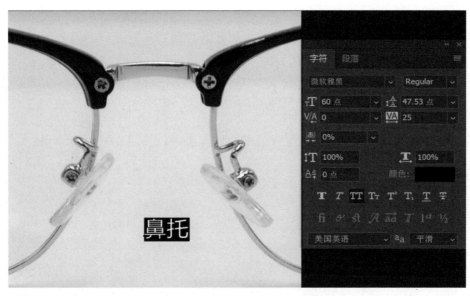

图 7-55 文字设置参数

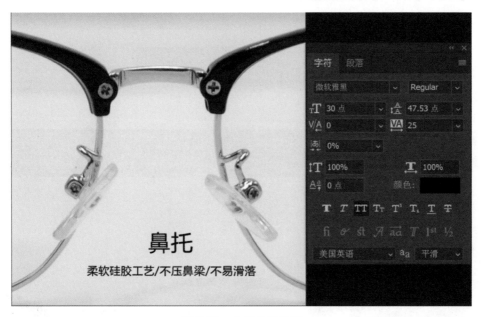

图 7-56 文字设置参数

步骤 1 新建画布大小为 800 像素×800 像素,分辨率为 300 像素/英寸,背景为白色,颜色模式为 RGB 模式,如图 7-58 所示。按照淘宝规定的第五张主图的参数来设置,否则会审核不通过,无法上传。

步骤 2 选取一张正面图,转化为智能对象,用移动工具拖进画布,如图 7-59 所示。

步骤 3 使用快捷键 Ctrl＋＋放大图片,使用工具栏的仿制图章工具,去除眼镜的阴影,如图 7-60 所示。

步骤 4 快捷键 Ctrl＋M 调出曲线,稍微调整一下图片明暗度,如图 7-61 所示。

图 7-57 眼镜架第五张主图

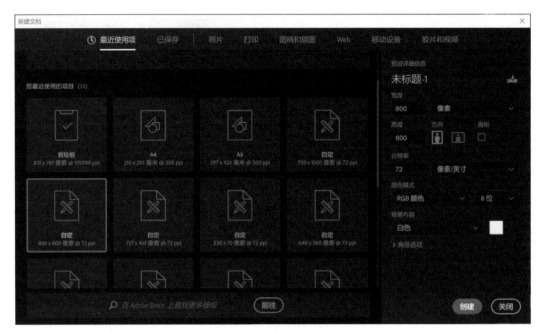

图 7-58 新建文件

图 7-59 转化为智能对象

图 7-60 仿制图章去除阴影

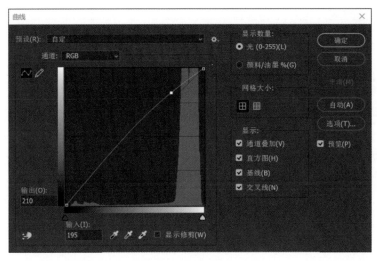

图 7-61　曲线微调

7.1.4　质量检查及验收

1. 质量检查

对制作出的商品图片进行检查校对，并将信息填入表 7-6。

表 7-6　主图制作质量检查表

检查项目：眼镜架商品主图			
检 查 序 号	检 查 项 目	根据完成情况在相应选项	改 进 措 施
1	图片尺寸	□正确　□不正确	
2	构图设计	□合理　□一般　□不合理	
3	色彩搭配	□合理　□一般　□不合理	
4	产品卖点与特色	□合理　□一般　□不合理	
5	产品突出	□突出　□一般　□不突出	
6	图片清晰	□清晰　□一般　□不清晰	
7	视觉美观	□美观　□一般　□不美观	

2. 交接验收

根据任务工作情境进行解说，展示商品主图完成效果，逐项核对任务要求，完成交接验收，并填写验收表，见表 7-7。

表 7-7　主图验收表

验收内容：眼镜架商品主图				
序号	验 收 项 目	验 收 要 求	验 收 情 况	整 改 措 施
1	第一张主图	(1) 商品主图产品＋卖点 (2) 主图背景一定符合产品风格，和产品相互辉映，做到主次分明，画面有美感 (3) 产品 Logo 在左上角位置 (4) 产品本身要突出、清晰，不能模糊 (5) 产品修图处理过以后和实物、详情页一致 (6) 尺寸 800 像素×800 像素	□通过 □不通过	

续表

序号	验收项目	验收要求	验收情况	整改措施
2	第二张主图	（1）主图第二张，产品＋场景（突出卖点） （2）尺寸 800 像素×800 像素	□通过 □不通过	
3	第三张主图	（1）产品细节图展示 （2）尺寸 800 像素×800 像素	□通过 □不通过	
4	第四张主图	（1）产品细节图展示 （2）尺寸 800 像素×800 像素	□通过 □不通过	
5	第五张主图	（1）白底 （2）尺寸 800 像素×800 像素 （3）分辨率 72 像素/英寸 （4）居中对齐，尽量画布撑满	□通过 □不通过	
6	客户检查情况	□合格 □较好，有待改进 □不合格	客户签字	客户签字

任务 7.1 小结

【知识目标】

本任务要求学生以团队为单位，根据商品的特点进行创意设计，提高用户关注度；运用相关软件对拍摄的照片进行商品主图制作，展现商品特性，突出商品卖点。

【能力目标】

（1）能够分析常见眼镜架商品的特性，进行构图设计。

（2）能够分析常见眼镜架商品的特性，进行色彩搭配。

（3）能够分析常见眼镜架商品的特性，进行卖点文案提炼。

（4）掌握 Photoshop 软件，制作出五张主图。

（5）分析主图效果，体现卖点。

同步实训

【情景描述】

完成眼镜架的主图制作后，小组又开始一个新的眼镜架的主图制作，眼镜架名称为诺贝卡丹 T6327 眼镜架。眼镜架的外表正面图见图 7-62，该眼镜材质是板材加金属。在主图制作方面，需要结合该眼镜架的特点进行构图设计、色彩搭配和卖点文案提炼。

图 7-62　某品牌眼镜架

【实训内容】

根据箱包商品的特性，完成商品信息表。

整理和讨论眼镜架商品的卖点，进行摄影色彩、构图策略构思，完成商品主图制作计划表。

以团队为单位，根据商品的特点进行创意设计，提高用户关注度；运用相关软件对拍摄的照片进行商品主图制作，展现商品特性，突出商品卖点。

学生自我总结表（Word 格式）7-1

任务 7.2　眼镜架详情图制作

【学习目标】

根据商品的特点进行创意设计,提高用户关注度;运用相关软件对拍摄的照片进行商品详情图制作,展现商品特性,突出商品卖点。

【工作情景描述】

小红团队在美工工作室完成了眼镜架的主图制作后,开始讨论详情图制作的模块设计、构图设计和色彩搭配,准备进行眼镜架的详情图制作。

7.2.1　明确任务和知识准备

1. 眼镜架商品详情图的模块组成

根据消费者对信息的心理需求比例,可以得知消费者在详情页所希望看到的信息,见图 7-63。因而详情页主要由焦点海报图、产品参数、产品优势、产品展示、产品细节和售后保障六个模块组成,见图 7-64。

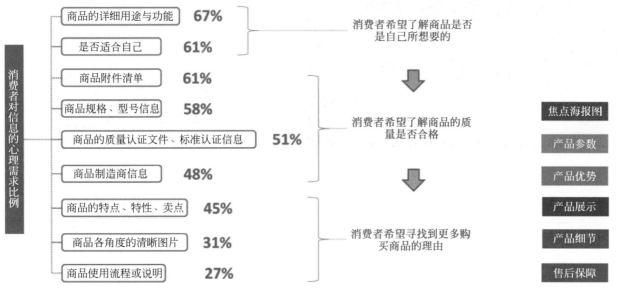

图 7-63　消费者对信息的心理需求比例　　　　图 7-64　常用的详情图模块

（1）焦点海报图

海报图通常用来突出商品的卖点,第一时间吸引消费者的眼球和注意力。以天猫某品牌眼镜架为例,眼镜架海报焦点图可以通过模特佩戴来展示,见图 7-65。

（2）产品参数

产品参数包括商品的类型、型号材质、功能特点、风格等信息说明,还可以附带尺寸说明和大致重量如图 7-66 所示。

（3）产品优势

产品优势包括对品牌、工艺、通用场景等进行阐述说明,展示店铺实力,提升客户信任度。以天猫某品牌眼镜架为例,眼镜架产品优势可以通过制作工序来展示,见图 7-67。

（4）产品展示

将商品从不同维度进行展示,通过文案引导消费者感受商品的风格,促使消费者选择和购买。以天猫某品牌眼镜架为例,眼镜架产品展示可以不同角度来呈现,其中使用最多的还是正面图,见图 7-68。

图 7-65　某品牌眼镜架海报焦点图

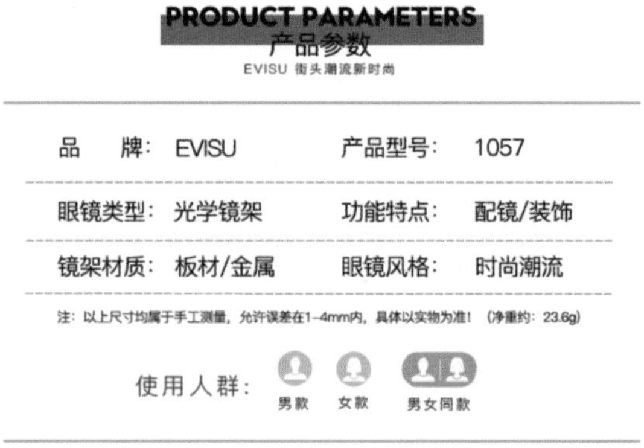

PRODUCT PARAMETERS
产品参数
EVISU 街头潮流新时尚

品　牌：	EVISU	产品型号：	1057
眼镜类型：	光学镜架	功能特点：	配镜/装饰
镜架材质：	板材/金属	眼镜风格：	时尚潮流

注：以上尺寸均属于手工测量，允许误差在1~4mm内，具体以实物为准！（净重约：23.6g）

使用人群：　男款　女款　男女同款

图 7-66　某品牌眼镜架产品参数

图 7-67　某品牌眼镜架产品优势

图 7-68　某品牌眼镜架产品展示

（5）产品细节

展示商品的细节，如拉链、纽扣等，凸显商品的质量。以天猫某品牌眼镜架为例，眼镜架产品细节如图 7-69 所示。

（6）售后保障

对特色服务、商品质量等问题进行统一告知与提醒，避免后期售后和客户产生纠纷问题，如图 7-70 所示。

图 7-69　某品牌眼镜架产品细节图

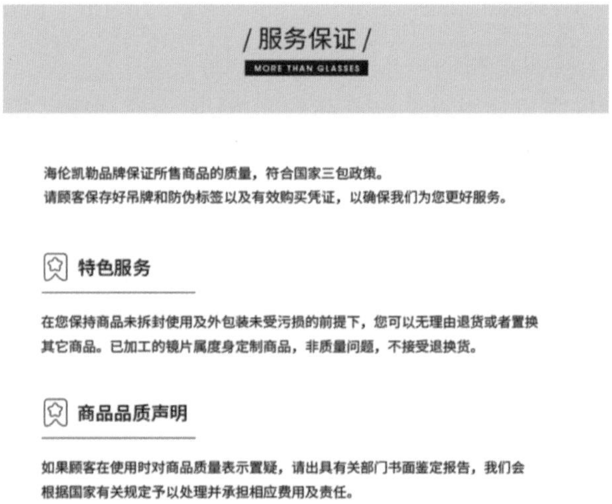

/ 服务保证 /
MORE THAN GLASSES

海伦凯勒品牌保证所售商品的质量，符合国家三包政策。
请顾客保存好吊牌和防伪标签以及有效购买凭证，以确保我们为您更好服务。

特色服务

在您保持商品未拆封使用及外包装未受污损的前提下，您可以无理由退货或者置换其它商品。已加工的镜片属度身定制商品，非质量问题，不接受退换货。

商品品质声明

如果顾客在使用时对商品质量表示置疑，请出具有关部门书面鉴定报告，我们会根据国家有关规定予以处理并承担相应费用及责任。

图 7-70　某品牌眼镜架售后保障

7.2.2　制订计划

　　本任务要求完成某品牌眼镜架的商品详情图的编辑工作。在教学做一体化训练中,也是以该眼镜架为例,通过相应的工作流程、操作步骤来更好地掌握编辑的方法。

　　在商品详情图制作过程中,明确模块和构图设计尤为重要。首先要填写眼镜架商品详情图制作计划表,计划好要用到哪些素材和编辑工具,如表7-8～表7-13所示。

表 7-8　眼镜架的商品详情图——焦点海报图计划表

序号	项　　目	项目属性值	备　　注
1	商品编号		
2	商品名称	太子保罗 T6596	焦点海报图模块
3	制作大致要求	(1) 海报图通常用来突出商品的卖点,第一时间吸引消费者的眼球和注意力 (2) 和产品相互辉映,做到主次分明,画面有美感 (3) 产品本身要突出、清晰,不能模糊 (4) 产品修图处理过以后和实物一致 (5) 尺寸宽 750 像素,高度根据实际内容来定	根据**商品的构图设计**来给出制作的要求
4	作图环境	Photoshop 软件	
5	作图地点	美工工作室	
6	作图时间		格式:2020-01-01 8:30
7	制作数量	1 张	
8	制作人员		
9	使用拍摄素材		拍摄采集的图片
10	注意事项	(1) 作图尽量选择高清大图,大小不超过 3M (2) 作图中要创建一个新样式图形或者添加文字时都需要先新建图层 (3) 把抠好的图从一个图片移到另一个图片后,需要选择转化为智能对象,如果不转化,像素就会变,像素变了图片就会出现模糊 (4) 设计颜色不要超过三种 (5) 文字字体不要超过三种 (6) 保存图片时需要保存两种格式,即 jpg 和 psd	

表 7-9　眼镜架商品详情图——产品参数计划表

序号	项　　目	项目属性值	备　　注
1	商品编号		
2	商品名称	太子保罗 T6596	产品参数模块
3	制作大致要求	(1) 商品的颜色、功能、特色等信息说明 (2) 主图背景一定符合产品风格,和产品相互辉映,做到主次分明,画面有美感 (3) 产品 Logo 在左上角位置 (4) 产品本身要突出、清晰,不能模糊 (5) 产品修图处理过以后和实物并且与详情页一致 (6) 尺寸宽 750 像素	根据**商品的构图设计**来给出制作的要求
4	作图环境	Photoshop 软件	
5	作图地点	美工工作室	
6	作图时间		格式:2020-01-01 8:30
7	制作数量	1 张	
8	制作人员		
9	使用拍摄素材		拍摄采集的图片
10	注意事项	同表 7-8	

表 7-10　眼镜架的商品详情图——产品优势计划表

序号	项　　目	项目属性值	备　　注
1	商品编号		
2	商品名称	太子保罗 T6596	产品优势模块
3	制作大致要求	(1) 对品牌、工艺、通用场景等进行阐述说明,展示店铺实力,提升客户信任度 (2) 主图背景一定符合产品风格,和产品相互辉映,做到主次分明,画面有美感 (3) 产品本身要突出、清晰,不能模糊 (4) 产品修图处理过以后和实物并且与详情页一致 (5) 尺寸宽 750 像素	根据**商品的构图设计**来给出制作的要求
4	作图环境	Photoshop 软件	
5	作图地点	美工工作室	
6	作图时间		格式:2020-01-01 8:30
7	制作数量	1 张	
8	制作人员		
9	使用拍摄素材		拍摄采集的图片
10	注意事项	同表 7-8	

表 7-11　眼镜架的商品详情图——产品展示计划表

序号	项　　目	项目属性值	备　　注
1	商品编号		
2	商品名称	太子保罗 T6596	产品展示模块
3	制作大致要求	(1) 将商品从不同维度进行展示,通过文案引导消费者感受商品的风格,促使消费者选择和购买 (2) 产品修图处理过以后和实物并且与详情页一致 (3) 尺寸宽 750 像素	根据**商品的构图设计**来给出制作的要求
4	作图环境	Photoshop 软件	
5	作图地点	美工工作室	
6	作图时间		格式:2020-01-01 8:30
7	制作数量	1 张	
8	制作人员		
9	使用拍摄素材		拍摄采集的图片
10	注意事项	同表 7-8	

表 7-12　眼镜架的商品详情图——产品细节计划表

序号	项　　目	项目属性值	备　　注
1	商品编号		
2	商品名称	太子保罗 T6596	产品细节模块
3	制作大致要求	(1) 展示商品的细节凸显商品的质量 (2) 产品本身要突出、清晰,不能模糊 (3) 产品修图处理过以后和实物一致 (4) 尺寸宽 750 像素	根据**商品的构图设计**来给出制作的要求
4	作图环境	Photoshop 软件	
5	作图地点	美工工作室	
6	作图时间		格式:2020-01-01 8:30
7	制作数量	1 张	

续表

序　号	项　目	项目属性值	备　注
8	制作人员		
9	使用拍摄素材		拍摄采集的图片
10	注意事项	同表 7-8	

表 7-13　眼镜架的商品详情图——售后保障计划表

序　号	项　目	项目属性值	备　注
1	商品编号		
2	商品名称	太子保罗 T6596	售后保障模块
3	制作大致要求	(1) 对售后、快递、邮费、商品质量等问题进行统一告知与提醒,避免后期售后和客户产生纠纷问题 (2) 尺寸宽 750 像素	根据**商品的构图设计**来给出制作的要求
4	作图环境	Photoshop 软件	
5	作图地点	美工工作室	
6	作图时间		格式：2020-01-01 8：30
7	制作数量	1 张	
8	制作人员		
9	使用拍摄素材		拍摄采集的图片
10	注意事项	同表 7-8	

7.2.3　教学做一体化训练

根据计划中的六个模块进行实际编辑,某品牌眼镜架的模块依次是海报焦点图、商品参数、商品优势、商品展示、商品细节、售后服务。

1. 制作海报焦点图

【具体步骤】

步骤 1　新建宽 750 像素,高度 6000 像素,分辨率为 96 的白色画布,见图 7-71。

步骤 2　插入素材"人物.jpg",用文字工具,字体为黑体,颜色为白色,输入模块文字"经典""重塑时尚风潮",字体设置见图 7-72。

图 7-71　新建文件

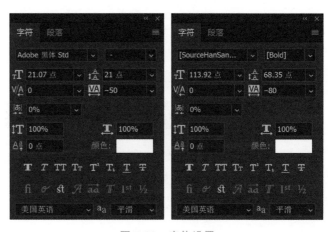

图 7-72　字体设置

步骤 3　用矩形工具绘制两个黄色长条矩形和两个 L 形状图像,对"经典"文字模块创建剪贴蒙版,并进行图文排版。效果见图 7-73。

步骤 4　用钢笔工具,勾选一个不规则选区,打造画框效果,添加图层样式"渐变叠加"。输入文本"SHOW YOUR STYLE",进行黄色的剪贴蒙版填充。效果如图 7-74 所示。

步骤 5　制作焦点图的下半部分,插入素材"斑驳.jpg",输入眼镜相关营销文案,添加黄色矩形及黑色边框矩形,进行排版,达成图 7-75 效果。

图 7-73　焦点图制作　　　　　图 7-74　焦点图上半部分　　　　　图 7-75　焦点图下半部分

小贴士

模块栏目的颜色则根据商品主色调来调整,由于主题色调偏灰,如果只用黑白灰做点缀效果一般,可以选取一个亮色,通过排版,达到突出卖点的效果。

2. 制作栏目模块

为了保证风格一致,需要先制作同样版式的栏目模块,如图 7-76 所示。

图 7-76　基本参数栏目模块

【构图】

文字左右分布。

【色彩】

背景大量留白,走极简的风格。

【制作步骤】

步骤 1　新建黄色矩形作为分割线,参数如图 7-77 所示。

图 7-77　矩形框设置参数

步骤 2　用文字工具输入中文和英文文本,绘制灰色的竖形矩形,进行排版,字体设置如图 7-78 所示。

步骤 3　同理,用同样版式制作出产品优势、产品展示、产品细节的栏目模块,如图 7-79 和图 7-80 所示。

3. 制作产品参数模块

眼镜架的颜色、款式等信息说明都要在商品参数模块中体现，还可以附带适用脸型和男女款的建议，如图 7-81 所示。

【构图】

图文混排。

【色彩】

背景为白色，文字为深灰色，用黄色做点缀颜色。

【制作步骤】

步骤 1　新建白色填充灰色描边的矩形、黄色的三角形和浅灰色填充黄色描边的矩形，矩形进行蒙版操作，将款式部分按图片美化处理，见图 7-82。

步骤 2　对商品信息进行排列整合，见图 7-83。

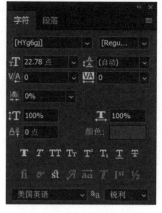

图 7-78　部分字体设置

PRODUCT
COLORS ｜ 产品优势

图 7-79　产品优势栏目

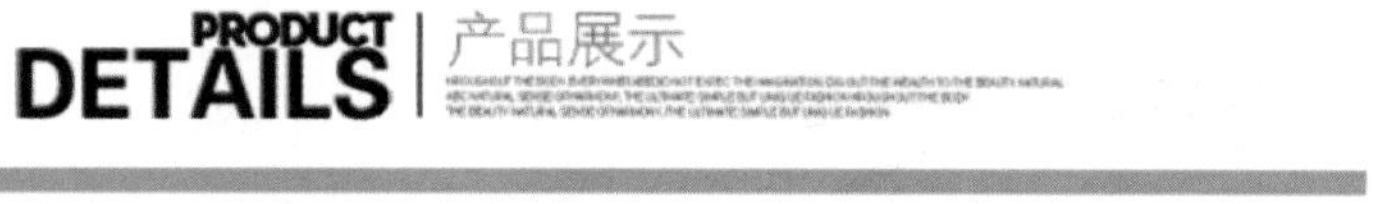

PRODUCT
DETAILS ｜ 产品展示

图 7-80　产品展示栏目

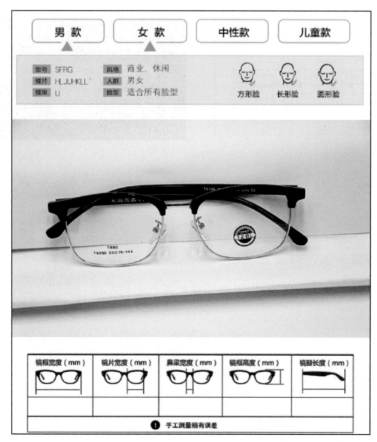

图 7-81　商品参数模块图

图 7-82　产品参数部分样图　　　　　　　　　　　　图 7-83　产品信息排版

步骤 3　插入眼镜素材图片,通过曲线调整图片亮度,居中排列后插入关于测量尺寸的素材图片,见图 7-84。

4. 制作商品优势模块

产品优势的目的是要消费者对产品产生信任。该眼镜架的产品优势通过镜片的质量来呈现,效果见图 7-85。

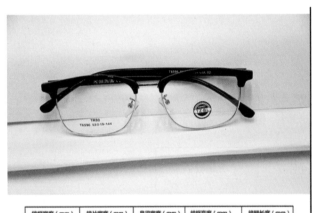

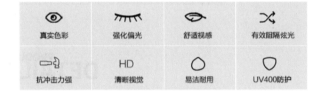

图 7-84　插入图片　　　　　　　　　　　　　　　图 7-85　商品优势模块图

【构图】

图文混排。

【制作步骤】

步骤 1　新建灰色矩形,平均分割成 8 个模块,进行图文排版,如图 7-86 所示。

步骤 2　使用线段工具拉出灰色虚线,用矩形工具新建灰黑色矩形,用文字工具排列"产品优势"文本,如图 7-87 所示。

步骤 3　使用矩形工具新建灰黑色矩形,进行眼镜产品营销词语的排列展示,进行图文混排,如图 7-88 所示。

5. 制作商品展示模块

【构图】

图文混排。

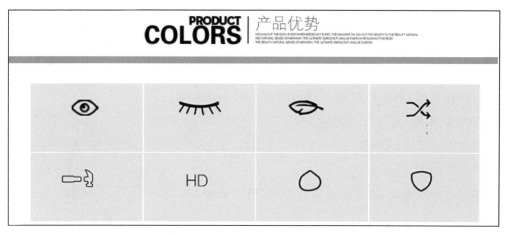

图 7-86　图文排版

I产品优势

图 7-87　图文混排

【制作步骤】

步骤 1　插入眼镜架素材图片,用曲线工具调整画面亮度,如图 7-89 所示。

图 7-88　图文混排

图 7-89　插入素材

步骤 2　使用线段工具拉出黑色线段,用文本工具打出 Logo,用椭圆工具画出 3 个小圆形,进行排版,如图 7-90 所示。

图 7-90　绘制圆形和输入文字

步骤 3　使用椭圆工具新建 2 个圆形,将图片"DSC_0270.jpg""DSC_0267.jpg"覆盖在圆形上单击蒙版操作,如图 7-91 所示。

6. 制作商品细节模块

眼镜架的商品细节是将眼镜架从不同特性进行展示,并通过文案引导消费者感受商品的风格,促使消费者选择和购买,如图 7-92 所示。

【构图】

眼镜架展示构图可以使用矩形,把眼镜架品牌、弧度、鼻托、脚架四个特点安放到四个区域。

【操作步骤】

步骤 1　新建黑色矩形,靠左位置插入白色矩形。插入图片素材,对白色矩形进行蒙版操作,如图 7-93 所示。

步骤 2　使用文字工具,输入营销文字,进行图文混排,如图 7-94所示。

步骤 3　复制四个细节模块,进行整体左右排版,效果如图 7-95所示。

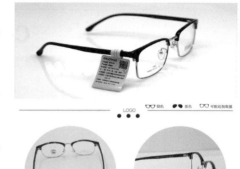

图 7-91　商品展示模块

7. 制作售后服务模块

该模块是对售后等问题进行统一告知与提醒,为了避免后期售后和客户产生纠纷问题,信息的准确性十分重要,效果图见图 7-96。

图 7-92　产品细节模块部分效果图

图 7-93　蒙版操作

图 7-94 文字排版

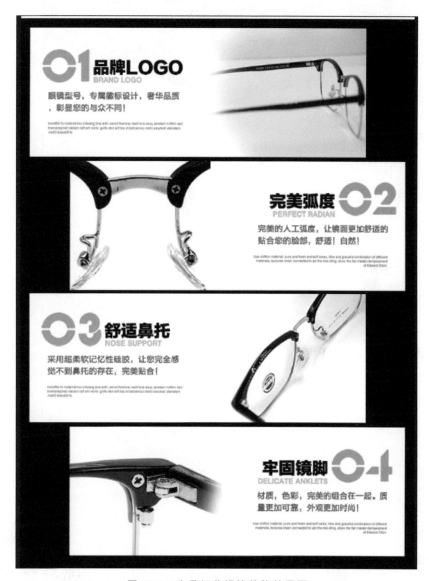

图 7-95 产品细节模块整体效果图

【文案】

- 请在下单前核实商品的金额、款式、收货人电话、地址,无误后再下单。
- 在亲购买 3 个工作日内,我们将进行发货,请耐心等待。
- 不接受任何留言及快递修改,我们只按照订单的信息进行发货。
- 若下单支付后发现操作失误,请及时联系客服退款,然后重新下单。

【操作步骤】

步骤 1 移动模块栏目,使其与上部分模块存在恰当的间距,插入素材图片,见图 7-97。

图 7-96　售后服务模块

步骤 2　用文字工具输入品牌标语，进行图文混排，见图 7-98。

步骤 3　用钢笔工具描绘两个大的不规则图形，添加效果"阴影"，用移动工具布局整齐，见图 7-99。

图 7-97　插入素材

图 7-98　输入文字

图 7-99　绘制不规则图形

步骤 4　用文字工具设置字体、字号，输入"买家须知"，用移动工具将文字在表格框内整齐布局，见图 7-100。

步骤 5　用文字工具设置字体、字号，设置字体为黄色，输入"7 天无理由退货相关说明"，插入无填充黄色描边边框，用蒙版擦除部分图像。相关字体添加白色描边和阴影效果。用移动工具整齐布局，见图 7-101。

步骤 6　用文字工具设置字体、字号，输入说明文字，用移动工具将文字在图像内整齐布局，见图 7-102。

图 7-100　输入文字

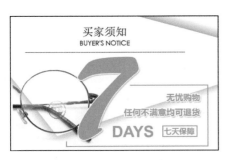

图 7-101　图文混排

图 7-102　输入说明文字

7.2.4　质量检查及验收

1. 质量检查

对制作出的商品详情图进行检查校对，并将信息填入表 7-14。

表 7-14　详情图制作质量检查表

检查项目：××眼镜架商品详情图

检 查 序 号	检 查 项 目	根据完成情况在相应选项	改 进 措 施
1	图片尺寸	□正确　□不正确	
2	模块设计	□合理　□一般　□不合理	
3	构图设计	□合理　□一般　□不合理	
4	色彩搭配	□合理　□一般　□不合理	
5	产品卖点与特色	□合理　□一般　□不合理	
6	产品突出	□突出　□一般　□不突出	
7	图片清晰	□清晰　□一般　□不清晰	
8	视觉美观	□美观　□一般　□不美观	

2. 交接验收

根据任务工作情境进行解说，展示商品详情图完成效果，逐项核对任务要求，完成交接验收，并填写验收表，见表 7-15。

表 7-15　详情图验收表

验收内容：××眼镜架商品详情图

序号	验收项目	验收要求	验收情况	整改措施
1	焦点海报	(1) 海报图通常用来突出商品的卖点,第一时间吸引消费者的眼球和注意力 (2) 和产品相互辉映,做到主次分明,画面有美感 (3) 产品本身要突出、清晰,不能模糊 (4) 产品修图处理过以后和实物一致 (5) 尺寸宽 750 像素,高度根据实际内容来定	□通过 □不通过	
2	产品参数	(1) 商品的颜色、功能、特色等信息说明 (2) 主图背景一定要符合产品风格和产品相互辉映,做到主次分明,画面有美感 (3) 产品 Logo 在左上角位置 (4) 产品本身要突出、清晰,不能模糊 (5) 产品修图处理过以后和实物一致 (6) 尺寸宽 750 像素	□通过 □不通过	
3	产品优势	(1) 对品牌、工艺、通用场景等进行阐述说明,展示店铺实力,提升客户信任度 (2) 主图背景一定符合产品风格,和产品相互辉映,做到主次分明,画面有美感 (3) 产品本身要突出、清晰,不能模糊 (4) 产品修图处理过以后和实物一致 (5) 尺寸宽 750 像素	□通过 □不通过	
4	产品展示	(1) 将商品从不同维度进行展示,通过文案引导消费者感受商品的风格,促使消费者选择和购买 (2) 产品修图处理过以后和实物一致 (3) 尺寸宽 750 像素	□通过 □不通过	
5	产品细节	(1) 展示商品的细节,如拉链、纽扣等,凸显商品的质量 (2) 产品本身要突出、清晰,不能模糊 (3) 产品修图处理过以后和实物一致 (4) 尺寸宽 750 像素	□通过 □不通过	
6	售后保障	(1) 对售后、快递、邮费、商品质量等问题进行统一告知与提醒,避免后期售后和客户产生纠纷问题 (2) 尺寸宽 750 像素		
7	客户检查情况	□合格 □较好,有待改进 □不合格	客户签字	客户签字

任务 7.2 小结

【知识目标】

本任务要求学生以团队为单位,根据商品的特点进行创意设计,提高用户关注度；运用相关软件对拍摄的照片进行商品详情图制作,展现商品特性,突出商品卖点。

【能力目标】

(1) 能够分析常见眼镜架商品的特性,进行详情图模块设计。

(2) 能够分析常见眼镜架商品的特性,进行详情图模块内的构图设计。

(3) 能够分析常见眼镜架商品的特性,进行详情图色彩搭配。

(4) 能够分析常见眼镜架商品的特性,进行卖点文案提炼。

（5）能够分析商品详情图效果，体现卖点。

（6）能够掌握 Photoshop 软件，制作出一张商品详情图。

同步实训

　【情景描述】

　　完成某品牌眼镜架的详情图制作后，小组又开始一个新的眼镜架的详情图制作，眼镜架名称为诺贝卡丹 T6327。在详情图制作方面，需要结合该眼镜框特点进行详情图模块设计、构图设计、色彩搭配和卖点文案提炼，如图 7-103 所示。

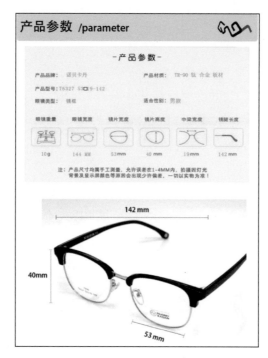

图 7-103　眼镜架部分详情页样例

　【实训内容】

　　根据商品的特性，完成商品信息表。

　　整理和讨论该商品的卖点，进行详情图模块设计、构图设计、色彩搭配和卖点文案提炼，完成商品详情图制作计划表。

　　以团队为单位，根据商品的特点进行创意设计，提高用户关注度；运用相关软件对拍摄的照片进行商品主图制作，展现商品特性，突出商品卖点。

学生自我总结表（Word 格式）7-2

女包类商品拍摄

project 8

本项目重点和难点

根据女包类商品特征,进行摄影色彩、构图策略构思,拍摄出曝光合理、主题突出的商品照片。

内容架构

引例

李总是做箱包批发零售的老板,公司位于武汉的批发市场汉正街。由于电子商务的迅速发展,箱包批发零售要积极转变经营思路。看到淘宝平台上的女包网络销售火爆,李总也想尝试一下,于是准备开一家箱包零售网店。在着手开设网店时,他碰到了几个问题:这么多的箱包信息怎么采集? 怎么才能拍摄出美观且有销量的女包图片?

任务 8.1 女包拍摄准备

【学习目标】

根据女包配件类商品特征,进行摄影色彩、构图策略构思,做好女包拍摄的前期准备。

【工作情景描述】

小红团队与李总进行沟通交流后,根据网上女包火爆的款式,选取了几款女包,进行摄影器材的准备、商品的陈列与摆放和女包信息的采集工作。

8.1.1 明确任务和知识准备

女包信息采集在室内摄影工作室进行,摄影工作室基本设备包括静物台、影室灯、相机三脚架、某品牌女士包一件、背景布若干、柔光棚。

将柔光棚放置在拍摄台上,白色背景布平整地放置在柔光棚内。女士包不是具有反射特性的商品,因此不需要在柔光棚前挡布。

将柔光棚内灯光设置好,把女包放入棚内,用相机即可进行试拍。

1. 女包商品信息认知

女包在淘宝平台上的所属类目为"箱包皮具/热销女包/男士—女士包袋"。女包商品的信息有品牌、货号、大小、流行款式名称、适用对象、款式、图案、有无夹层、箱包硬度、是否可折叠、成色、适用场景、风格、形状、肩带样式、里料材质、生产厂家、是否出口等信息,如图 8-1 所示。

图 8-1　淘宝后台女式包商品发布信息表格

根据女包商品的形、色、质原则,填写相应的女包商品信息表,见表 8-1。

表 8-1　该款女式包的商品信息表

序号	项　目	项目属性值	备　注
1	商品编号		店铺内商品的编号
2	商品名称		
3	所属商品分类		
4	货号		商品代码
5	品牌		必填项
6	流行款式名称		必填项
7	款式		必填项
8	质地		必填项
9	颜色/图案		
10	生产厂家		
11	适用场景		
12	大小		
13	箱包硬度		
14	肩带样式		
15	形状		
16	商品图片		

女包是箱包的性别分类衍生词,是女性的随身装饰品之一。

（1）分类

从款式分类,主要包括手提包、手拿包、单肩包、双肩包、斜挎包、背包、腰包、零钱包、手腕包、晚装包等。

从类目分类,可以分为时尚休闲包、行李箱包、运动包、商务包、晚宴包、钱包、钥匙包、妈咪包、化妆包、公文包等。

从材质分类,可以分为真皮包、PU 皮包、PVC 包、帆布包、漆皮包、手工编织包等。

从软硬度分类,可以分为休闲包、半休闲包、半定型包、定型包。

（2）保养方法

皮质包的保养方法是,先把手用肥皂洗干净了再轻轻摩擦皮包,只要用适当的体温和油脂,用手轻轻摩擦,便能使小皱纹甚至小伤痕消失。如果放置的地方空气湿度很大,皮件容易受潮气感染应……假若皮件不慎淋到雨水,千万不能用火烤或是在太阳下面暴晒,这样包就会严重变形,最稳妥的处理方法是先将水滴擦干,然后再放置阴凉处风干半小时。最好随时涂抹保养油,这样能大大延长皮包的使用期限。

普通皮包最好的清理保养方法是,先把灰尘去除后,再用专用的清洁油把污垢、皱纹去除。其次,把皮包的专用油沾在布上,轻轻涂在皮包上,然后把布用力在皮包上摩擦,但不要涂太多清洁剂,以免使皮包褪色或染到衣服上。

布面包有别于皮革材质,能做更多变化,比较流行的是棉、麻、丝绸缎面、丹宁布、缇花布及帆布等,受旅游休闲风潮的影响,是时下许多人的首选。布面包虽是布面,但就跟高级服饰一样,不宜直接以水清洗,不论是污水或灰尘,都容易附着在其纤维上。

尼龙材质的包,质地轻巧且坚韧,经过特殊处理有防水功能,耐用性高,适合长期使用。如果是一般缝线,需注意背负的重量,如果有装饰在包表面的强化功用金属铆钉及皮革材质,清洗时也须特别小心。

2. 器材准备

因此本次拍摄使用的单反相机,型号是佳能 EOS 750D。本次拍摄同样使用了三脚架和柔光箱。

3. 商品的陈列与摆放

包类拍摄的采集要点是整体造型、局部细节和光泽质感。皮包要体现空间感,通常新包需要往包内放置填充物以展示包的立体感。填充包的材料一般是纸张,海绵等。将包放置在摄影台上时,要体现包的立体感和质感,否则拍摄出来的包缺乏美感。

根据女包的商品信息表采集,需要对女包进行 360°的展示,女包的五金细节和包内细节更是需要展现的重点。

对女包的采集角度主要有以下几个方面。

（1）正面、背面放置女包（见图 8-2）。

（2）侧面放置包包（见图 8-3）。

图 8-2　女包正面和背面图　　　　　　　　　　图 8-3　女包侧面图

（3）女包底部（见图 8-4）。

（4）女包皮面细节（见图 8-5）。

图 8-4　女包底部图　　　　　　　　　　　图 8-5　皮面细节图

（5）女包外表形状。女包的外形的全方位展示至少要三张照片,如图 8-6 所示。

（6）女包五金细节。女包的五金细节有锁扣、肩带链等,如图 8-7 所示。

（7）女包内袋细节（见图 8-8）。

防滑锁扣　　　　　　　　金属锁链

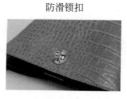

开口设计　　　　　防滑设计

图 8-6　女包外表形状图　　　　　　图 8-7　女包五金细节图　　　　图 8-8　女包内袋细节图

8.1.2　制订计划

本任务以女包的拍摄为例,完成女包类网店的商品图片素材的采集工作。在教学做一体化训练中,也是以女包的拍摄为例,通过相应的工作流程、操作步骤更好地掌握女包采集的方法和内容。

在商品采集过程中,拍摄环境搭建尤为重要。首先要填写女士皮包商品拍摄计划表,计划好要用到哪些拍摄工具和辅助工具,如表 8-2 所示。

表 8-2　女包的商品拍摄计划表

序号	项　　目	项目属性值	备　　　注
1	商品编号		
2	商品名称		
3	采集大致要求		根据**商品的陈列与摆放**给出拍摄的要求
4	采集环境		布光
5	采集地点		室内,室外
6	采集时间		格式：2020-01-01 8:30
7	采集数量		所需拍摄商品照片的数量
8	采集人员		
9	相机设备		相机型号
10	辅助设备		

任务 8.1 小结

【知识目标】

本任务要求学生以团队为单位,根据女包的商品特征,完成商品拍摄计划表。

【能力目标】

能够分析常见女包商品的特性,进行商品信息收集。

同步实训

【情景描述】

小组采集蓝格子猫女包商品信息,完成商品拍摄计划表。

【实训内容】

根据蓝格子猫女包商品的特性,完成商品信息表。

整理和讨论箱包商品的卖点,进行摄影色彩、构图策略构思,完成商品拍摄计划表。

任务 8.2　女包拍摄

【学习目标】

能够根据商品特征,拍摄出曝光合理、主题突出的商品照片。

【工作情景描述】

小红团队完成了女包商品信息采集工作,开始准备拍摄场景,拍摄商品照片。

8.2.1　教学做一体化训练

【拍摄设备】

佳能单反相机 EOS 750D、柔光箱。

【拍摄环境】

摄影工作室。

【拍摄流程】

1. 布置采集环境

步骤 1　准备柔光箱。将柔光箱放置在平稳的工作台上。

步骤 2　设置光源。

顶光来自柔光箱内的两排灯管,一根灯管移动到拍摄物体的正上方,保证光源充足。另一根灯管移动到到女包的后面顺光拍摄,避免出现逆光物品太暗的情况,见图 8-9。

图 8-9　灯管位置不同时拍摄效果

拍摄女包时也可以使用侧光,一般情况下,使用侧光照射出的阴影范围会更大,包的轮廓质感也会更好。

2. 拍摄步骤

步骤 1　相机设置。

将相机挡位设置为手动 M 挡,设置快门时间和感光度 ISO,使用多点单次对焦模式。在灯箱内进行拍摄,光源本身就很充足时,快门时间稍快一些也能满足正常曝光,具体参数根据现场具体情况来调整,以下步骤统一设置快门时间为 1/200s。

测白平衡。用灰卡的白色面放置在挂好的包包前面,使灰卡处于与女包相同的曝光环境中,并使用相机的"自动白平衡 AWB"模式,设置成"MF 手动对焦",构图使灰卡白面充斥整个取景框,使用与包相同的曝光数值拍摄一张照片,进入相机设置界面,设定"自定义白平衡",选择这张白色照片,如成功就返回并把相机白平衡设定成为"自定义白平衡",如果出现"这张照片可能无法准确设定白平衡"此类对话框,则调整光圈重新拍摄。

 小贴士

感光度 ISO 尽量控制在 800 以下,画面稍微暗一点也可以,一定不要太亮,太亮会失去细节,不利于后期编辑。快门时间尽量控制在 1/125s 左右,尽量满足正常曝光。因为时间太短会曝光不足,而时间太长可能会因手抖产生虚影。

步骤2 女包正面摆拍。

① 拍摄角度。女包正面摆拍。

② 相机参数设置。快门时间 1/200s,光圈 f/7.1 22mm,ISO 为 400。

③ 拍摄要点。设置偏小的光圈。大光圈会拍出前景清晰、后景模糊的虚化效果,而小光圈则是前后都清晰,大部分拍摄环境下主要会开大光圈拍摄,曝光充足且能够突出主题,照片美观。但是在拍摄视角图时一定要保证轮廓清晰,如果用大光圈就会造成对焦点是清晰的而其他地方都虚掉的情况,而视角图又是一定会被拿出来抠图单独摆放的,脱离背景后如果边缘虚掉,效果就会大打折扣。但是为避免光圈太小导致快门时间增加或者 ISO 提高等各种负面影响,所以设置在 7 左右是比较合理的。

④ 拍摄初体验。第一张正面拍摄出的图片效果见图 8-10。

⑤ 拍摄效果评价。拍摄视角有点歪。

⑥ 原因分析。拍摄时相机没有完全端平,建议使用三脚架。

拍摄时角度偏右,调整方法就是相机端平,如果实在掌握不好,后期用 Crtl+T 选中图片,右键透视,对透视框的四个角进行拖动,也可以调正。

有些型号的单反相机自带水平线功能,在移动相机的过程中会自动出现一条黄色的基准线,只需让这条黄色基准线与相机本身的水平线对齐,两者合一后就会出现一条绿色水平线,这时代表相机端平且端在了正中央。如果只想判断相机是否端平,观察这条水平线前后两端的三角形是否为绿色即可。

⑦ 拍摄纠正。纠正后女包正面图如图 8-11 所示。

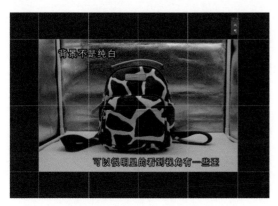

图 8-10　第一张女包正面图

图 8-11　拍摄纠正后的女包正面

步骤3 女包背面摆拍。

拍摄女包背面的方法与拍摄正面类似,但是要注意该女包如果是双肩包,背面有包带,一定要把包带摆放恰当,否则会让拍摄画面稍显凌乱。

第一张背面拍摄效果见图8-12。

① 拍摄效果评价。拍摄主体不完全。

② 原因分析。拍摄时主要关注了女包背面的部分,从拍摄画面来看,很明显包带有一部分在画框外,视觉效果给人的感觉就是内容缺失。在拍摄商品时,要给后期编辑留有裁剪、排版的余地,即二次构图的空间。这时的解决方法就是重新拍摄,尽量将所有内容包含进画面,或者可以增加拍摄数量,通过侧面拍摄来体现背带。

③ 拍摄纠正。纠正后女包后面图如图8-13所示。

图 8-12　第一张女包背面图

图 8-13　纠正后拍摄的女包

步骤4 女包侧面摆拍。

① 拍摄角度。女包侧面摆拍。

② 相机参数设置。快门时间1/200s,光圈 f/7.1 22mm,ISO 为400。

③ 拍摄要点。女包侧面拍摄要让买家能够全方位看清楚包包本身,斜侧面拍摄的女包会更有立体感。摄影是一种平面造型艺术,只表现长宽两度空间,容易使画面呆板,要使画面表现有生气,必须运用摄影技巧,使景物的立体形象在画面上表现出来。

④ 拍摄初体验。第一张正面拍摄出的图片效果见图8-14。

⑤ 拍摄效果评价。拍摄视角问题,显得女包有点"矮"。

⑥ 原因分析。调整拍摄角度表现立体感。高角度拍摄时,镜头摄取范围广,画面上近大远小,使画面立体感增强。低角度拍摄时,前景高大突出,后景相对缩小或被遮住,对比不显著,立体效果也会减弱。

⑦ 拍摄纠正。纠正后见图8-15。

图 8-14　第一张女包侧面图

图 8-15　拍摄纠正后的女包侧面图

步骤 5　女包细节(材质)拍摄。

① 拍摄角度。女包细节(材质)拍摄。

② 相机参数设置。快门时间 1/200 s,光圈 f/7.1 50 mm,ISO 为 400。

③ 拍摄要点。女包通常由特定材质做成,如果想充分表现包的材质,拍摄时最好将特定部分放大,仔细拍摄女包的特色部分。女包的肩带连接部分和拉链五金件都是细节拍摄的重点。拍摄的细节图是为后期制作商品详情图服务的,展现女包牢固的缝制和拉链会给人一种结实的感觉,同时也会影响顾客的购买决策。拍摄的具体操作同样可以从主光源、纹理、金属部分三个方面进行。

④ 拍摄初体验。第一张细节拍摄出的图片效果见图 8-16。

⑤ 拍摄效果评价。这个女包细节图拍摄内容有点宽泛,没有集中体现某一个细节,所以拉链细节不清晰。

⑥ 原因分析。主光源设置上换成柔光线。纹理感不强是因为顺光,女包的材质显得不立体,需要随时移动光源,寻找纹理最清晰的位置拍摄。金属五金件可以采用金色卡纸挡一下,这样金属上就会反射金色的颜色,彰显产品五金件的质量。

⑦ 拍摄纠正。纠正后的女包细节图如图 8-17 所示。

图 8-16　第一张女包细节图

图 8-17　拍摄纠正后的女包细节图

步骤 6　女包细节(金属五金件)拍摄。

① 拍摄角度。女包细节(金属五金件)拍摄。

② 相机参数设置。快门时间 1/200 s,光圈 f/7.1 35 mm,ISO 为 400。

③ 拍摄初体验。第一张细节拍摄出的图片效果见图 8-18。

④ 拍摄效果评价。这个女包五金件图拍摄的金属部分有点暗淡,整体效果也偏暗。

⑤ 原因分析。主光源设置上换成柔光线。纹理感不强是因为顺光,女包的材质显得不立体,需要随时移动光源,寻找纹理最清晰的位置拍摄。金属五金件可以采用金色卡纸挡一下,这样金属上就会反射金色的颜色,彰显产品五金件的质量。

⑥ 拍摄纠正。纠正后的女包五金件效果图如图 8-19 所示。

图 8-18　第一张金属五金件细节图　　　　图 8-19　拍摄纠正后的金属五金件效果图

8.2.2　质量检查及验收

本次任务是根据需求对某品牌女包商品进行信息采集工作。在采集工作中,熟练掌握根据商品特性来设计拍摄环境,根据拍摄镜面反射类物体的特点,熟练运用道具营造不同效果,完成对该商品的采集拍摄,如表 8-3 所示。

表 8-3 质量检查及验收表

检 验 内 容	要 求	合格/不合格
技术技能要求	能正确录入女包的商品信息	
	能使用单反相机对镜面反射女包细节进行拍摄	
	掌握表现镜面反光商品细节的布光方式	
	能使用黑卡纸、硫酸纸灯道具增加物体的质感	
仪器设备操作方法与规范	掌握影视闪光灯、电子引闪器的使用方法	
	遵守摄影实训室的规章制度,器材使用必须轻拿轻放,使用完毕需关闭电源	
	任务完成后,实训器材需归位或交还实训室管理老师	
拍摄成果验收标准	所有步骤均顺利完成,并且能够表现出产品的特性与质感	
	在任务过程中遇到问题能思考并解决问题	

任务 8.2 小结

【知识目标】

本任务要求学生以团队为单位,根据女包配件类商品特征,进行摄影色彩、构图策略构思,拍摄出曝光合理、主题突出的女包类商品照片。

【能力目标】

(1)能够根据具体商品特性进行拍摄环境调整。

(2)掌握单反相机的使用。

(3)掌握女包不同材质的拍摄技巧。

同步实训

【情景描述】

完成鹿纹背包的信息采集后,小组又开始一个新的女包拍摄,女包名称为蓝格子猫。蓝格子猫女包外表正面图见图 8-20。该女包材质不是皮质,而是布料材质,因此不像皮质那样需要表现其纹理和光泽,需要对主光源进行调整,使用大面积柔光源。拍摄整个女包,还是和鹿纹背包一样,需要从正面、反面、不同角度的侧面、底部、五金件细节、材质等视角全面地展示其信息。在细节拍摄上需要重点拍摄肩带、拉链、金属装饰以彰显其做工精细,见图 8-21。在拍摄女包内部时,需要填充一些物品,如手机、书本,以展现女包的容量。

图 8-20 蓝格子猫女包

图 8-21 蓝格子猫细节拍摄样图

【实训内容】

以团队为单位,拍摄一组蓝格子猫女包照片,要求曝光合理、主题突出。

学生自我总结表(Word 格式)8-1

女包类商品编辑

project 9

本项目重点和难点

根据女包类商品特征,根据项目八中拍摄的女包照片进行创意设计,提高用户关注度;运用相关图形图像处理软件对图片进行处理和制作,展现商品特性,突出商品卖点。

内容架构

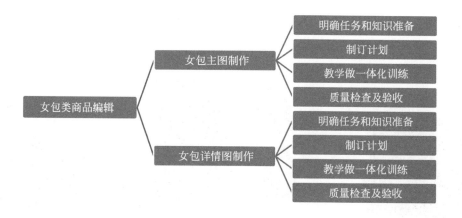

引例

李总是做箱包批发零售的老板,公司位于武汉的批发市场汉正街。由于电子商务的迅速发展,箱包批发零售要积极转变经营思路。看到淘宝平台上的女包网络销售火爆,李总也想尝试一下,于是准备开一家箱包零售网店。着手采集完女包商品照片后,他碰到了几个问题:这么多的箱包照片如何在网店平台上展示?怎么才能拍摄出有转化率和销量的女包主图和详情图?

任务 9.1　女包主图制作

【学习目标】

根据商品的特点进行创意设计,提高用户关注度;运用相关软件对拍摄的照片进行商品主图制作,展现商品特性,突出商品卖点。

【工作情景描述】

小红团队在摄影工作室完成了几款女包的拍摄工作后,开始讨论女包主图的构图设计、色彩搭配和卖点文案的提炼,准备女包的主图制作。

9.1.1　明确任务和知识准备

1. 女包商品主图构图设计

(1)主图设计的主要目的

对于商品主图来说,合理的商品展现角度不仅能够增强商品的立体感,而且可以让买家更加清晰地看到商品的全貌,并且一个好的拍摄角度可以让商品更加灵动。女包商品主图设计的主要目的,同样是要抓住客户眼球、醒目美观;激发客户兴趣,提高辨识度;促进商品点击率,提高销售量。

(2)主图构图方式

一个主图通常由三个部分组成,即构图方式、背景和文字排版。

① 构图。不同的构图方法会有不同的视觉关注点,同时也能够营造出不同的商品氛围,在构图上有四种常用的构图方法,分别是直线式构图、对角线构图、渐次式构图、辐射式构图。

箱包商品外观形状具有一定的规则性,通过直线式排列可以整齐美观地展现出箱包商品,这样的构图方式可以将箱包商品不同的颜色和规格通过并列对比展示给消费者,增加商品的选择性,提高商品的竞争力,如图 9-1 所示。

对角式构图是将箱包商品安排在对角线上,突出箱包商品的立体感、延伸感和动感。对角线构图形成的纵深,能够带给消费者更多的视觉冲击力,如图 9-2 所示。

渐次式构图是将多个箱包商品渐次式排列,能够增强箱包的空间感。将箱包商品由小到大、由主到次地摆放,增加画面的纵深感,并且运用透视景深效果,体现出箱包商品的多样性,如图 9-3 所示。

图 9-1　直线式构图　　　　　图 9-2　对角式构图　　　　　图 9-3　渐次式构图

辐射式构图就是平面构图的发射构图方式,发射排列的视觉冲击力最强,向外扩张的线条给人以动态感,增强了画面的张力,凸显商品的主体中心。发射的构图方式适合线条细长的商品,但是也可以将箱包呈放射性发散,显示其动感,突出主题,如图 9-4 所示。

② 背景。设计主图时需要仔细分析商品信息和挖掘商品卖点,也就是需要根据产品和活动本身来选择合适的背景。背景可以选用纯色背景、场景背景、渐变背景及图形背景等。

纯色背景不是指一种单独的颜色,而是指单纯地以颜色作为背景,可以是两种不同颜色的拼贴或是同一色系的颜色组合,如图 9-5 所示。单纯地展示商品主体或商品特写会显得单调乏味,对于箱包类产品,模特佩戴的效果对消费者的选择很重要,场景背景能使消费者在想象中将自己放在场景里,更多地了解佩戴效果,如图 9-6 所示。

图 9-4　辐射式构图

图 9-5　纯颜色背景

图 9-6　场景主图

色彩的渐变就是由一种颜色渐渐过渡到另一种颜色。色彩渐变能给人很强的节奏感和审美情趣。常见的色彩渐变可以分为深色渐变和浅色渐变。想凸显旅行箱的商务特征,选择深色渐变应用于背景比较多,可使画面变得丰富多彩。休闲型箱包则选浅色渐变较多,大多应用于点缀白色底,给人以清爽、活泼的感觉,如图 9-7 所示。

根据平面构成方法的重复、特异、渐变、发射、空间和对比,运用重复、变异、交叉等手法都可以形成图形图案的背景。例如图 9-8 利用米老鼠图形作为背景,体现其是米老鼠系列限量版旅行箱。

（3）文字排版

文字排版对商品主图有重要的作用,箱包类文字版式通常以二级排版或多级排版为主。二级排版主要是由营销文案组成,如图 9-9 所示。多级排版主要是由品牌或型号、营销文案、价格、购买文字框组成。多级排版的字体大小错落排列,最大的字体体现营销元素或卖点,如图 9-10 所示。

图 9-7　渐变主图

图 9-8　图形背景主图

图 9-9　二级文案排版

图 9-10　多级文字排版

2. 商品主图卖点文字提炼

一张优秀的女包主图,虽然不可能有 100% 的点击率,但是超过同行平均水平、达到优秀水平,还是能够达成的,关键是要掌握好技巧和方法。主要应综合以下各种营销因素。

（1）体现性价比

购买女包的消费者心理价位越高，实际价位越低，中间的落差就越大，购买就越冲动。女包主图就是帮助消费者建立心理价位的。女包主图要体现的不是单纯的商品样式，而是能打动消费者的卖点。

（2）多重卖点

女包的多重卖点可以刺激购买欲望。可以从信任策略上设置卖点，使用气场十足的 Logo、原单、精品、专柜、正品、大牌、代购；也可以从急迫策略上设置卖点，如新品抢鲜、限时抢购、限量抢购、尾货清仓等；还可以使用促销策略设置卖点，如节日钜惠、限时折扣，如今日特价、秒杀、满减、满送、买赠等。

（3）视觉冲击力

要达到女包类商品的视觉冲击力，可以从以下几个方面设计。

第一，从女包产品本身寻找卖点。从女包的形状、原材料、大小、颜色、功能组合、质量、独特风格提炼卖点；

第二，从女包的服务层面寻找卖点。从最优质的送货服务、最专业化的服务、产品在保养方面的服务、免费咨询服务等彰显卖点；

第三，从女包的文化概念层面寻找卖点。从新品类创新卖点、独特目标市场区域卖点、核心产地卖点、有个好故事卖点出发提炼；

第四，从其他层面寻找卖点，如高质高价卖点、低价热卖卖点、渠道优势卖点、客服卖点等。

3. 商品主图色彩搭配

要想做好女包类商品主图的色彩搭配，必须了解色彩的特性，结合女包的颜色，合理地进行色彩搭配。

（1）色相对比

通过色相对比，将色彩分为邻近色、同类色、对比色和互补色四类，色相之间通过角度不同来定义四类色彩，见图 9-11。

（2）冷暖对比

色彩的冷暖感觉受光线和邻近颜色的影响。红、橙、黄、棕色往往使人联想到橘黄的火焰和太阳、棕黄的大地，因此有温暖的感觉，将其称为"暖色"。图 9-11 是箱包主图中的暖色调应用。

绿、蓝、紫色则往往使人联想到森林，天空和冰雪，因此有凉爽的感觉，将其称为"冷色"。图 9-12 是箱包主图中的冷色调应用。

图 9-11　箱包背景暖色调

图 9-12　箱包背景冷色调

（3）饱和度对比

色彩饱和度是指色彩的鲜艳程度，也称色彩的纯度。不同的饱和度，给人的视觉感受不一样。图 9-13 是一个低饱和度的箱包背景，和箱包颜色搭配和谐。

（4）明度对比

明度对比是指色彩的明暗程度的对比，也称色彩的黑白度对比。明亮的颜色给人轻快、活泼的感觉。而暗色系的颜色显得厚重、沉稳,见图9-14。

图9-13　饱和度

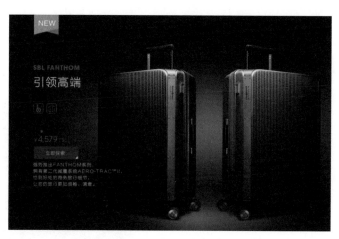

图9-14　暗色系

（5）色彩渐变

色彩的渐变就是由一种颜色渐渐过渡到另一种颜色。色彩渐变能给人很强的节奏感和审美情趣。常见的箱包类商品色彩渐变可以分为深色渐变和浅色渐变。深色渐变应用于背景比较多,使画面显得丰富多彩。图9-15中旅行箱的浅色渐变应用于点缀白色底,给人清爽、活泼的感觉。

（6）色彩情感

色彩可以利用视觉起到辅助认知的作用。色彩可通过其本身产生联想功能,让需要表达的物能够引起视觉共鸣和情感共鸣。比如,绿色系列是来自大自然的色彩,象征和平、安详、平静、温和、清新文艺,给人安全、自然、有生命感的印象。图9-16中的儿童背包采用绿色背景搭配,彰显自然和生命力。

图9-15　浅色渐变

图9-16　色彩情感

4. Photoshop 作图软件的使用

Photoshop 软件具有强大的图片处理功能。在这里主要针对该款女包,介绍一下常用的修图方法、几个修图工具间的比较和阴影的制作。

（1）快速选择工具和魔棒工具

快速选择的优势在于快选完毕后,用快捷键Ctrl+D消除选区,抠图速度快。但通常快速选择获得的图片会出现锯齿严重、边缘不清晰的问题,甚至还会有许多缺损,所以快速选择并不是抠图的第一选择。图9-17是快速选择后的效果图,问题在于女包边缘多余区域较多,还需要进一步进行图片精修。

具体操作步骤如下。

① 使用快捷键Ctrl+C和快捷键Ctrl+V复制原图层,之后的所有操作都在新复制的图层上进行,这一步

的目的是为了不破坏原图层,如图 9-18 所示(所有的修图的第一步都是复制原图层,之后就不作复述了)。

② 在左侧工具栏中找到快选工具,并调整参数。

如图 9-19 所示,在三种工具模式中,后两种更加常用,带"＋"号的是增加选区工具,如果需要增加选区的范围则切换到该模式,同样地,带"－"号的是减去选区工具,用它涂抹可以减去多余的被选中的范围,两种模式灵活切换,成果才会更精细。

| 图 9-17　使用快速选择的抠图效果 | 图 9-18　复制后出现的两个图层 | 图 9-19　快选工具栏 |

调整画笔大小时可以按住 Alt＋鼠标右键并左右滑动鼠标,这样做是为了更加精准快速地调整画笔的大小,所有的画笔工具都可以如此调整。

③ 接着用加选工具和减选工具配合涂抹,涂抹过程如图 9-20 所示。

快速选择工具操作过程虽然很简单,但是最终效果图不让人满意。

快速选择工具依靠形状识别抠图,遇到拍摄时虚焦、比较模糊的地方几乎无法精确抠图。样例中的包带与包身的空隙也很难完整地去除,并且还会出现边缘不清晰、无质感、多处缺损的情况,如图 9-21 所示。因此,快速选择并不是制作商品图片时抠图的第一选择。

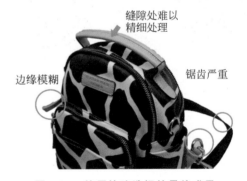

缝隙处难以
精细处理

边缘模糊

锯齿严重

| 图 9-20　快选涂抹过程 | 图 9-21　使用快速选择的最终成果 |

魔棒工具的使用与快速选择类似,两者的区别是魔棒依靠颜色识别,而快速选择根据形状识别。魔棒适合背景是单一色彩且背景颜色与物品差别大的情况,背景颜色不单一的情况不推荐使用魔棒工具进行抠图。

(2) 色彩范围

色彩范围也是一个常用的抠图工具,可以理解为魔棒工具的升级版。色彩范围的使用方法是单击菜单"选择—色彩范围",使用时单击旁边的取色管,再用取色管单击预览框上想要选择的部分,带一个"＋"的取色管可以连续选择，通常用来处理底部有瑕疵或不够干净的图片。选择结束后图片上与所选择的那块颜色相同的地方全部都会被框选住，画面会呈现出凌乱的感觉，这时使用橡皮擦在选区上直接擦去不需要的地方，就可以获得一个完整的、仅有背景的选择区域，再用油漆桶泼上，画面会呈现得十分自然。

色彩范围的使用步骤如下。

① 单击选择—色彩范围，如图 9-22 所示。

② 接着单击右边的带"＋"号的吸管，在预览图框中选取颜色，每单击一个像素点，工具会直接选中所有跟刚才像素点颜色一样的像素点，这也就是色彩范围的原理。

因为一张图很少有只需要抠一种颜色的情况，通常都只会用到带"＋"号的能够增加颜色选区的吸管。而这款女包颜色偏花，又和背景有些类似，如果选中包上的颜色，可能会将整张图都框选出来，因此可以点选背景上的颜色，框选背景后选择反向，也可以完成抠图。

③ 单击确认后，获得如图 9-23 所示效果。

结果选区线是密密麻麻、杂乱无章的。根据色彩范围原理，所有与吸管吸过的颜色相同的像素点全部被选中，就会获得上述效果图。

④ 接下来继续使用选区工具中的减选工具，将多余的选区细致抹去，如图 9-24 所示。

图 9-22　色彩范围选框

图 9-23　色彩范围后初步效果

图 9-24　减选工具涂抹过后

⑤ 切换到选区工具，右击任一选区，出现新的选项框后单击"选择反向"，原先框住背景的选区反向操作后选择了女包，如图 9-25 所示。

⑥ 按快捷键 Ctrl＋J，将选区复制并新建到一个新的图层上，如图 9-26 所示。

⑦ 新建底色图层，用油漆桶工具泼上所需颜色，可以直接用吸管选取原图层的背景颜色。最后将底色图层移到抠好的图层下面，整张抠图作品就完成了，如图 9-27 所示。

图 9-25　选择反向

图 9-26　复制后的新图层

图 9-27　最终抠图效果

从最后的效果图上可以看到成品中包带位置的阴影仍然保存，并且非常自然，省去了做阴影的步骤，这也就是色彩范围的优点。

原理上，阴影是一个由浅至深的渐变，当只吸取浅色那一块的像素点时，只会选上浅—中浅的部分，并留下中—深的所有部分，而一般只需要吸取背景上的颜色，就可以自然地与没有选中的部分有平滑的过渡，提前完成后期为图片添加阴影的工作。

（3）通道

通道只适合抠取颜色差异较大的图片，若采集的女包是以棕色为主色，而背景又是白色的话，通道几乎可以实现一键抠图。

在图层板块顶部的三个选项中单击"通道"，可以看到 RGB、红、绿、蓝四种通道，根据商品颜色选择通道，比如棕色的包红调更明显，那么在蓝色通道里就会与背景的差异更大，这时就选取在蓝色通道中抠图。

通道抠图也有一定的局限性，以这个长颈鹿纹的女包为例，上面有接近背景色的米白色底色与深褐色或深红色的斑块，与背景差距不大的情况下使用通道抠图，也可能出现问题。

通道抠图的具体操作如下。

① 在图层工具中找到通道，对比红、蓝、绿三个通道哪一个颜色更重，差距更大，如图 9-28 所示。

图 9-28　通道对比

② 相对来说，蓝色更加明显一点，右击蓝色通道，复制一遍，如图 9-29 所示。

③ 按快捷键 Ctrl＋L 打开色阶面板进行调整，三个点标分别控制黑色、灰色和白色，黑色和白色都往里面拉动，灰色看效果左右调整，目的是让黑的更黑、白的更白，颜色对比更加强烈，调整好后单击确认，调整后如图 9-30 所示。

④ 按住 Ctrl 键单击一下通道，出现选区后，再单击"RGB 通道"。如果不单击 RGB 通道，接下来复制出来的图层就会是黑白的，而不是彩色的，如图 9-31 所示。

⑤ 使用快捷键 Ctrl＋J，完成通道抠图。

如图 9-32 所示，最终结果不尽如人意，具体原因在于产品本身颜色较多，除褐色外还有许多深蓝色、深红色的斑块，主颜色又和背景相似。因此，该款女包不适合做通道抠图，但是纯色带五金点缀的女包则适合通道抠图。

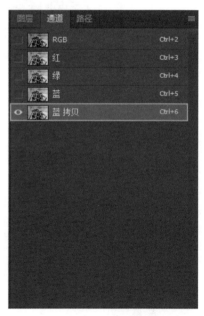

图 9-29　复制通道

（4）钢笔工具

钢笔工具是最常见的抠图工具。钢笔工具在遇到需要弯曲的部分，直接画出点后左右移动鼠标，调整曲线的弯曲程度，与目标物体的边缘贴合，因为沿着主体的边缘，抠图损失小。如果需要检查一下钢笔工具的抠图效果，可以选择增加一个黑色背景，能够更清晰地看到瑕疵并解决。

熟练掌握钢笔工具，抠图效率会大幅提高。因为效果相对前几种方法，是最精细的，使用范围也是最广的，是抠图的第一选择。钢笔工具的缺点就是难度较高，只有熟练操作，抠图的效果才会又快又准。

钢笔工具的具体操作方法如下。

图 9-30　调整色阶

图 9-31　通道选区

图 9-32　通道抠图效果

① 选中钢笔工具,用鼠标沿着女包的边缘依次进行单击,沿边缘的走向移动鼠标,拉出一条沿着边缘的曲线,如图 9-33 所示。

② 继续单击下一个点,一条线段就连接起来了,拉出弧度,重复操作,直到整个产品被框住为止,如图 9-34 所示。

③ 在钢笔工具栏中找到选区按钮便可转换为选区,再按快捷键 Ctrl+J 新建选区到另一图层,即可完成钢笔抠图,如图 9-35 所示。

图 9-33　钢笔抠图过程

图 9-34　使用钢笔工具抠图

图 9-35　钢笔新建选区

钢笔工具需要经过长时间练习才会熟能生巧,在抠图完成之后新建一个黑色的背景图层,可以更明显地看到瑕疵,方便后续检查抠图成果。

(5) 阴影的制作

买家在购买商品时非常看重商品的品质,因此在后期处理中可以运用阴影或倒影的手法将商品的光泽质感表达出来,使商品显得更加高档、有品质。将女包抠图后,为了增加画面的质感,需要制作阴影。下面介绍几种制作阴影的方式,灵活掌握这些技巧,能够给产品图片效果增光添彩。

① 选区工具。选区工具是较为常见的一种阴影制作方式,多数阴影都可以通过选区工具制作而成,具体操作步骤如下。

第一步,在工具栏中找到框型选择工具并右击转换到椭圆选区工具,在合适的地方拉出一个椭圆,并新建图层,直接用油漆桶给选区泼上黑色,再按快捷键 Ctrl+T 调整椭圆的角度与大小,如图 9-36 所示。

第二步,单击"选择—修改—羽化"或者使用快捷键 Shift+F6 给选区进行羽化,目标只能在被选中也就是周围围绕虚线时才能被修改,按住 Ctrl 键的同时单击目标图层即可载入选区,如图 9-37 所示。

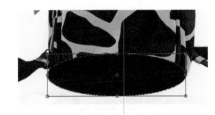
图 9-36　拉出椭圆选区并填充黑色

图 9-37　羽化选区框

羽化会让图形的边缘带有一定的虚化效果，制造出柔和的阴影，其参数需要进行多次调整，才能获得最佳视觉效果。

第三步，使用快捷键 Ctrl＋J，即可拷贝出羽化后的目标图层，把原图层隐藏，就可以看到两者之间的区别，如果效果不够满意可以反复进行羽化操作，如图 9-38 所示。

图 9-38　羽化后图层

第四步，需要制造出从内而外的更加自然通透的效果，就必须让阴影的边缘模糊虚化。

单击菜单栏上的"滤镜—模糊—高斯模糊"，在效果框内滑动半径选项，勾选"预览"后可以直接在画布上看到调整后的效果，滑动到满意位置后按下"确认"即可，如图 9-39 所示。

图 9-39　高斯模糊参数框

第五步，在图层工具框中调整目标图层透明度，如图 9-40 所示。这一步的目的是要阴影与物体结合得更自然，否则会显得突兀。

可以重复以上操作使效果更好，如果选区框太实、边缘不够虚，就可以再继续羽化；如果阴影太硬、不够柔和，就高斯模糊几次；如果阴影不够浅，那就再调低透明度；如果阴影形状不够合理，就使用快捷键 Ctrl＋T 修改形状。

最终效果如图 9-41 所示。

图 9-40　降低不透明度

图 9-41　选区做阴影最终效果

② 混合选项—图层样式。女包阴影的制作也可以使用混合选项和图层样式来完成。具体操作步骤如下。

第一步,右击目标图层后单击"混合选项",进入图层样式的选框中,如图 9-42 所示。

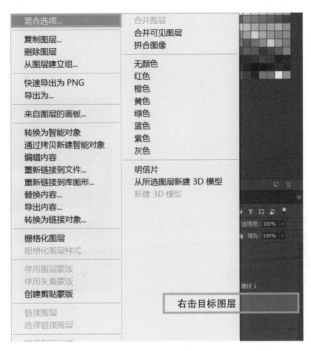

图 9-42 混合选项

第二步,将最下面名为"阴影"的一栏勾选上,然后在参数框内进行调节。

可以调节角度、颜色、透明度、大小(阴影模糊程度)、距离(阴影与物品的距离)、扩展(受大小的影响,大小越大,扩展越小,阴影越虚,反之则越实)六种参数,滑动参数条即可同步预览阴影的调整,满意后确认即可,如图 9-43 和图 9-44 所示。

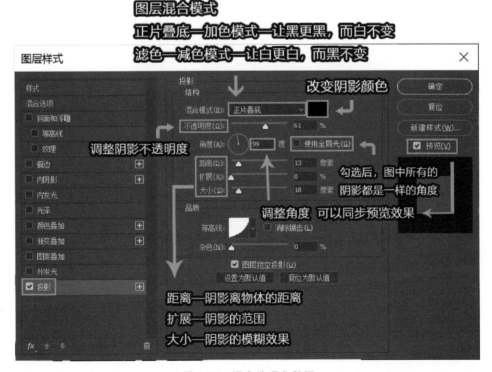

图 9-43 混合选项参数框

由最终效果图可以看出,这种混合模式做顶光阴影的效果不是特别好,因为没有办法做出只有底部有阴影的效果。虽然不适合做女包阴影,但是在做侧光、文字图框等元素设计上的阴影时使用这一方法非常适合。

③ 画笔。使用画笔做阴影需要有一定美术功底,手工绘制是使阴影最逼真的一种方法,操作起来也非常简单。具体操作步骤如下。

第一步,选择画笔工具,并在上方的画笔选择栏中调整到"柔边圆",按住 Alt 键滑动鼠标可以放大、缩小画笔的范围,如图 9-45 所示。

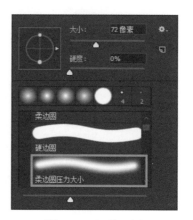

图 9-44　混合模式最终效果　　　　　　　　　图 9-45　画笔面板

第二步,新建图层,将画笔参数进行调整,如图 9-46 所示。

图 9-46　画笔参数栏

可以先将"不透明度"降低到 60%～70%,如果效果不好,可以直接调整图层的透明度。

"流量"用于控制画笔的轻重,就好比画笔中的墨水含量,墨水越多,出水越浓,颜色越重,在这里可以适当降低流量。

"平滑"就是将笔触的边缘羽化,类似于硬度,将它设置为 0 时,画出来的线条会有明显抖动,如图 9-47 所示。

设置为 100 时,线条的尾部会跟随一条明显的细线,画出的线条更流畅,笔触没有毛刺,但是使用体验较差,容易出现卡顿,如图 9-48 所示。

设置为 10 时,线条尾部的细线会短一些,也不会过于抖动,如图 9-49 所示。

图 9-47　平滑为 0　　　　　　　图 9-48　平滑为 100　　　　　　　图 9-49　平滑为 10

图 9-50 中是使用画笔一笔画成的阴影,效果不错并且效率很高。

但是画笔画阴影一般只适合用在顶光的情况下,此时只有最下面有一道阴影,如果是侧光就会出现大面积的阴影,那就需要一定的美术功底。

如果需要画多张小图的阴影,可以多分几个图层,方便后期修改,提高作图效率。如果图层较多也可以按快捷键 Ctrl＋G 分组，如图 9-51 所示，只是在移动到组的时候需要在移动工具的参数栏中把移动对象目标从"图层"改到"组"，才能整组移动。

④ 加深减淡工具。加深减淡工具更适合做内阴影，以一个小圆饼为例，让它变成一个小圆球，如图 9-52 所示。具体操作如下。

图 9-50　画笔做阴影的效果　　　图 9-51　移动工具切换组与图层　　　图 9-52　普通形状小圆饼

① 新建中性灰(128,128,128)柔光模式图层，直接在新图层上进行编辑，如图 9-53 所示。

② 在左侧工具栏中找到加深减淡工具，调整工具参数，初始曝光度一般默认值为 50％左右，画出来的效果太过生硬，降低到 10％左右少量多次地进行涂抹，使效果更可控也更加自然，如图 9-54 所示。

图 9-53　新建图层选框　　　　　　　图 9-54　加深减淡工具参数栏

③ 使用减淡画笔工具对圆饼左上角的部位，也就是决定作为高光、光源照射到的部位进行大量涂抹，直到出现明显的泛白。然后将减淡画笔的范围调小，还是在相同的地方进行多次涂抹，让其中心的泛白程度更重，如图 9-55 所示。

④ 使用加深画笔工具对圆片的边缘进行涂抹，在与高光相对称的部位进行重点加深，并且在高光与阴影的衔接处进行少量涂抹，使得其过渡更加自然。如果涂抹颜色太重画面就会显得有些生硬，可以适当降低中性灰图层的透明度，使画面变得更加柔和，如图 9-56 所示。

（5）蒙版工具

用蒙版做阴影的情况其实比较少，它实际上最合适用来做倒影。具体步骤如下。

① 复制产品图层到新图层，命名为"倒影"图层，如图 9-57 所示。

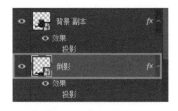

图 9-55　减淡工具涂抹后　　　图 9-56　加深工具涂抹后　　　图 9-57　复制原图层

② 对"倒影"图层按快捷键 Ctrl＋T，右击"垂直翻转"，移动到紧贴产品图层下方，呈水平对称，如图 9-58 和图 9-59 所示。

图 9-58　垂直翻转　　　　　　　　　　　　　　图 9-59　移动到最下方

③ 给"倒影"图层新建蒙版工具,按住 Shift 键用渐变工具拉出一条黑白线条的渐变。倒影效果初步完成,如图 9-60 所示。

④ 将"倒影"图层的透明度降低,视情况增加一点高斯模糊(滤镜—模糊—高斯模糊,调整半径可以实时预览效果),大功告成,如图 9-61 所示。

蒙版工具的功能是黑色遮盖、白色显示。

使用蒙版工具的女包最终效果如图 9-62 所示。

图 9-60　拉出渐变线制作倒影　　　　图 9-61　制作高斯模糊　　　　图 9-62　蒙版制作倒影效果

9.1.2　制订计划

本任务需要完成长颈鹿纹女包的商品图片素材的编辑工作。在教学做一体化训练中,通过相应的工作流程、操作步骤来更好地掌握女包采集的方法和内容。在商品主图编辑过程中,构图设计尤为重要。

淘宝平台上的女包商品要求上传 5 张主图,见图 9-63。

图 9-63　淘宝商品主图上传界面

其中淘宝平台上白底图规范注意事项如下。

（1）图片形状为正方形，图片大小必须为 800 像素×800 像素。

（2）图片格式为 JPG 格式，大小在 300k 以内、38k 以上。

（3）背景必须是纯白底，最好将素材抠图、边缘处理干净，无阴影，不能有多余的背景、线条等未处理干净的元素。

（4）无 Logo、无水印、无文字、无拼接、无"牛皮癣"。

（5）不可模特拍摄，不能出现人体任何部位，如手、脚、腿、头等。

（6）必须是正面拍摄，不可出现拍摄道具、假模、商品吊牌等。

（7）商品需要正面展现，不要背面展现，主体不要左右倾斜。

（8）图片像素高，美观度高，品质感强。

（9）构图明快简洁，商品主体清晰、明确、突出，居中放置。

（10）每张图片中只能出现一个主体，不可出现多个相同主体。

（11）若是组合套装产品，组合套餐最多不超过 5 个商品。

（12）为保证商品在手机端展现得更加清晰，商品在保持美观的情况下，尽量减少留白。

本任务中主图制作以长颈鹿纹女包的五张图片进行计划展开。首先要填写女包商品主图制作计划表，见表 9-1～表 9-5。

表 9-1　女包的商品主图制作计划表（第一张）

序号	项　　目	项目属性值	备　　注
1	商品编号		
2	商品名称	长颈鹿纹女包	第一张主图
3	制作大致要求	（1）商品主图产品＋场景＋Logo＋卖点 （2）主图背景一定符合产品风格，和产品相互辉映，做到主次分明，画面有美感 （3）产品 Logo 在左上角位置 （4）产品本身要突出、清晰，不能模糊 （5）产品修图处理过以后和实物、详情页一致 （6）尺寸 800 像素×800 像素	根据**商品的构图设计**来给出制作的要求
4	作图环境	Photoshop 软件	
5	作图地点	美工工作室	
6	作图时间		格式：2020-01-01 8:30
7	制作数量	1 张	所需拍摄商品照片的数量
8	制作人员		
9	使用拍摄素材		拍摄采集的图片
10	注意事项	（1）作图尽量选择高清大图，大小不超过 3M （2）作图中要创建一个新样式图形或者添加文字时都需要先新建图层 （3）把抠好的图从一个图片移到另一个图片后，需要选择转化为智能对象，如果不转化，像素就会变，像素变了图片就会出现模糊 （4）主图设计颜色不要超过三种 （5）文字字体不要超过三种 （6）保存图片时需要保存两种格式，jpg 和 psd	

表 9-2　女包的商品主图制作计划表（第二张）

序号	项　　目	项目属性值	备　　注
1	商品编号		
2	商品名称	长颈鹿纹女包	第二张主图

续表

序号	项　目	项目属性值	备　注
3	制作大致要求	（1）主图第二张，文字＋产品＋Logo（突出卖点） （2）尺寸 800 像素×800 像素	根据**商品的构图设计**来给出制作的要求
4	作图环境	Photoshop 软件	
5	作图地点	美工工作室	
6	作图时间		格式：2020-01-01 8：30
7	制作数量	1 张	所需拍摄商品照片的数量
8	制作人员		
9	使用拍摄素材		拍摄采集的图片
10	注意事项	同表 9-1	

表 9-3　女包的商品主图制作计划表（第三张）

序号	项　目	项目属性值	备　注
1	商品编号		
2	商品名称	长颈鹿纹女包	第三张主图
3	制作大致要求	（1）产品静物图展示 （2）尺寸 800 像素×800 像素	根据**商品的构图设计**来给出制作的要求
4	作图环境	Photoshop 软件	布光
5	作图地点	美工工作室	室内，室外
6	作图时间		格式：2020-01-01 8：30
7	制作数量	1 张	所需拍摄商品照片的数量
8	制作人员		
9	使用拍摄素材		拍摄采集的图片
10	注意事项	同表 9-1	

表 9-4　女包的商品主图制作计划表（第四张）

序号	项　目	项目属性值	备　注
1	商品编号		
2	商品名称	长颈鹿纹女包	第四张主图
3	制作大致要求	（1）产品细节图展示 （2）尺寸 800 像素×800 像素	根据**商品的构图设计**来给出制作的要求
4	作图环境	Photoshop 软件	布光
5	作图地点	美工工作室	室内，室外
6	作图时间		格式：2020-01-01 8：30
7	制作数量	1 张	所需拍摄商品照片的数量
8	制作人员		
9	使用拍摄素材		拍摄采集的图片
10	注意事项	同表 9-1	

表 9-5　女包的商品主图制作计划表（第五张）

序号	项　目	项目属性值	备　注
1	商品编号		
2	商品名称	长颈鹿纹女包	第二张主图
3	制作大致要求	（1）白底 （2）尺寸 800 像素×800 像素 （3）分辨率 72 像素/英寸 （4）居中对齐，尽量画布撑满	根据**淘宝网平台白底图规范**来给出制作的要求

续表

序号	项　　目	项目属性值	备　　注
4	作图环境	Photoshop 软件	布光
5	作图地点		室内,室外
6	作图时间		格式:2020-01-01 8:30
7	制作数量	1 张	所需拍摄商品照片的数量
8	制作人员		
9	使用拍摄素材		拍摄采集的图片
10	注意事项	同表 9-1	

9.1.3　教学做一体化训练

【制作环境】
美工工作室。

【制作流程】

1. 第一张主图

女包的第一张主图要体现出"产品＋场景＋Logo＋卖点"元素;主图背景一定符合产品风格,做到和产品相互辉映,做到主次分明,画面有美感,如图 9-64 所示。

图 9-64　女包第一张主图效果图

步骤 1　新建画布大小为 800 像素×800 像素,分辨率为 300 像素/英寸,背景为白色,颜色模式调整为 RGB 模式。因为淘宝规定的主图在大于 700 像素×700 像素后会有一个放大镜功能,所以一般设为 800 像素×800 像素,如图 9-65 所示。

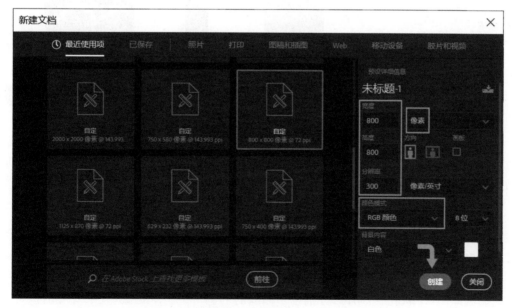

图 9-65　新建文档

步骤 2　单击视图后新建参考线,分开 2 次选择"水平""垂直"并输入 50%,即可获得一横一竖两条参考线,两条线相交的点是画布的中心点,如图 9-66 和图 9-67 所示。

建立参考线是为了准确定位画面中心,保证后续作图的平衡感与协调性,让整体效果更加美观。

步骤 3　单击"文件—打开",找到"抠图成品"文件夹,插入一张能够完整看清女包正面的图片后单击确认进行编辑。照片素材插入后,出现如图 9-68 所示的效果图。

图 9-66　新建水平参考线

图 9-67　新建垂直参考线

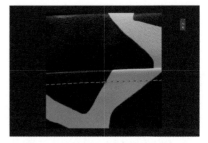

图 9-68　超大图片插入后的效果

这是因为几乎所有通过相机拍摄出的图片都会非常大,远远超出了所设置的几百 KB 范围,因此需要右击该图层,选择"转换为智能对象",如图 9-69 所示。

再按下自由变换快捷键 Ctrl+T 调整图片大小,完成后按回车键即可,如图 9-70 所示。

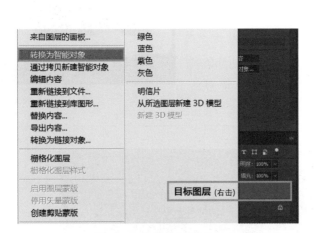

图 9-69　转换为智能对象

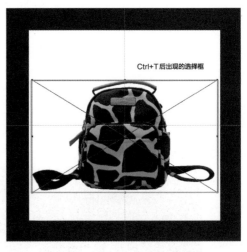

图 9-70　Ctrl+T 自由变换操作

使用移动工具对图片进行合理的移动与摆放,可以先大致定下位置范围,等到其他元素都添加完成后再整体进行调整,如图 9-71 所示。

步骤 4　对女包进行基础的调色和阴影制作。

① 在图层工具上方有一个"调整"工具,选择曲线并勾选曲线调节框最底下的"方形+箭头"标志,这样可以只给下面紧挨着的单个图层进行曲线修改,如果不勾选,那就等于对整张图片进行修改,如图 9-72 和图 9-73 所示。

曲线有三块区域即阴影、高光、中间调,分别位于曲线的下、上、中三个位置,调节对应的位置区域也就相当于在调节图片上的阴影或高光。

为了使产品图更加通透、有质感且清晰,托拉幅度不应太大。一般情况下,拍摄图片时为了保证细节不缺失,摄影者都会将曝光值调整得比较低,这就需要用曲线将整个画面提亮,使线条看上去比较清晰。

② 制作阴影。由于这款女包拍摄时统一使用了顶光,所以选择了用画笔工具在产品底部绘制一道阴影。最终成果图如图 9-74 所示。

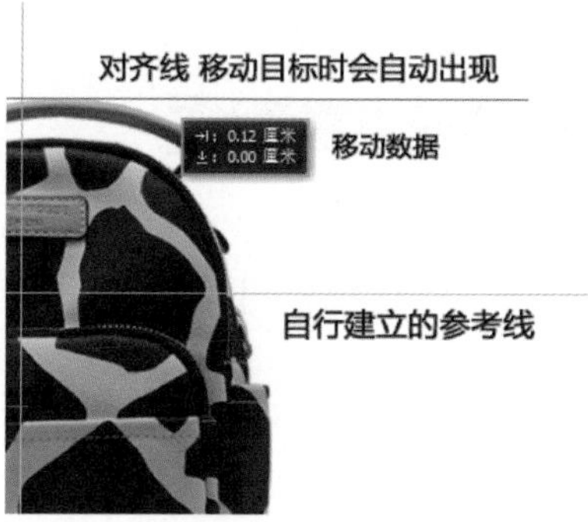

图 9-71 对齐线

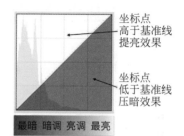

图 9-72 曲线工具

图 9-73 曲线工具功能讲解

③ 最后再新建图层,在模式选择框中选择"柔光"选项,再勾选中性灰(128,128,128),如图 9-75 所示。

图 9-74 画笔制作阴影成果

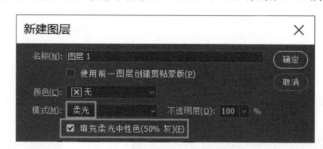

图 9-75 新建柔光图层

新建完后在工具栏里使用加深减淡工具,在中性灰图层上进行操作。因为直接在原图层上加深减淡会破坏掉原图层,并且效果太生硬,而在中性灰柔光图层上进行加深减淡相对来说更柔和,可使明暗对比更强烈且过渡更平滑。

在参数栏中将系统默认的 50% 改到 10% 左右,少量多次地进行涂抹。一般情况下,在对女包进行加深减淡操作时,会将五金的部分全部加深,高光的地方再进行减淡,增加光泽感。加深减淡操作也可以放到整张图制作结束后再进行。

步骤 5 为整张主图制作背景。制作方法是使用圆角矩形工具拉出一个图形,边框、填充皆为白色,并将图层放在产品下方,如图 9-76 所示。

接着给背景添加颜色,使用快捷键 Ctrl+T 调整圆角矩形框大小与边距,外框样式初步形成,如图 9-77 所示。

图 9-76 创建圆角矩形边框

图 9-77 添加背景后框形成

接下来制作角标,通常角标都是视觉效果上比较圆滑、富有立体感的圆角梯形。在 Photoshop 工具中使用圆角矩形工具拉出一个圆角矩形。在圆角矩形工具栏中的半径处可以调整圆角矩形的弧度,如图 9-78 所示。

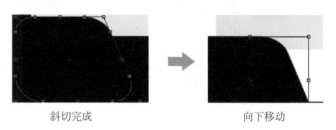

图 9-78　调整圆角矩形弧度

调整好圆角矩形的弧度后,按快捷键 Ctrl+T,右击,在弹出的快捷菜单中选择"斜切",拉住右下方的点向右拉,改变圆角矩形的坡度,如图 9-79 和图 9-80 所示。

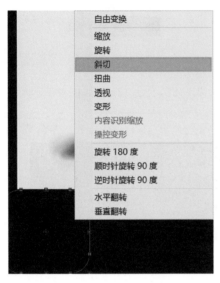

图 9-79　斜切调整坡度

图 9-80　角标制作完成

完成坡度调整后,将圆角矩形右下角隐藏,往画布外拉,同时视情况来放大角标,直至只露出圆角梯形的样式为止。

接下来要将右上角的角标制作出来。直接用做好的角标复制粘贴到新一图层,按快捷键 Ctrl+T 后右击进行垂直翻转和水平翻转两次操作,移动新角标到右上角合适位置,不需要完全露出来,只留下需要的部分,如图 9-81 所示。

步骤6　优化边框,增加文字信息。

① 用文字工具添加价格、简短文字和人民币标志(直接用输入法输入人民币即可出现"￥"),将三段文字分别置于不同的文字图层中,方便之后直接按快捷键 Ctrl+T 改变大小。长条中的文字同样也是分两个不同的文字图层建立,文字图层的编辑方式与 Word 文档相似,如图 9-82 所示。

图 9-81　右上角角标制作完成

图 9-82　添加文字图层

② 接下来用直线工具制作一条带有渐变效果的分割线。

首先在形状工具中找到直线工具,修改直线的颜色填充、描边、线条粗细,并拉出一条直线,如图 9-83 所示。

然后给直线图层新建蒙版图层,用蒙版制作渐变效果,在"渐变编辑器"中进行调整,如图 9-84 所示。

图 9-83 直线工具参数栏

将最左和最右两个点标调整为黑色,中间新建一个点标,在下方颜色选项中更改为白色,接着移动下方的两个点标,控制黑、白、黑三种颜色的距离合理即可。接着在蒙版图层中按住 Shift 拉出一条直线渐变,在图中也能看到普通的直线发生了变化,如图 9-85 所示。

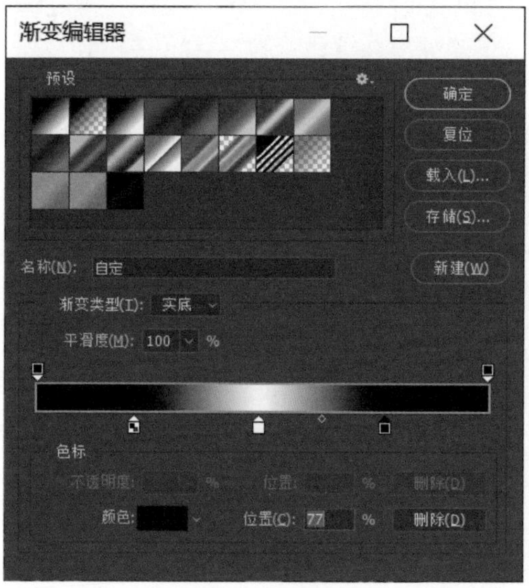

图 9-84 调整渐变工具 　　　　　　　　　　　图 9-85 最终效果

③ 继续编辑角标,增加一些投影、发光等效果。

单击角标图层,选择"图层样式",在选框中对视效果进行调整。在背景图层的颜色选择上,制作了一个三色渐变的效果,如果想让角标也叠加渐变色,只需在"图层样式—渐变叠加"中更改颜色、调整角度、设置渐变方式和缩放即可。渐变的柔和程度取决于缩放的大小,缩放百分比越低,出现分色的效果越明显,如图 9-86 所示。

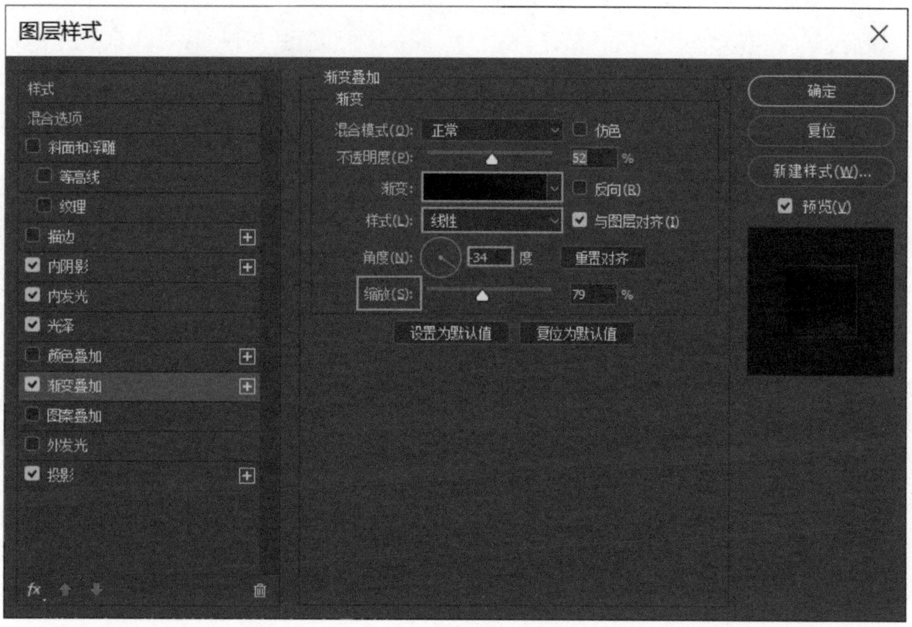

图 9-86 渐变叠加工具

除此之外,内发光也是能够提升质感的样式,其中"源"选项控制发光的位置,"阻塞"控制发光的距离,"大小"则控制发光范围及"不透明度"控制……,这几个选项在调整内发光时用得比较多,具体参数框如图 9-87 所示。

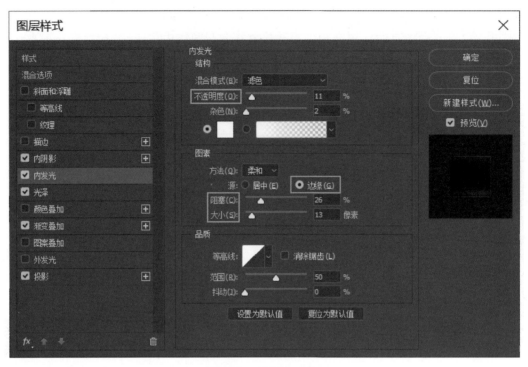

图 9-87　内发光工具

光泽工具的使用率并不算特别高,但是在需要做出质感效果时则作用比较明显。通过预览图可以看到"距离"是光泽离中心的距离,"大小"则控制光泽的范围,也可以使用投影工具美化图片,如图 9-88 和图 9-89 所示。

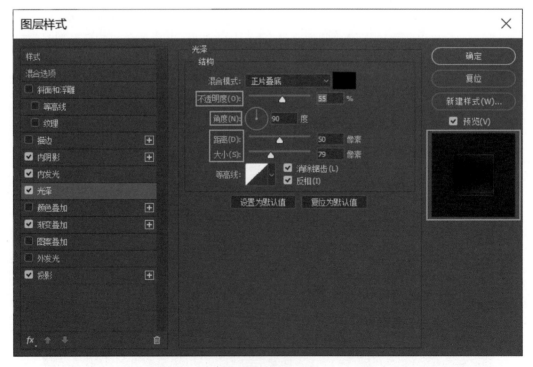

图 9-88　光泽工具

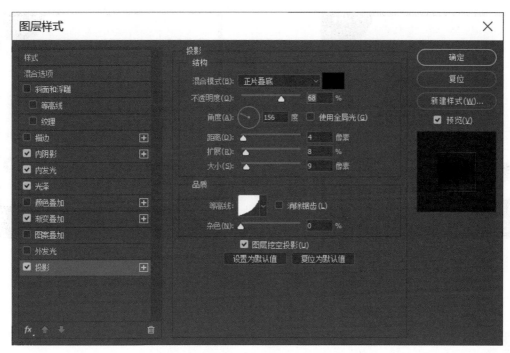

图 9-89　投影工具

这些方法也可以用于右上角角标制作,在调整时,如果跟随背景渐变反而会显得比较普通,因此在渐变的末尾稍微往蓝色偏移一些,同时做内发光效果会让右上角角标也更加突出,如图 9-90 所示。

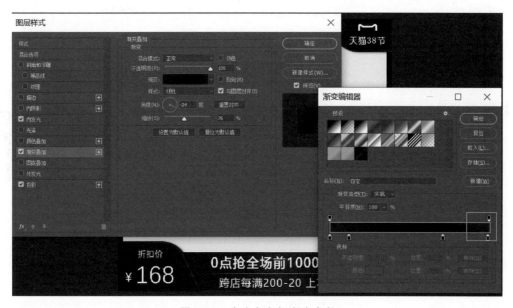

图 9-90　右上角角标渐变参数

④ 最后从文件—打开—找到 Logo 图片—单击确认后插入,用快捷键 Ctrl＋T 调整大小,进行合理的摆放,如图 9-91 所示。

此时图片特色不突出,因此需要在左侧添加促销文案来体现女包的价格优势,提高转化率。主图可以适当地描写产品特性,淘宝平台上的第一张主图大多以活动为主,也会根据活动内容进行定时更换。首张主图写清楚活动内容、优惠力度,效果会更好,让顾客更直观地感受到活动力度。产品特性可以放到其他四张主图上进行描述。

最终效果图如图 9-92 所示。

图 9-91　反复观察图片、寻找问题

图 9-92　最终效果图

 小贴士

因为单反相机拍出来的商品照片存储空间比较大,拖进主图编辑前需要进行压缩。如果直接进行压缩,再放大后就会出现模糊的现象。因此正确的操作步骤应该是将图片素材拖进来后,先右击转换为智能对象,再按快捷键 Ctrl+T 进行调整,这样就可以随意调整图片大小了。

但要注意的是,转换为智能对象的图片不能直接编辑,需要先新建一个图层,然后创建剪贴蒙版。

2. 第二张主图

长颈鹿纹女包第二张主图要包含"文字+产品+Logo"元素,突出卖点,如图 9-93 所示。

图 9-93　女包第二张主图

步骤 1　新建画布大小为 800 像素×800 像素,分辨率为 300 像素/英寸,背景为白色,颜色模式为 RGB 模式,如图 9-94 所示。

步骤 2　在拍摄素材中选择一张女包的全貌图片,单击确认后插入。接着将图片转换为智能对象,再按快捷键 Ctrl+T 调整图片大小,缩小到合适大小,如图 9-95 所示。

步骤 3　给女包图片增加阴影,同样由于顶光的使用,阴影只存在于最底部的小范围内,可以选择用画笔工具将阴影画出来。

在使用画笔绘制阴影时,应注意先将画笔不透明度降到 10%,且扩大画笔范围,沿着底部涂抹第一笔,先确定阴影的范围。然后提高一点不透明度(20%~30%),缩小一些画笔范围,继续沿着线画一圈,但是要比第一笔更靠里一些。第三笔将不透明度再提高一些(40%~50%),画笔范围再缩小,紧挨着边缘画一道。最后一笔是涂抹阴影面积更大的地方。四笔下来,阴影就由画笔工具制作完成了,如图 9-96 所示。

步骤 4　单击"曲线",给图片添加曲线效果,调整画面明暗度,如图 9-97 所示。

步骤 5　增加文字信息,写出主要卖点和信息。用文字工具,输入"清晰颈鹿纹理、活灵活现""双层外袋拉链、超大容量"等语句,注意在换行时保持统一,同时为了保证左右平衡,分别移动到左边和右边。在图中底部标明容量,同样用文字工具进行编辑。最后插入 Logo 图片,按快捷键 Ctrl+T 缩小至合适大小,再用移动工具移动至合理位置即可完成该图片制作,如图 9-98 所示。

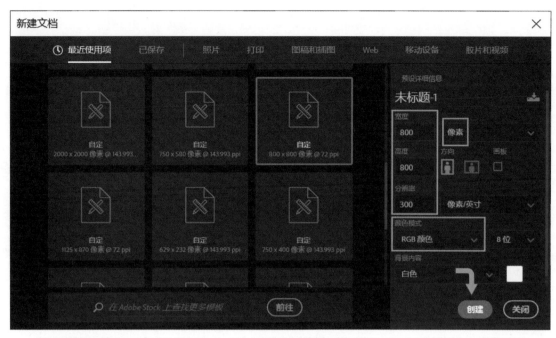

图 9-94　新建图层

图 9-95　调整大小

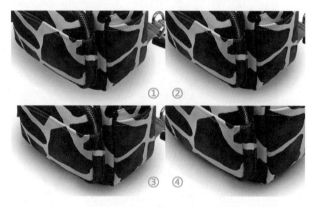

图 9-96　画笔绘制阴影 4 步骤

图 9-97　曲线调整

图 9-98　添加文字

小贴士

在图片素材很多的情况下，要分图层分组。包和阴影不能在同一个图层里。如果包和阴影在同一图层，修改包的位置就等于改动了所有包的阴影，就必须先单个框选出一个包的阴影，再按快捷键 Ctrl＋J 复制到一个新图层，再把包的阴影和这个包放在一起，按快捷键 Ctrl＋G，这样的操作需要重复很多次，会降低作图效率。

3. 第三张主图

第三张主图是细节展示图。在拍摄的细节图中选取清晰、大气、相对完整的图片进行制作。细节展示主要是给客户提供女包材质和装饰作为卖点，如图 9-99 所示。

步骤 1　新建画布大小为 800 像素×800 像素，分辨率为 300 像素/英寸，背景为白色，颜色模式为 RGB 模式，如图 9-100 所示。

步骤 2　单击文件，找到选好的素材选中，确认即可插入画布中。接着将素材转换为智能对象，按住快捷键 Ctrl＋T 缩小女包图片，如图 9-101 所示。

图 9-99　女包第三张主图

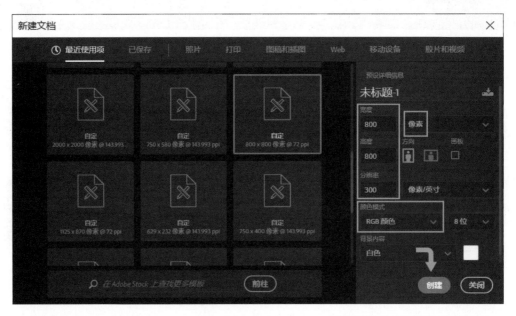

图 9-100　新建画布

步骤 3　仔细检查后发现画面留白部分过多，构图上细节不够突出，需将留白部分减少，让图片占画布比例更大。接着只需要再按快捷键 Ctrl＋T 和移动工具调整图片的大小，保证上下两边留白的边距相同即可，如图 9-102 所示。

图 9-101　调整大小

图 9-102　二次调整

步骤4　应用曲线工具对图片进行基础调色。因为原图颜色细节保留得比较完整,只需要用曲线轻微调亮即可完成,如图9-103所示。

4. 第四张主图

第四张主图同样也是细节展示图。在拍摄的细节图中选取清晰、大气、相对完整的图片进行制作。细节展示主要是给客户提供女包的立体感和包带细节,如图9-104所示。

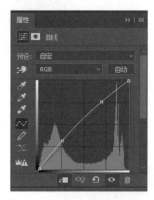

图 9-103　曲线调整

图 9-104　女包第四张主图

步骤1　新建画布大小为800像素×800像素,分辨率为300像素/英寸,背景为白色,颜色模式为RGB模式,如图9-105所示。

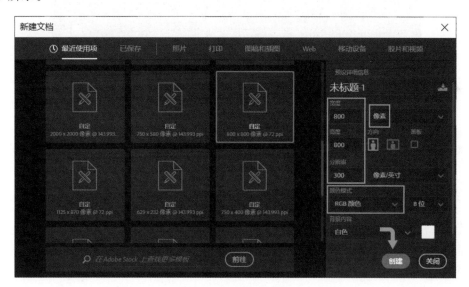

图 9-105　新建图层

步骤2　将图片插入后,右击该图层转换为智能对象,并按快捷键Ctrl+T调整图片大小,保证留白边距相等,细节清晰,图片大小适宜,如图9-106所示。

步骤3　最后给产品图层进行简单的调色,因为原图色彩已经很鲜艳,对比强烈,因此用曲线稍微调整即可。图9-107中参数仅供参考。

5. 第五张主图

按照淘宝网平台规定,第五张主图背景要求白底,分辨率为72像素/英寸,颜色模式为RGB模式。淘宝平台审核很严格,各项指标一定要符合要求,一旦有条件不符合,就不能成功地发布商品,因此要遵循淘宝平台的规则要求,如图9-108所示。

图 9-106　Ctrl＋T 调整大小

图 9-107　曲线调整

图 9-108　女包第五张主图

步骤 1　新建画布大小为 800 像素×800 像素，分辨率为 72 像素/英寸，背景为白色，颜色模式为 RGB 模式，如图 9-109 所示。

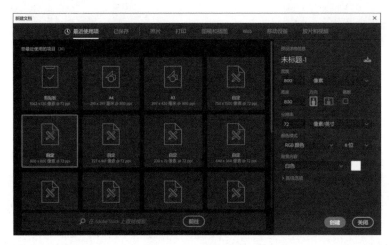

图 9-109　新建图层

步骤 2　选取一张能够完整清晰展示女包的正面图，按之前讲述步骤进行抠图操作，得到了一张去除背景和阴影的图片。插入成功后单击确认。

步骤 3　将图层转换为智能对象，并按快捷键 Ctrl＋T 进行放大或缩小，让产品在不压缩比例的情况下，遵循淘宝平台要求，使产品占满整个画布，如图 9-110 所示。

步骤 4　不需要添加任何阴影的过程，用曲线简单提亮即可。可以将背景改为黑色，检查有无牛皮癣等容易被忽视的小瑕疵，如图 9-111 所示。

图 9-110　放大缩小

图 9-111　曲线数值参考

9.1.4　质量检查及验收

【学习目标】

能根据商品的特点进行创意设计与评价；能够熟练运用相关软件对拍摄的照片进行商品主图制作。

1. 质量检查

对制作出的商品图片进行检查校对，并将信息填入表 9-6。

表 9-6　主图制作质量检查表

检查项目：女包商品主图

检查序号	检 查 项 目	根据完成情况在相应选项	改 进 措 施
1	图片尺寸	□正确　□不正确	
2	构图设计	□合理　□一般　□不合理	
3	色彩搭配	□合理　□一般　□不合理	
4	产品卖点与特色	□合理　□一般　□不合理	
5	产品突出	□突出　□一般　□不突出	
6	图片清晰	□清晰　□一般　□不清晰	
7	视觉美观	□美观　□一般　□不美观	

2. 交接验收

根据任务工作情境进行解说，展示商品主图完成效果，逐项核对任务要求，完成交接验收，并填写验收表，如表 9-7 所示。

表 9-7　主图验收表

验收内容：女包商品主图

序号	验 收 项 目	验 收 要 求	验 收 情 况	整改措施
1	第一张主图	(1) 商品主图产品＋场景＋Logo＋卖点 (2) 主图背景一定符合产品风格，和产品相互辉映，做到主次分明，画面有美感 (3) 产品 Logo 在左上角位置 (4) 产品本身要突出、清晰，不能模糊 (5) 产品修图处理过以后和实物、详情页一致 (6) 尺寸 800 像素×800 像素	□通过 □不通过	
2	第二张主图	(1) 主图第二张，文字＋产品＋Logo（突出卖点） (2) 尺寸 800 像素×800 像素	□通过 □不通过	
3	第三张主图	(1) 产品静物图展示 (2) 尺寸 800 像素×800 像素	□通过 □不通过	
4	第四张主图	(1) 产品细节图展示 (2) 尺寸 800 像素×800 像素	□通过 □不通过	
5	第五张主图	(1) 白底 (2) 尺寸 800 像素×800 像素 (3) 分辨率 72 像素/英寸 (4) 居中对齐，尽量画布撑满	□通过 □不通过	
6	客户检查情况	□合格 □较好，有待改进 □不合格	客户签字：	客户签字：

任务 9.1 小结

【知识目标】

本任务要求学生以团队为单位,根据商品的特点进行创意设计,提高用户关注度;运用相关软件对拍摄的照片进行商品主图制作,展现商品特性,突出商品卖点。

【能力目标】

(1) 能够分析常见女包商品的特性,进行构图设计。

(2) 能够分析常见女包商品的特性,进行色彩搭配。

(3) 能够分析常见女包商品的特性,进行卖点文案提炼。

(4) 掌握 Photoshop 软件,制作出五张主图。

(5) 分析主图效果,体现卖点。

同步实训

【情景描述】

完成鹿纹背包的主图制作后,小组又开始一个新的女包主图制作,女包名称为蓝格子猫。蓝格子猫女包外表正面图见图 9-112。该女包材质不是皮质,而是布料材质。在主图制作方面,需要结合该包的特点进行构图设计、色彩搭配和卖点文案提炼。

图 9-112　蓝格子猫女包

【实训内容】

根据箱包商品的特性,完成商品信息表。

整理和讨论箱包商品的卖点,进行摄影色彩、构图策略构思,完成商品主图制作计划表。

以团队为单位,根据商品的特点进行创意设计,提高用户关注度;运用相关软件对拍摄的照片进行商品主图制作,展现商品特性,突出商品卖点。

学生自我总结表(Word 格式)9-1

任务 9.2　女包详情图制作

【学习目标】

根据商品的特点进行创意设计,提高用户关注度;运用相关软件对拍摄的照片进行商品详情图制作,展现商品特性,突出商品卖点。

【建议学时】

16 学时

【工作情景描述】

小红团队在美工工作室完成了女包的主图制作后,开始讨论详情图制作的模块设计、构图设计和色彩搭配,准备进行女包的详情图制作。

9.2.1　明确任务和知识准备

1. 女包商品详情图的模块组成

根据消费者对信息的心理需求比例,见图 9-113,详情页主要模块由焦点海报图、产品参数、产品优势、产品展示、产品细节和售后保障六个模块组成,如图 9-114 所示。

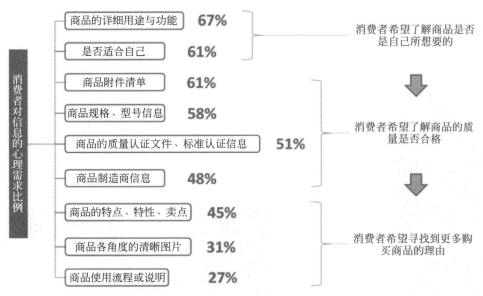

图 9-113　消费者对信息的心理需求比例

（1）焦点海报图

海报图通常用来突出商品的卖点，第一时间吸引消费者的眼球和注意力。以天猫某品牌女包为例，女包海报图可以通过模特佩戴来展示，见图 9-115。

（2）产品参数

商品的颜色、面料、功能、特色等信息说明，还可以附带尺寸表和洗涤建议，如图 9-116 所示。

品牌货号	FPLLP15SH14	配　件	—
颜　色	咖、粉色	结　构	主袋 1 个、拉链袋 1 个、手机袋 1 个、插格袋 1 个、外拉链袋 2 个
面　料	人造革镶牛皮革	净重量	0.978kg
里　料	织物	吊牌尺寸	245*280*150mm
功　能	双肩	垂直高度	280mm

* 因手工测量方式不同存在 1~3CM 误差皆属合理范围

图 9-114　常用的详情图模块　　图 9-115　某品牌女包海报焦点图　　图 9-116　某品牌女包产品参数

焦点海报图
产品参数
产品优势
产品展示
产品细节
售后保障

（3）产品优势

对产品优势、品牌、工艺、通用场景进行阐述说明，展示店铺实力，做工提升客户信任度。以天猫某品牌女包为例，女包产品优势可以通过设计理念来展示，见图 9-117。

（4）产品展示

将商品从不同维度进行展示，通过文案引导消费者感受商品的风格，促使消费者选择和购买。以天猫某品牌女包为例，女包产品展示可以从不同角度来呈现，其中使用最多的还是正面图，见图 9-118。

（5）产品细节

展示商品的细节，如拉链、纽扣等，凸显商品的质量。以天猫某品牌女包为例，女包产品细节展示见图 9-119。

图 9-117　某品牌女包产品优势

复古回潮印花

充满魔力的老花纹，
随性复古感应运而生。

图 9-118　某品牌女包产品展示

（6）售后保障

对售后、快递、邮费、商品质量等问题进行统一告知与提醒，避免后期售后和客户产生纠纷问题，如图 9-120 所示。

图 9-119　某品牌女包产品细节图

♥ 关于正品	官方正品，7天无理由退换货，享受实体店保修服务
7 关于退换货	非人为造成产品质量问题前提下，自签收起7天内享无条件退货
◎ 关于色差	店内商品图片均为专业摄影师拍摄，灯光、显示屏色彩不同可能造成少许偏差，请以收到的实物为准
🚚 关于发货	所有宝贝将按付款顺序依次为亲们发出，默认顺丰陆运，不接受快递指定
📝 关于开发票	根据天猫规定，9月15日起取消纸质发票改为电子发票，请在确认收货后联系客服提供您的发票抬头、税号、收件部箱/手机号，我们会在登记后的1-7个工作日内通过邮件或者短信发送给您
🛍 关于手提袋	FION默认没有手提袋，若您需要的话，请在下单时联系客服进行备注，若无下单备注且需要手提袋的，请联系客服补齐运费后发出
☂ 关于保养	因流水线做工，小瑕疵多多少少是有点的，这个是没有办法避免，属于正常情况，不属于质量问题；我们支持专柜验货，并且可享受实体店终生免费保养，亲请放心购买
🔍 关于验货	FION所有线下专柜均支持到店验货，请亲验货前联系在线客服，我们将安排专业皮具师为您检验产品并提供免费保养服务，期待您的光临

图 9-120　某品牌女包售后保障

9.2.2 制订计划

本任务要求完成长颈鹿纹女包的商品详情图的编辑工作。在教学做一体化训练中,也是以长颈鹿纹女包为例,通过相应的工作流程、操作步骤来更好地掌握女包编辑的方法。

在商品详情图制作过程中,明确模块和构图设计尤为重要。首先要填写女包商品详情图制作计划表,计划好要用到哪些素材和编辑工具,见表 9-8~表 9-13。

表 9-8 女包的商品详情图——焦点海报图计划表

序号	项　目	项目属性值	备　注
1	商品编号		
2	商品名称	长颈鹿纹女包	焦点海报图模块
3	制作大致要求	(1) 海报图通常用来突出商品的卖点,第一时间吸引消费者的眼球和注意力 (2) 和产品相互辉映,做到主次分明,画面有美感 (3) 产品本身要突出、清晰,不能模糊 (4) 产品修图处理过以后和实物一致 (5) 尺寸宽 750 像素,高度根据实际内容来定	根据**商品的构图设计**来给出制作的要求
4	作图环境	Photoshop 软件	
5	作图地点	美工工作室	
6	作图时间		格式:2020-01-01 8:30
7	制作数量	1 张	
8	制作人员		
9	使用拍摄素材		拍摄采集的图片
10	注意事项	(1) 作图尽量选择高清大图,大小不超过 3M (2) 作图中要创建一个新样式图形或者添加文字时都需要先新建图层 (3) 把抠好的图从一个图片移到另一个图片后,需要选择转化为智能对象,如果不转化,像素就会变,像素变了图片就会出现模糊现象 (4) 主图设计颜色不要超过三种 (5) 文字字体不要超过三种 (6) 保存图片时需要保存两种格式,jpg 和 psd	

表 9-9 女包的商品详情图——产品参数计划表

序号	项　目	项目属性值	备　注
1	商品编号		
2	商品名称	长颈鹿纹女包	产品参数模块
3	制作大致要求	(1) 商品的颜色、面料、功能、特色等信息说明,商品还可以附带尺寸表和洗涤建议 (2) 主图背景一定符合产品风格,和产品相互辉映,做到主次分明,画面有美感 (3) 产品 Logo 在左上角位置 (4) 产品本身要突出、清晰,不能模糊 (5) 产品修图处理过以后和实物、详情页一致 (6) 尺寸宽 750 像素	根据**商品的构图设计**来给出制作的要求
4	作图环境	Photoshop 软件	
5	作图地点	美工工作室	
6	作图时间		格式:2020-01-01 8:30
7	制作数量	1 张	

序号	项　目	项目属性值	备　注
8	制作人员		
9	使用拍摄素材		拍摄采集的图片
10	注意事项	同表 9-8	

表 9-10　女包的商品详情图——产品优势计划表

序号	项　目	项目属性值	备　注
1	商品编号		
2	商品名称	长颈鹿纹女包	产品优势模块
3	制作大致要求	(1) 对优势、品牌、工艺、通用场景进行阐述说明,展示店铺实力,做工提升客户信任度 (2) 主图背景一定符合产品风格,和产品相互辉映,做到主次分明,画面有美感 (3) 产品本身要突出、清晰,不能模糊 (4) 产品修图处理过以后和实物并且与详情页一致 (5) 尺寸宽 750 像素	根据商品的构图设计来给出制作的要求
4	作图环境	Photoshop 软件	
5	作图地点	美工工作室	
6	作图时间		格式:2020-01-01 8:30
7	制作数量	1 张	
8	制作人员		
9	使用拍摄素材		拍摄采集的图片
10	注意事项	同表 9-8	

表 9-11　女包的商品详情图——产品展示计划表

序号	项　目	项目属性值	备　注
1	商品编号		
2	商品名称	长颈鹿纹女包	产品展示模块
3	制作大致要求	(1) 将商品从不同维度进行展示,通过文案引导消费者感受商品的风格,促使消费者选择和购买 (2) 产品修图处理过以后和实物并且与详情页一致 (3) 尺寸宽 750 像素	根据商品的构图设计来给出制作的要求
4	作图环境	Photoshop 软件	
5	作图地点	美工工作室	
6	作图时间		格式:2020-01-01 8:30
7	制作数量	1 张	
8	制作人员		
9	使用拍摄素材		拍摄采集的图片
10	注意事项	同表 9-8	

表 9-12　女包的商品详情图——产品细节计划表

序号	项　目	项目属性值	备　注
1	商品编号		
2	商品名称	长颈鹿纹女包	产品细节模块

续表

序号	项　　目	项目属性值	备　　注
3	制作大致要求	（1）展示商品的细节，如拉链、纽扣等，凸显商品的质量 （2）产品本身要突出、清晰，不能模糊 （3）产品修图处理过以后和实物一致 （4）尺寸宽 750 像素	根据**商品的构图设计**来给出制作的要求
4	作图环境	Photoshop 软件	
5	作图地点	美工工作室	
6	作图时间		格式：2020-01-01 8:30
7	制作数量	1 张	
8	制作人员		
9	使用拍摄素材		拍摄采集的图片
10	注意事项	同表 9-8	

表 9-13　女包的商品详情图——售后保障计划表

序号	项　　目	项目属性值	备　　注
1	商品编号		
2	商品名称	长颈鹿纹女包	售后保障模块
3	制作大致要求	（1）对售后、快递、邮费、商品质量等问题进行统一告知与提醒，避免后期售后和客户产生纠纷问题 （2）尺寸宽 750 像素	根据**商品的构图设计**来给出制作的要求
4	作图环境	Photoshop 软件	
5	作图地点	美工工作室	
6	作图时间		格式：2020-01-01 8:30
7	制作数量	1 张	
8	制作人员		
9	使用拍摄素材		拍摄采集的图片
10	注意事项	同表 9-8	

9.2.3　教学做一体化训练

根据计划中的六个模块进行实际编辑，长颈鹿纹女包的模块依次是海报焦点图、商品优势（设计师说）、商品参数、商品展示、商品细节、保养与售后。

1. 制作模块的栏目

【具体步骤】

步骤 1　新建画布宽 750 像素，高度 5000 像素，分辨率为 300 像素/英寸，背景为白色，颜色模式为 RGB 模式。初始设置时高度不宜过大，以免造成内存占用太大导致软件使用时卡顿，如图 9-121 所示。

步骤 2　单击菜单"视图—新建参考线"，并填写参数"50%""垂直"，新建竖条参考线，协助进行画面定位，如图 9-122 所示。

步骤 3　在左侧工具栏中选用矩形工具，绘制一个灰色长条矩形，如图 9-123 所示。

步骤 4　再使用文字工具，字体使用"等线"，颜色为白色，输入模块文字"BY Designer 设计师说"，效果见图 9-124。

步骤 5　其他栏目条与步骤 4 操作类似，先大致划分每个板块的范围和位置，复制步骤 3 中的长条形状，分别添加文字后，依次摆放在合理的位置，如图 9-125 所示。

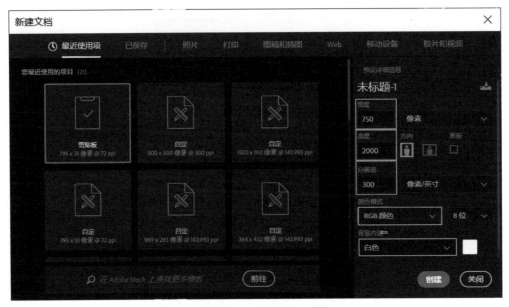

图 9-121　新建图层

图 9-122　新建参考线

图 9-123　灰色矩形

BY.Designer 设计师说

图 9-124　设计师模块栏目

图 9-125　商品参数和细节模块栏目

 小贴士

　　模块栏目的颜色应根据商品主色调来调整,例如这款鹿纹包因为颜色略花,如果用灰色做背景栏目效果一般,可以吸取包上的两个明显的颜色元素,以交叉的方式排列在画布上,再为其添加白色文字。

2. 制作海报焦点图模块

海报图通常用来突出商品的卖点,第一时间吸引消费者的眼球和注意力,效果见图9-126。

【构图】　主体居中,如图9-127所示。

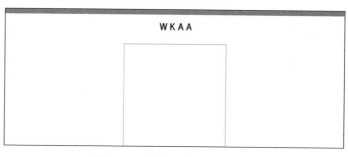

图9-126　海报焦点图模块　　　　　　　　　图9-127　海报焦点图构图方式

【色彩】　背景设置为白色,走极简的风格。

【制作步骤】

步骤 1　将制作完成的长条形状复制粘贴,移动至图片顶部,长条宽度可以稍短于其他长条,如图9-128所示。

步骤 2　使用文字工具,输入店铺Logo,并将其移动至长条模块下,全图竖直居中的位置,如图9-129所示。如果需要更加细致地调整文字,可以在上方菜单栏中单击"文字—面板",即可打开图9-130中的文字面板。

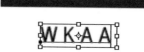

图9-128　顶部长条制作　　　　　　　　　　图9-129　新建文字图层

步骤 3　单击"文件—打开",找到一张鹿纹女包的正面图,选中后确认即可插入画布,并将图片移动到第一个板块垂直居中的位置,如图9-131所示。

步骤 4　将该图转换为智能对象后调整大小,并视情况考虑是否放入背景中,在这张图上对比效果后,没有采取加入背景的方式,如图9-132所示。

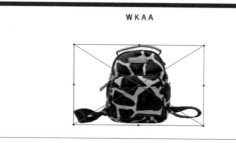

图9-130　文字面板　　　图9-131　放置图片　　　图9-132　调整素材大小

步骤 5　新建图层,应用曲线对包的正面图图层进行明暗调整和加阴影处理。曲线可理解为三个部分,上面调整高光,下面调整阴影,中间则是中间调。抬高上部分亮度的同时尽量压低下部分阴影,使图片显得更有质感,达到通透的效果。因为素材是顶光拍摄,可以使用画笔添加阴影。具体方法为设置画笔流量及透明度,然后在合理的位置画上阴影即可。添加时,可以先将画笔范围拉大,画笔下笔地方往上提,在边缘处先抹出一道宽泛且有虚化效果、颜色较浅的阴影,接着再将画笔缩小,沿着边缘正常涂抹,画在第一道阴影里面,紧挨着女包底部。这样,整个阴影的衔接就会显得更加自然,如图 9-133 所示。

步骤 6　最后给产品图层进行简单的调色,因为原图色彩已经很鲜艳,对比强烈,因此用曲线稍微调整即可。图 9-134 中参数仅供参考。

图 9-133　画笔添加阴影　　　　　　　　　　图 9-134　曲线调整

3. 制作商品优势(设计师说)模块

商品优势通过对品牌、工艺、通用场景等进行阐述说明,展示店铺实力,提升客户信任度。长颈鹿纹女包的产品优势通过设计理念来呈现,效果见图 9-135。

【构图】

大致布局为左边是女包图片,右边是文字,如图 9-136 所示。

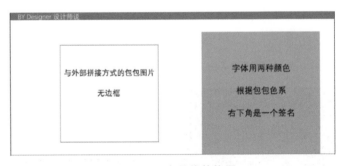

图 9-135　商品优势模块图　　　　　　　　　图 9-136　商品优势构图

【文案】

从设计师的角度给出商品的卖点,试着讲商品的故事。提炼的文案为"以长颈鹿为灵感,大气、优雅、神秘,让你感受它的力量,背上它,你会爱上它"。

【制作步骤】

步骤 1　调整本栏目条与上一模块的位置。

模块之间的间距要设置合理,如图 9-137 所示。

步骤 2　首先在文件中找到一张女包的侧面图,选中后插入,接着将其转换为智能对象,按快捷键 Ctrl+T 调整图片大小,确认后,移动至板块左侧。因为女包的朝向向左,如果放在右边,反而会增加图片的拥挤感,试着感

图 9-137　两个模块的间距

受一下图 9-138 与成品图之间的区别。

其次,新建图层放到背包图片下方,并用画笔在该图层上绘制阴影。绘制阴影时可以复制阴影图层几次让颜色叠加,效果达成后按快捷键 Ctrl+E 合并所有阴影图层即可。注意不同图的阴影要分不同的图层绘制。

最后对产品进行曲线调整。图 9-139 中参数仅供参考。

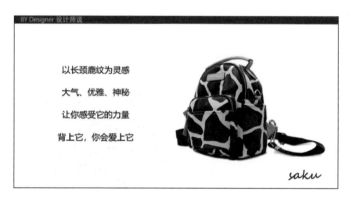

图 9-138　尝试调整

图 9-139　调整曲线

步骤 3　使用文字工具,并设置字体为等线,颜色为黑色,在画布右侧以设计师的口吻输入文案内容"以长颈鹿为灵感,大气、优雅、神秘,让你感受它的力量,背上它,你会爱上它。"注意文字间距拉开,因为板块排版很规整,在换行时应尽量让每句长度相等,否则画面看起来会很不协调。举个反面例子,见图 9-140,视觉效果上文字无法跟女包相互照应,每行递减一个字造成头重脚轻,排版方式需要改进。

在文件中找到设计师签名,并插入画面中,按快捷键 Ctrl+T 调整图片大小,使用移动工具调整摆放位置,该模块完成。

4. 制作商品参数模块

长颈鹿纹女包的颜色、面料、功能、特色等信息说明都要在商品参数模块中体现,还可以附带尺寸表和洗涤建议,如图 9-141 所示。

图 9-141　商品参数模块

图 9-140　字体排版反面案例

【构图】

商品参数一般都采用左图右文字的构图方式,如图 9-142 所示。

【文案】

根据商品收集信息表填入。

【制作步骤】

步骤 1　移动模块栏目,使其与上部分模块保持合适的间距。

步骤 2　在拍摄文件中找到女包的正面图并插入画布,将图片转换为智能对象后,按快捷键 Ctrl＋T 调整图片大小,使用曲线和加阴影等常规操作进行调整,如图 9-143 所示。调整图片大小的时候注意缩放程度,因为上传图片时也会对图片进行压缩,放到手机上顾客可能会出现细节不清楚的情况。用相同的步骤将侧面图也插入画布中。

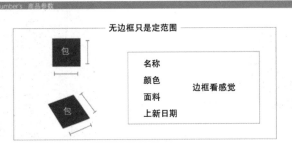

图 9-142　商品参数构图

图 9-143　调整大小

步骤 3　利用工具栏的直线工具制作线段,用于展现女包的长宽高,具体操作如下。

① 切换到直线工具,在上方工具栏设置黑色填充,无描边,粗细 3 像素左右,如图 9-144 所示。

图 9-144　直线工具参数设置

② 按住 Shift 拉出一条直线,与女包的一条边对齐即可。接着继续按住 Shift,不新建图层,直接在同一图层里再拉出一条直线,效果如图 9-145 所示。

接着,将工具切换成路径选择工具,单击蓝色线段形状,就可以直接移动和改变这两根在同一图层的线段了。继续用路径选择工具单击下面的一根短线,按快捷键 Ctrl＋C 和 Ctrl＋V 操作复制出一条新短线。复制出来的线段会和原线段重合在一起,使用移动工具移动,可以将新短线移出,这样一条表示女包外观尺寸的线段就完成了,如图 9-146 和图 9-147 所示。

图 9-145　路径选择工具　　　　　图 9-146　线段的绘制　　　　　图 9-147　最终成品

步骤 4　线段制作完成后,根据女包边缘线条的角度旋转线段。旋转时按自由变换快捷键 Ctrl+T,当鼠标放在框外出现旋转符号时即可进行旋转操作,如图 9-148 所示。

旋转完成后,在线段旁用文字工具添加尺寸数据,最终效果如图 9-149 所示。

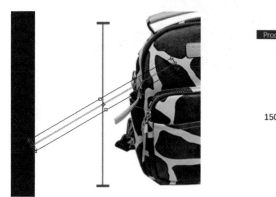

图 9-148　旋转线段

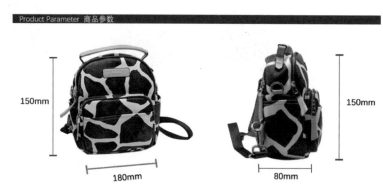

图 9-149　产品十线段展示完成

步骤 5　绘制产品参数表格。产品参数的展现通常以列表或表格形式进行。

① 用文字工具输入产品信息,输入文字的时候不要把所有文字都放在一个文字图层里。因为每行字数不同会导致无法对齐,产品参数表格将每个属性及属性值都用一个单独的文字图层输入。将品牌、材质这些属性字体进行加粗操作,凸显层次感,如图 9-150 所示。

② 为表格添加表格线,有很多种不同方式和不同颜色搭配,但是因为包本身的颜色就比较花哨,且栏目条的色彩是参照女包中两个斑块的颜色,表格线可以选择用灰色来搭配,如图 9-151 所示。

图 9-150　输入文字信息　　　　　　　　　图 9-151　制作表格线

切换到矩形工具,拉出一条较长的矩形,按自由变换快捷键 Ctrl+T 改变长宽直至与每行文字对应。

接下来,复制做好的表格线,依次将对应文字精准排列。制作完成后,调整整个表格的大小,摆放在相应的位置上,最终效果图见图 9-152。

步骤 6 使用文字工具添加文字"(该尺寸均为手动测量难以避免会出现 1～3cm 偏差还请以实物为准)",设置字体颜色为黑色,用快捷键 Ctrl＋T 修改字体大小。这段文字可以避免销售的后期纠纷,如图 9-153 所示。

品牌:	WKAA	材质:	织物
颜色:	白色|花色	里料:	品牌里布
功能:	双肩	五金:	浅金
肩带长度:	800mm	重量:	0.8kg
上新日期:	2019 冬	结构:	双层拉链袋+外袋+暗袋

图 9-152 商品参数表格

(该尺寸均为手动测量难以避免会出现1~3cm偏差还请以实物为准)

图 9-153 增加提醒话语

5. 制作商品展示模块

女包的商品展示是将女包从不同维度进行展示,并通过文案引导消费者感受商品的风格,促使消费者选择和购买,如图 9-154 所示。

双口袋双拉链超大容量

图 9-154 女包商品展示模块

【构图】

女包展示构图可以使用正方形,将女包正面、侧面、背面和底部四个部分安放到正方形的四个区域,见图 9-155(a)。也可以使用上图下文案的构图进行商品展示,见图 9-155(b)。

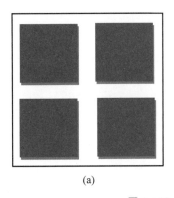

(a)

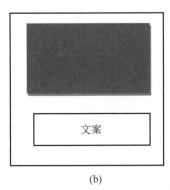

文案

(b)

图 9-155 商品展示构图

【文案】

① 展示包的容量。

② 展示包的五金的坚固。"拉链锯齿精密,平滑顺畅金属配饰充满光泽,鲜亮惹眼"。

③ 展示包的绗缝。"平整均匀的车缝线技术,简约而精密,细节之处彰显品质"。

【操作步骤】

步骤 1 移动模块栏目,使其与上部分模块保持恰当的间距。

步骤 2　在文件中找到一张女包的正面图,将图片转换为智能对象后,按自由变换快捷键 Ctrl＋T 调整图片大小,并进行调整曲线、加上阴影等常规操作,最后按照正方形的布局摆放整齐,如图 9-156 所示。

步骤 3　重复上述操作四次,将正、反、侧、底四种不同方向的图片正方形构图依次放入,保证间距合理,在空旷不拥挤的情况下将图片放到最大。

步骤 4　接下来是包内袋图的制作方法。在文件中选择包内袋完整的展示图片,插入后转换为智能对象,按快捷键 Ctrl＋T 进行合理缩放,让四周有留白,如图 9-157 所示。

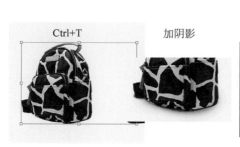

图 9-156　调整图片　　　　　　　　　　　　图 9-157　转换为智能对象后缩小的效果

步骤 5　做一些简单的曲线处理,提高画面的整体亮度,如图 9-158 所示。

步骤 6　用文字工具添加文案"双口袋拉链超大容量",将文字居中摆放,按自由变换快捷键 Ctrl＋T 调整文字大小。

6. 制作商品细节模块

女包商品的细节主要在拉链、按扣、材质等方面,凸显商品的质量,部分效果图如图 9-159 所示。

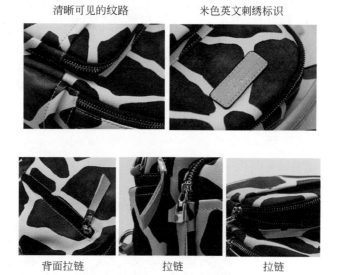

图 9-158　曲线处理　　　　　　　　　　　图 9-159　女包部分商品细节图

【构图】

小框布局比较适合细节展示,比如,只展示一个拉链或者一个绳扣。小框可以灵活地在各种布局中出现,比如,三或四个小框一排,下面放文字,或者与"左图右文"结合,变为"左图右小框＋文字",会更加突出细节,如图 9-160 所示。

图 9-160　细节图构图

【文案】

清晰可见的纹路。

米色英文刺绣标识。

拉链锯齿精密,平滑顺畅,金属配饰充满光泽,鲜亮惹眼。

平整均匀的车缝线技术,简约而精密,细节之处彰显品质。

【操作步骤】

步骤 1　移动模块栏目,使其与上部分模块保持恰当的间距。

步骤 2　在文件中找到适合小框布局的展示女包细节的图片并插入其中,将图片转换为智能对象后,按自由变换快捷键 Ctrl＋T 调整图片大小,并进行调整曲线和加阴影的操作,调整后按照小框的布局摆放整齐。小框布局应参考图片特性,如尺寸限制、展示内容、拍摄效果等,如图 9-161 所示。

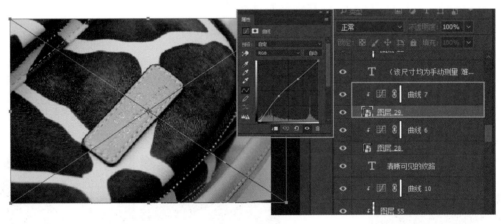

图 9-161　转换为智能对象＋曲线

步骤 3　重复步骤 2 的操作,将第二张图也以小框布局的方式进行排列。排列的时候要注意两张图的尺寸一致,一定要将需要展示的细节展示完整,要建立在展示细节的基础上调整两张图的位置,如图 9-162 所示。

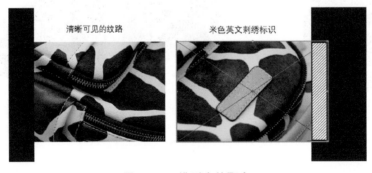

图 9-162　排列中的取舍

图 9-162 中打斜线部分是这张图多出的部分。因为要跟左边的图保持大小相等,只能舍弃掉一部分,而这一部分只能舍弃包把手,因为这张图展现的主体是刺绣 Logo。

步骤4 在两张图上方用文字工具添加文案"清晰可见的纹路""米色英文刺绣标识"即可,展示的是什么细节,文案就描写什么细节。

步骤5 同理,其他小框图的操作方式和前两张一样,将步骤重复即可,如图 9-163 所示。

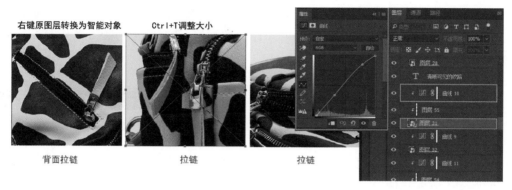

右键原图层转换为智能对象　　Ctrl+T调整大小

背面拉链　　　　　拉链　　　　　拉链

图 9-163　调整操作

步骤6 根据展示图内容对应添加文案,用文字工具分三个图层分别输入"背面拉链""拉链"和"拉链"即可。

7. 制作保养与售后模块

该模块是对售后、快递、邮费、商品质量等问题进行统一告知与提醒,为了避免后期售后和客户产生纠纷问题,信息的准确性十分重要,效果图见图 9-164。

【构图】

常见的售后模块构图采用的是表格或列表,方便消费者阅读,如图 9-165 所示。

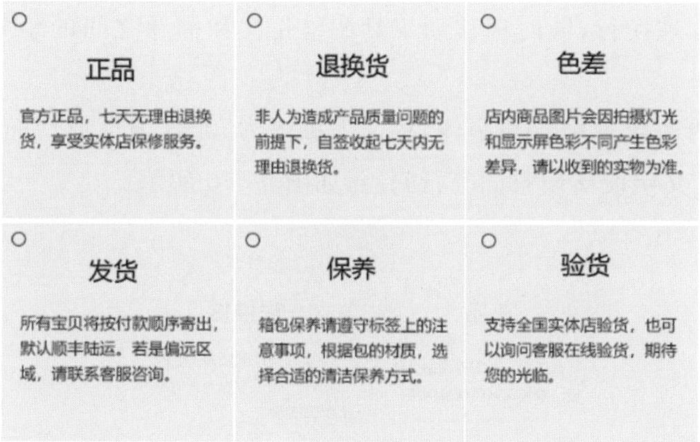

关于正品	正品,7 天无理由退换货
关于退换货	非人为造成产品质量问题的前提下
关于色差	店内商品图片均为专业摄影师拍摄,灯光和显示屏色彩不同可能会产生色彩差异,请以收到的实物为准
关于发货	所有宝贝将按付款顺序寄出,默认顺丰陆运。若是偏远区域,请联系客服咨询
关于开发票	若需开具发票,请在购买时和客服说明,确认收货后联系客服提供您的发票抬头、税号、收件邮箱/手机号,我们会在登记后的7个工作日内通过邮件或短信发送给您
关于验货	因流水线做工,小瑕疵或许存在,这个是没有办法避免的,属于正常情况,不属于质量问题
关于保养	箱包保养请遵守标签上的注意事项,根据包的材质,选择合适的清洁保养方式

正品
官方正品,七天无理由退换货,享受实体店保修服务。

退换货
非人为造成产品质量问题的前提下,自签收起七天内无理由退换货。

色差
店内商品图片会因拍摄灯光和显示屏色彩不同产生色彩差异,请以收到的实物为准。

发货
所有宝贝将按付款顺序寄出,默认顺丰陆运。若是偏远区域,请联系客服咨询。

保养
箱包保养请遵守标签上的注意事项,根据包的材质,选择合适的清洁保养方式。

验货
支持全国实体店验货,也可以问问客服在线验货,期待您的光临。

图 9-164　保养与售后模块

图 9-165　售后的构图

【文案】

关于正品:正品,7 天无理由退换货。

关于退换货:非人为造成产品质量问题的前提下。

关于色差:店内商品图片均为专业摄影师拍摄,灯光和显示屏色彩不同可能会产生色彩差异,请以收到的实物为准。

　　关于发货：所有宝贝将按付款顺序寄出，默认顺丰陆运。若是偏远区域，请联系客服咨询。

　　关于开发票：若需开具发票，请在购买时和客服说明，确认收货后联系客服提供您的发票抬头、税号、收件邮箱/手机号，我们会在登记后的 7 个工作日内通过邮件或短信发送给您。

　　关于验货：因流水线做工，小瑕疵或许存在，这个是没有办法避免的，属于正常情况，不属于质量问题。

　　关于保养：箱包保养请遵守标签上的注意事项，根据包的材质，选择合适的清洁保养方式。

【操作步骤】

步骤 1　移动模块栏目，使其与上部分模块保持恰当的间距。

步骤 2　使用形状工具，调整为灰色填充，描边与形状同色

图 9-166　调整形状工具

（也可以不描边），拉出一个长方形，如图 9-166 所示。

步骤 3　将长方形多次复制，保持横竖都为同等距离进行排列，共复制 6 个，缝隙尽可能地缩小，放大图片到一定像素再移动，会出现粉色的对齐线帮助图片对齐，如图 9-167 所示。

步骤 4　使用文字工具，设置颜色为黑色，字体为微软雅黑 Regular。

　　先将几个板块的标题输入，"正品""退换货""色差""发货""保养""验货"分别新建文字图层，分别用移动工具移动到各自板块中，上下左右全部对齐，如图 9-168 所示。

图 9-167　绘制 6 个矩形

图 9-168　矩形上添加标题

步骤 5　使用文字工具按版块输入文字信息，第一个"正品"版块输入"官方正品，七天无理由退换货，享受实体店保修服务。"注意每行文字与框之间要有留白，合理换行，同时用移动工具调整正文和标题之间的距离，如图 9-169 所示。

步骤 6　复制正品版块里的正文，这样可以不用再次设置字号和字体，将文字更改为"非人为造成产品质量问题的前提下，自签收起七天内无理由退换货。"并将文字段落调整同等行间距，如图 9-170 所示。

图 9-169　正品版块

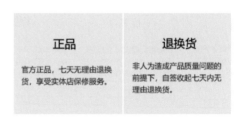

图 9-170　退换货版块

步骤 7　操作重复步骤 6，使用文字工具分别录入不同版块的文案，调整距离和布局。最后得到如图 9-171 所示效果图。

　　如果觉得效果图比较单调，可以适当做一些点缀，使用椭圆形状工具，为每个矩形的左上角添加一个椭圆，

让画面更有层次感，也可以绘制一些简单的小图标。

步骤 8　在工具栏选择椭圆工具，按 Shift 键拉出一个正圆形，按自由变换快捷键 Ctrl＋T 调整图片大小，并按快捷键 Ctrl＋C 和 Ctrl＋V 再复制、粘贴五个小圆形，分别用移动工具移动至每一个矩形的左上角即可，如图 9-172 所示。

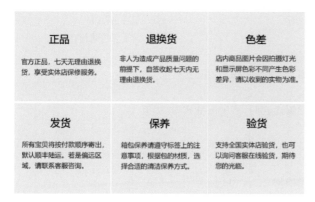

图 9-171　售后表格效果图

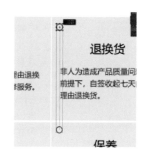

图 9-172　对齐每一个椭圆

9.2.4　质量检查及验收

1. 质量检查

对制作出的商品详情图进行检查校对，并将信息填入表 9-19。

表 9-19　详情图制作质量检查表

检查序号	检查项目	根据完成情况在相应选项打"√"	改进措施
		检查项目：女包商品详情图	
1	图片尺寸	□正确　□不正确	
2	模块设计	□合理　□一般　□不合理	
3	构图设计	□合理　□一般　□不合理	
4	色彩搭配	□合理　□一般　□不合理	
5	产品卖点与特色	□合理　□一般　□不合理	
6	产品突出	□突出　□一般　□不突出	
7	图片清晰	□清晰　□一般　□不清晰	
8	视觉美观	□美观　□一般　□不美观	

2. 交接验收

根据任务工作情境进行解说，展示商品详情图完成效果，逐项核对任务要求，完成交接验收，并填写验收表，见表 9-20。

表 9-20　详情图验收表

序号	验收项目	验收要求	验收情况	整改措施
		验收内容：女包商品详情图		
1	焦点海报	（1）海报图通常用来突出商品的卖点，第一时间吸引消费者的眼球和注意力 （2）和产品相互辉映，做到主次分明，画面有美感 （3）产品本身要突出、清晰，不能模糊 （4）产品修图处理过以后和实物一致 （5）尺寸宽 750 像素，高度根据实际内容来定	□通过 □不通过	

续表

序号	验收项目	验收要求	验收情况	整改措施
2	产品参数	(1) 商品的颜色、面料、功能、特色等信息说明,商品还可以附带尺寸表和洗涤建议 (2) 主图背景一定符合产品衬托,和产品相互辉映,做到主次分明,画面有美感 (3) 产品 Logo 在左上角位置 (4) 产品本身要突出、清晰,不能模糊 (5) 产品修图处理过以后和实物、详情页一致 (6) 尺寸宽 750 像素	□通过 □不通过	
3	产品优势	(1) 对品牌、工艺、通用场景进行阐述说明,展示店铺实力,提升客户信任度 (2) 主图背景一定符合产品风格,和产品相互辉映,做到主次分明,画面有美感 (3) 产品本身要突出、清晰,不能模糊 (4) 产品修图处理过以后和实物并且与详情页一致 (5) 尺寸宽 750 像素	□通过 □不通过	
4	产品展示	(1) 将商品从不同维度进行展示,并通过文案引导消费者感受商品的风格,促使消费者选择和购买 (2) 产品修图处理过以后和实物并且与详情页一致 (3) 尺寸宽 750 像素	□通过 □不通过	
5	产品细节	(1) 展示商品的细节,如拉链、纽扣等,凸显商品的质量 (2) 产品本身要突出、清晰,不能模糊 (3) 产品修图处理过以后和实物一致 (4) 尺寸宽 750 像素	□通过 □不通过	
6	售后保障	(1) 对售后、快递、邮费、商品质量等问题进行统一告知与提醒,避免后期售后和客户产生纠纷问题 (2) 尺寸宽 750 像素		
7	客户检查情况	□合格 □较好,有待改进 □不合格	客户签字:	客户签字:

任务 9.2 小结

【知识目标】

本任务要求学生以团队为单位,根据商品的特点进行创意设计,提高用户关注度;运用相关软件对拍摄的照片进行商品详情图制作,展现商品特性,突出商品卖点。

【能力目标】

(1) 能够分析常见女包商品的特性,进行详情图模块设计。

(2) 能够分析常见女包商品的特性,进行详情图模块内的构图设计。

(3) 能够分析常见女包商品的特性,进行详情图色彩搭配。

(4) 能够分析常见女包商品的特性,进行卖点文案提炼。

(5) 能够分析商品详情图效果,体现卖点。

(6) 掌握 Photoshop 软件,制作出一张商品详情图。

同步实训

【情景描述】

完成鹿纹背包的详情图制作后,小组又开始一个新女包的详情图制作,女包名称为蓝格子猫。蓝格子猫女包外表见图 9-173。该女包材质不是皮质而是布料材质。在详情图制作方面,需要结合该包的特点进行详情图模块设计、构图设计、色彩搭配和卖点文案提炼。

Product Detail 商品细节

采用高端五金/多层电镀/耐磨且不易掉色
精致原料拉头/时尚大气/顺滑易拉

链子　　　　　　　猫咪　　　　　　　口袋

图 9-173　蓝格子猫女包部分详情页样例

【实训内容】

根据箱包商品的特性,完成商品信息表。

整理和讨论该商品的卖点,进行详情图模块设计、构图设计、色彩搭配和卖点文案提炼,完成商品详情图制作计划表。

以团队为单位,根据商品的特点进行创意设计,提高用户关注度;运用相关软件对拍摄的照片进行商品主图制作,来展现商品特性,突出商品卖点。

学生自我总结表(Word 格式)9-2

参 考 文 献

[1] 张红,商玮.商品信息采集与处理[M].北京:高等教育出版社,2013:155.

[2] Donald Alexander Sheff.美国纽约摄影学院摄影教材[M].北京:中国摄影出版社,2000:315.

[3] 张瀛.解密电商视觉:从摄影到设计[M].天津:天津科学技术出版社,2018:91.

[4] 数字艺术教育研究院.淘宝美工[M].北京:人民邮电出版社,2018:134.

[5] 巧用平面构成法则!增强画面表现力.https://baijiahao.baidu.com/s? id=1652126285669283478&wfr=spider&for=pc.

[6] PS学习之旅:文字工具详细讲解,助你对它有更加深刻的认识 https://baijiahao.baidu.com/s? id=1636487734592730700&wfr=spider&for=pc.

[7] 排版三要素:字号、行距和字间距.http://www.sj33.cn/article/sjll/201905/50691.html.

[8] 平面构成中的点 https://zhuanlan.zhihu.com/p/45600134.

[9] https://zhuanlan.zhihu.com/p/72302838.

[10] https://baijiahao.baidu.com/s? id=1628078030961513747&wfr=spider&for=pc.

[11] https://baike.baidu.com/item/特异构成/2711907? fr=aladdin.

[12] https://www.sohu.com/a/330544553_768280.

[13] https://baike.baidu.com/item/%E8%89%B2%E5%BD%A9/7998511? fr=aladdin#7_1.

[14] Fil Hunter,Steven Biver,Paul Frqua.美国摄影用光教程[M].杨健,王玲,译.5版.北京:中国工信出版集团,人民邮电出版社,2019.

[15] 刘翀,张海兵,曹照.数码单反摄影与后期技术完全自学教程[M].北京:人民邮电出版社,2014.

[16] 广角势力.数据单反摄影技巧大全868[M].北京:人民邮电出版社,2012.

[17] 数码单反相机拍摄的技巧:怎样选择对焦模式最佳.http://www.360doc.com/content/11/1009/17/2947435_154664023.shtml.

[18] 摄影必备知识:对焦及对焦模式详解.http://www.360doc.com/showweb/0/0/895861166.aspx.

[19] 要让照片清晰,一定要搞懂对焦!一次学全对焦模式、对焦区域模式等对焦知识.http://www.360doc.com/content/19/0220/15/2805649_816329282.shtml.

[20] 摄影中白平衡有什么用? 怎么调整白平衡?.http://www.360doc.com/showweb/0/0/895887671.aspx.